丛书主编 /贺雪峰

湖北省学术著作出版专项资金资助项目

·中国现代农业治理研究丛书·

农村阶层关系研究

杨 华 著

鉴于当前农村阶层研究中更多的是以阶层结构为分析主题、以实体论为理论视角，难以把握农村社会的深层结构和阶层关系问题，遂从实现研究范式的转换出发，以关系论取代实体论，将农村各阶层之间的互动关系作为研究的主题，建构了农村阶层关系研究的崭新的理论框架、方法论和概念体系。

華中科技大學出版社
http://www.hustp.com
中国·武汉

图书在版编目(CIP)数据

农村阶层关系研究/杨华著.—武汉:华中科技大学出版社,2017.1(2019.9 重印)
(中国现代农业治理研究丛书)
ISBN 978-7-5680-2416-7

Ⅰ.①农… Ⅱ.①杨… Ⅲ.①农村-社会阶层-研究-中国 Ⅳ.①D663.2

中国版本图书馆 CIP 数据核字(2016)第 290645 号

农村阶层关系研究 杨 华 著
Nongcun Jieceng Guanxi Yanjiu

策划编辑:易彩萍
责任编辑:易彩萍
责任校对:张会军
版式设计:张 靖
责任监印:朱 玢
出版发行:华中科技大学出版社(中国·武汉) 电话:(027)81321913
武汉市东湖新技术开发区华工科技园 邮编:430223
录 排:华中科技大学惠友文印中心
印 刷:武汉市金港彩印有限公司
开 本:710mm×1000mm 1/16
印 张:19
字 数:327 千字
版 次:2019 年 9 月第 1 版第 2 次印刷
定 价:138.00 元

华中出版

本书若有印装质量问题,请向出版社营销中心调换
全国免费服务热线:400-6679-118 竭诚为您服务

本书为教育部人文社会科学基金青年项目“当前中国农村社会各阶层分析”(11YJC710064)的研究成果。

序　言

这是一本立足于田野经验，研究中国农村社会分层的诚意之作。

当前中国农村正在发生翻天覆地的变化，其中最为深刻的变化之一，是农村社会正分化出不同的阶层，这对乡村的公共生活、政治实践乃至农民的生存体验都将产生深远的影响。然而，与这种变化形成强烈反差的是，专注于农村社会分层的研究，尤其是基于田野调查的研究却非常薄弱。

20 世纪 80 年代中叶，有学者开始对农村社会产生的分化进行整体描述。分层状况的描述在逻辑上包括三个方面：一是确定分层标准，二是把农村社会划出若干层级，三是不同层级间的比较。研究者多以职业为标准对中国农村社会进行层级划分。这种多元分层的思路在当时的语境下有其合理性，因为彼时乡村资本化进程并未深入，农村最为关键的生产资料——土地——为集体所有，而其使用权又极为平均，农民的分化更多地体现为他们对市场机遇把握程度的差异。换句话说，导致农村社会分化的原因更多的是个人特质，而非某种结构性因素，分化的积累效应尚未彰显。

但是，伴随农村社会的发展，农民收入来源的多元化，研究者越来越发现很难用某种“职业”来描述和划分农民群体，他们中的绝大多数人属于“兼业”或“半工半耕”群体。随着农药化肥的使用、农机技术的推进，农民务农的时间大大压缩，他们将大部分时间用于兼业或外出务工。即便是较纯粹的打工生涯，他们也是在不同的工种之间来回穿梭，显得很不“职业”。经过简单的学习、模仿和较短时间的摸索，他们就可以胜任一项新的工作。对于他们来说，从打工者到小作坊主，从普通村民到担任村干部，中间的转换或者说跨度并非难以逾越，而是常有的事情。

之所以不能用“职业分殊”来勾勒农民的分化，是因为职业标准确立的前提是社会的分工相当细致，职业分化程度很高，不同职业间的转换需要长期的教育和训练才能实现，代际之间技能传递的垄断性被教育系统所打破，决定个人收入和市场地位的职业技能需要经过高强度的学习方可获得。这样就使得因社会的高度分工而出现的结构会相对稳定，而个人则能够因人力资本的投资完成职业转换，从而通过市场机制实现阶层间的流动。所以，不同类型的资源归于不同职业的多元分层理论契合高度市场化、工业化的城市社会，而面对城镇化进程中的农村就会“水土不服”。

的确，时至今日，中国农村已然发生了惊人巨变，在东南沿海乡村经济活跃的地区，我们可以观察到村庄社会上层精英的再生产，社会不平等通过代际加以传递，阶层间的区隔和内闭正在形成。但是，在中西部广大的农业型乡村，精英向城市出走使得留在村庄中的农民呈现出“去阶层分化”的特征，那些仍然从事农业的中老年农民通过自发流转来的他人土地，扩大生产规模，提高收入水平，成为积极参与公共事务与乡村治理的“中坚农民”。所以，简单地“找回马克思”、以“阶级论”分析中国农村社会，同样是不适用的。

怎么办？作为研究和解释中国农村社会变迁，并有志于从中总结出本土社会科学理论的青年学人，本书作者杨华以他的作品做出了回答。他决定“不走寻常路”，不像此前的研究那样通过大量的数据、表格和图形，以呈现各阶层的比例、状况和特点，而是走进田野，将重心放置在不同阶层之间的互动关系上，在不同群体的非对称关系中理解阶层。如其所言，通过揭示“关系”中的阶层，我们不仅可以看到不同阶层在等级结构中的位置，更能看到各阶层在实践中是如何互动、生成和演变的。可以说，他是在做农村社会的“阶层化”研究。

因此之故，本书引人入胜之处并不在于数据的全面性、样本的可推论性和分层标准的精致性，而在于通过充实的经验材料和丰富的案例细节所展示出的阶层互动。作者并不是抓取农村社会变迁的某个区段来做静态的结构展示，而是试图在翔实的、情境化的阶层互动中探究中国农村社会阶层动态演化的一般规律。比如，通过对经济分化背景下村庄社会地权纠纷的解读，分析出地权观念冲突背后的阶层力量，各阶层在纠纷中诉诸的地权规则与阶层间的利益关系、力量对比和政治博弈的相互关联。又如，通过分析不同阶层对乡村场域中的资源争夺，能够观察到以村干部为代表的体制性精英、以私营业主为代表的经济精英和以乡村混混为代表的“社会精英”形成的利益联盟，共同垄断项目进村和资本下乡带来的利益空间，形成相对固化的利益排斥、社会排斥、政治排斥和文化排斥。处于上层的少数富人凭借财富竞选上台垄断了村庄公共权力，并以其在村庄政治舞台上的慷慨支出建构出富人村干部的道德优越性。中下层的普通农民成为政治冷漠阶层，他们还在熟人社会的符号竞争中，尤其是人情礼仪等事务中长期忍受着上层的挤压，在日常互动中失去尊严而又无力改变遂渐生怨恨。村庄中阶层间的利益矛盾与干群矛盾、公私矛盾、派系矛盾纠结和重叠，酝酿出因“气”而生的底层抗争。

由于专注于阶层关系的互动实践，这项研究是场景化的、微妙的、灵动的，甚至是走心的。作者不仅仅满足于刻画阶层间的互动过程，还以研究者的主体间性感知着具体情境下的阶层分化所带来的社会后果。当村庄上层开始拥有大量的闲暇并追逐生活享受的时候，同样受消费主义和大众文化浸染的底层农民却不得不在有限的收入与膨胀的消费欲望之间苦苦盘算。不同阶层之间、同一阶层内部家庭之间的社会性竞争非常激烈，村庄内部各个阶层都有强烈的地位焦虑与地位恐慌，尤以底层为甚。农民设法释放焦虑的重要途径是压力的代际传递和代际剥削，在这个过程中老年人被利用和遗弃，并在村庄建构的道德合理化中走向自杀。

由这个角度引发出去，农村阶层分化与熟人社会内部的符号竞争、象征秩序与道德重构发生了隐秘的关联。阶层竞争不仅与资源分配、权力生产直接相关，还与农民的自杀行动、怨恨生成、价值体验乃至宗教皈依都有着复杂的因果关系。在这个意义上，本土化的社会分层研究才刚刚开启大幕。

杨华是我的师兄，他的理论功底扎实，对研究对象的内心世界有着异乎常人的洞察力。这种敏锐性加上持之以恒的勤奋，使他常常能够将乡村社会研究中看似互不统属、没有关联的领域打通，进而发现崭新的理论生长点。这不正是C. 赖特·米尔斯所说的“社会学的想象力”吗?

杨华师兄嘱我作序时说，他前一部著作的序言是同学吕德文所作，后面的著作循例皆由同学和师兄弟作序。恰巧我最近数年也一直在做相关研究，遂惶恐允诺，也是想向读者诸君引荐这本农村社会分层研究的难得佳作。

是为序。

袁 松

2016年10月10日于尖峰山下

目　录

第一章 导论

社会分层的实质反映的是社会资源如财富、收入、声望、教育机会等在社会中的不平等分配，对其研究的问题取向在于，这种社会不平等对特定社会体系具有什么样的影响，在社会变迁的过程中，社会不平等会产生什么样的变化？

第一节 问题意识

农村阶层关系研究是本书的主题。改革开放以来,中国农村社会发生了翻天覆地的变化,农民由原来清一色从事农业劳动、收入水平相对平均的群体,分化成为经营多种职业、收入差距不断加大的不同阶层。农村社会阶层分化是指固守在土地上的农民大量转移到国民经济的其他领域,从而改变自己的社会身份,成为其他身份主体的过程。这个过程从分田到户之后就开始出现,到20世纪80年代末90年代初各阶层才开始明朗化、清晰化。从这一时期起,学术界对农民分化问题的研究成果也次第出现。

一般认为,农村社会阶层分化不是社会封闭限制社会流动的结果,而是市场化改革和制度变迁带来的社会流动机会的增加,促成了中国农民从计划经济时期的相对均等化向阶层分化的转变。具体而言,家庭联产承包责任制的推行是农村社会分化的重要前期,它促成了农民在农业部门内的最初分化,之后出台的鼓励农民向非农产业发展、促进农村劳动力转移的一系列政策,使农民的职业分化走上了快速发展的轨道,而城乡户籍制度的松动,则使农民的身份转变有了可能。另外,对外经济开放加速了中国农民分化的历史进程。也有研究表明,土地流转对农村社会阶层的分化与重塑起到了至关重要的推动作用(陈柏峰,2009b)。

农民分化使农村社会的利益主体和利益来源多元化、利益关系复杂化、利益矛盾明显化,形成了极其复杂的利益新格局和社会矛盾新体系,从而给社会利益协调和人民内部矛盾的处理提出了新的课题,特别是非农化过程中出现的阶层间的利益矛盾,如若处理不当,就有可能演变为社会冲突,危及社会和谐发展(卢福营,2007)。因此,之所以要研究农民分化,就是要通过客观描述农村现实生活中农民之间因拥有资源的不同而形成的实际差别,揭示资源配置、地位获得的社会机制,分析农民之间差异的社会影响、社会意义以及社会对这种差别应有的价值判断，并为应对这种差别及由此带来的社会问题而制定适当的社会政策提供理论依据（渠桂萍，2010）。

如此一来，为了更好地研究农民分化，明确研究的问题意识，面对一个分化的农村社会在逻辑上就应该追问以下几个问题：第一，分化后的农村不同群体的实际状况、特性是什么，它们各自拥有什么样的政治社会态度、价值观念，以及它们作为实践主体如何形塑农村社会，即对农村会产生什么样的政治社会效应？第二，在农村社会分化的情况下，有没有一个（些）主导的阶层（群体）作为整合力量而存在，即在一定程度上发挥预留社会政策调整空间，缓解上下两层的矛盾冲突的效用？第三，如果说在农村改革之初、农村社会分化较小的情况下，党和国家政权在农村的基础是均分土地、普遍受惠的所有农民的话，那么在农村社会阶层高度分化、利益高度不一致、人员高度流动的今天，农村中的哪个（些）阶层会是党和国家政权在农村的基础和坚定的支持力量？

要回答上述问题，就不能仅仅在平面上把握农村阶层结构，更不能孤立地、静止地看待各阶层，而是要在关系中动态地把握农村阶层问题，抓住农村阶层关系的性质。然而通观既有研究，它们往往对农村社会各阶层间的关系及其政治社会影响泛泛而论，多未论及实质。并且，它们将农村社会各阶层当作均质主体来论述，平均着墨，无法看到农村社会分化后阶层的主次差别，以及主导阶层的作用。之所以会造成这种局面，盖源于其问题意识多来自西方社会阶层理论，没有从中国农村的实际问题出发，意识不到阶层（阶级）分化理论的逻辑起点乃源于西方社会的历史经验，而中国农村社会的分化自有其内在的逻辑。因此，既有研究虽然在农村社会分层上下了功夫，也做出了成就，但总体水平不高，且有生搬理论的嫌疑，本土问题意识不明确，研究成果难以服务于农村社会的发展和本土理论的建构。

鉴于此，本书抛砖引玉，从上述问题意识出发，将农村阶层关系作为研究的主题，通过探讨农村社会各阶层之间的交互关系、互动机制及在此基础上形成的各阶层的结构性位置，来厘清农村阶层关系性质，进而探讨农民分化的内在机制及其后果，寻找农村社会的主导阶层，探索农村社会分化后党和国家政权的阶层基础和基本支持力量。

第二节 实体论视角下的农村阶层研究

社会学家仇立平教授在回溯中国社会阶层研究时敏锐地指出，中国社会阶层研究在经过了 20 多年探索，进入 21 世纪以后，越来越强烈地回荡着“回到”的声音——在“回到古典”“回到‘社会的’”“回到马克思”的召唤下，开始对过去研究的经验和理论方法进行总结和反思，并由此出现了一种实质性的转向，这便是从实体论向关系论的转向(仇立平、顾辉，2007)。仇立平本人是这个转向的清醒认识者、倡导者和实践者(仇立平，2006)。在既有中国社会阶层研究中，存在两种基本的视角，一种是实体论的阶层研究，一种是关系论的阶层研究。实体论视角在 20 多年的阶层研究中一直是主流，主要的研究成果以其为主导范式，关系论视角在研究中则多处于沉睡的状态，只是在近年才被学者重新唤醒，并逐渐在研究中有了空间。具体到农村社会阶层研究中，既有研究也主要以实体论为视角，较少探讨农村社会阶层之间的关系形态和关系性质。本节的目的是概要论述实体论视角下的农村阶层研究。

一、实体论视角的定义

所谓实体论视角，是指将阶层当作一种既定结构来研究的视角和话语体系。从研究内容和侧重点来说，实体论和关系论也是阶层研究的两个不同方面，或者说是两种不同的研究方向。简单来说，实体论是对阶层结构的研究，而关系论是对阶层关系的研究。阶层关系和阶层结构是阶层研究的两个重要的概念体系和分析框架，虽然二者都是从总体上分析不同阶层之间稳定的关系模式，但在研究主旨和研究指向上，两种分析路径还是有明显的差别的。实体论对阶层结构的研究，着重点在于社会系统中社会成员之间的构成方式和比例关系。它依据某些特定的原则、标准和方法对社会成员的阶层归属给予划分，从而确定各个社会成员在社会结构中的位置。依据该路径进行的阶层研究就是实体论视角下的阶层研究。

二、实体论视角的理论基础和研究成果

社会分层的实质反映的是社会资源如财富、收入、声望、教育机会等在社会中的不平等分配，对其研究的问题取向在于，这种社会不平等对特定社会体系具有什么样的影响，在社会变迁的过程中，社会不平等会产生什么样的变化？西方关于社会分层的研究迄今为止构建了两大理论传统，即马克思的阶级理论和韦伯的多元分层理论。马克思主义认为社会划分为阶级是人们在生产过程中的地位决定的，而社会生产与生活中的地位差别，构成社会阶级阶层结构的事实，对这种事实的把握和认识是社会学认识和理解社会结构及其运动规模的重要路径之一。韦伯及其尊崇者的多元分层理论将财富、权力和声望作为三位一体的标准将人们分成不同的层级，在研究中则主要以“职业”为操作手段。

实体论视角的理论基础是韦伯的多元分层理论，而不是马克思的阶级理论，主要是因为多元分层理论的价值倾向是保守的功能主义立场，而阶级理论则是激进的冲突论立场。实体论的理论抱负是揭示阶层结构及其功能，这也是为什么多元分层理论在中国 20 多年的阶层研究中成为主流的原因。也因此，以阶级理论分析农村社会阶层的研究就较少，但不是没有，譬如陆益龙就主张作为马克思主义理论的重要构成，阶级阶层分析法为人们认识和理解社会提供了一种极为实用的工具，即便当今时代阶级斗争显得不那么重要，但对阶级阶层结构的把握依然是认识社会现实的重要切入点。他运用马克思主义阶级阶层分析法研究，认为中国农村

社会结构在60年的变迁过程中，阶级阶层结构经历了从制度变迁型的平等化结构到政治运动型的平均主义化结构，再到市场转型的多元分化结构的转变，并发现改革开放后尽管农村内部的阶层分化加大，但并不存在矛盾的、对立的阶级阶层关系（陆益龙，2009）。

韦伯的多元分层理论在以后的诠释中通常被简化地继承下来：权力被简化为政治权力；等级身份被简化为“声望”；影响阶级阶层行动的诸多因素，如社会资源在不同社会群体或社会成员中的分布状况，以及由此所产生的等级差异，被更多地解释为个人特征方面的差别。由此导致在多元社会分层理论取向上，将社会成员的社会差别描述为主要是职业地位和收入上的差别，而职业地位、收入和教育水平之间具有密切的联系。这样，多元分层理论就更多地以个人特征的不同来解释社会的不平等，即使是经济上的差别，也被解释为对市场机会的掌握。质言之，社会阶层结构是由市场决定的。

具体到中国农村社会阶层分析，抽取职业为标准的多元分层理论运用得较为广泛。影响较大的有20世纪80年代末，陆学艺、张厚义依照职业、使用生产资料的方式和对所使用生产资料的权力，将改革开放以来的农民分为农业劳动者阶层、农民工阶层、雇工阶层、农民知识分子、个体劳动者和个体工商户阶层、私营企业主阶层、乡镇企业管理者阶层、农村管理者阶层等8个阶层，这一划分由于比较切合当时中国农村的实际情况，得到了多数人的认可（陆学艺、张厚义，1990）。进入20世纪90年代，陆学艺又随着农村社会的发展变化修正和调整了对农村社会阶层的划分，将农村划分为10个阶层：农村干部、集体企业管理者、私营企业主、个体劳动者、智力型劳动者、乡镇企业职工、农业劳动者、雇工、外聘工人、无职业者等（陆学艺，1991）。

另有，林后春（1991）依照农民从事的不同职业及其特点，将农民划分为17个阶层，分别是单纯农业劳动者阶层、以兼业为辅的Ⅰ兼业农阶层、以兼业为主的Ⅱ兼业农阶层、不稳定兼业农阶层、农村工人阶层、城市农民工阶层、农民企业家阶层、农村文化阶层、农村技术阶层、农村乡务管理者阶层、乡镇企业管理者阶层、个体劳动者阶层(包括个体工商户阶层)、私营企业主阶层、宗教职业者阶层、游民阶层、反社会阶层、准社会阶层等。

三、实体论视角的特点与不足

从上面的叙述和分析来看，农村阶层研究中的实体论首先具有的一个特点是对“社会”的功能论想象。“在功能论的想象中，社会是一个整合的系统，这个系统有一种高于社会部分利益的整体需要，必须通过特定的社会结构(包括社会不平等)来满足;只有通过社会结构的恰当匹配，社会秩序才能得到保证。具体到社会不平等，这个匹配过程主要包括两个方面:一个是职位与报酬的匹配，另一个是职位与人员的匹配。亦即，一个社会为了满足自己的需求，必须构造出一个合理的职位系统以及与之相联系的报酬系统，以激发社会成员为了这些报酬而去获取相应职位，并履行与该职位相联系的社会需求。在这种观念中，整个社会如同一个巨大的劳动力市场，基于社会分工将职位、报酬和人员匹配于一体，社会不平等就是这样一种市场性配置过程的结果。随着历史的发展，社会的需要不断改变，它所提供的职位和报酬系统也不断改变，从而推动社会不平等结构和形成的不断改变(冯仕政，2008)。”

在“结构-功能”主义的指引下，实体论的农村阶层研究往往要在一个统一的社会结构中，根据研究者的需要及认识，以不同的标准将这个结构划分为若干个具体的阶层，并运用不同的理论工具解释分层的因果关系和探讨各阶层的实然状态。譬如，基于职业结构的阶层划分大多反映了职业或阶层结构的形态，并据此认为社会阶层是自然的社会秩序，进而探讨这种秩序之上的政治社会后果。如此，实体论就会过于强调社会秩序及其维系的方式，而较少关注阶层结构内部的紧张、矛盾与冲突，甚至也忽略了有利于维系阶层结构本身的阶层之间的关系形态和关系模式。

因为实体论将社会阶层看成是自然的社会秩序，它的第二个特点就必然是侧重于社会阶层的宏观分析。所以，实体论强于对社会阶层的现状内涵、分层结构和因果关系的分析，而弱于从社会微观层面考察具体的阶层关系，即处于一定地位结构中的、具有阶层差异的社会成员之间的交往关系、互动模式和行动逻辑，进而难以把握阶层结构本身的运行逻辑。

在上述两个特点的综合作用下，实体论的第三个特点是其社会分层研究基本上是平面的、静态的描述，而较少立体的、动态的刻画。多数研究只在表面上叙述农村阶层的划分标准、构成、类别、等级秩序，各阶层的状况、比例、特点，以及分层的原因、后果和特性，缺乏对社会内部分化和紧张关系的揭示。正如有些学者所批评的，以往的社会分层研究基本上是静态的或描述性的，都是在类型学的意义上从不同角度解读中国社会分层的现状，分析影响中国社会分层的各种要素，缺少关系性的社会分层研究，因而只适合于分析社会的“表层结构”(仇立平，2006)。这样的研究虽然必要，但是如果千篇一律，则不仅文字上的干瘪会影响读者的阅读偏好，而且对农村阶层的认识过于平面、缺乏深刻性，十分不利于知识的增长和理论的提升。

综合起来，以实体论的方式进行农村阶层研究的不足有两个方面：一是，看不到农村阶层间复杂的、微妙的和灵动的关系互动，以及无法真正把握这种关系互动所形塑的农村阶层结构、社会结构和政治社会现象；二是，无法深入农村阶层关系和阶层结构的内核，对农村社会的深刻变革缺乏敏感性，难以触及社会变革和阶层分化带来的阶层关系变动、阶层矛盾和阶层冲突，从而无法分析农村社会的“深层结构”。

第三节　农村阶层研究的关系论转换

相对于实体论的阶层研究，关系论是更侧重于研究阶层之间的关系性质、关系状态和关联方式的定性分析。阶层关系是社会关系的一种基本形态，是由于社会资源在不同社会群体中的分配方式或配置方式的差异而造成的一种纵向差异关系（周晨虹，2007）。分析不同阶层间关系的性质、状态和发展趋势，理应成为中国阶层关系研究中的重要内容。阶层关系的性质与状况，决定和形塑阶层结构的性质与状况。有什么样的阶层关系，就会有什么样的阶层结构存在；阶层关系及其性质和状况的调整与变动，实际上是阶层结构变迁在各阶层之间关系中的体现。从阶层关系的性质与状况可以透视阶层结构、社会结构的合理与整合程度。它也是衡量社会和谐与发展水平的重要维度。

诚如前文所述，中国社会学界对阶层研究（包括农村阶层研究）的视角或范式，有个从实体论向关系论的转换过程。这一过程从 2000 年左右就开始了，但理论自觉确是肇始于近年社会学界发出的“找回马克思”“重返阶级”的呼声。社会学界的一批知名学者，鉴于 20 世纪 90 年代后期以来中国社会日趋紧张的形势，意识到只有重新引入阶级分析视角，才能对中国社会不平等的结构及其形成做出更有洞察力和前瞻性的分析。这些学者分析了马克思的阶级理论与韦伯的多元分层理论两大范式的根本区别，认为阶级理论基于冲突论的“社会”想象将社会不平等归结为统治阶级的需要和权利强制的结果，其关注的焦点是社会剥夺和集体抗争。之所以能如此，是因为“阶级”表明的是一种以资源占有关系为基础的结构位置；分层模式根据的是结构而不是群体的结构性位置；阶级是一种关系性观念，即在相互之间的关系中体现各自的特征，不同阶级之间的实质性关系，如剥削，只有在不同阶级行动中才能发现和解释（孙立平，2008；仇立平、顾辉，2007；李友梅、孙立平、沈原，2006；冯仕政，2008）。因此，仇立平、顾辉（2007）判定，相对于实体论的多元阶层分析，马克思的阶级分析方法更能揭示社会结构的内在本质，有利于对社会分层的深层结构的分析。

关系论的理论基础是马克思主要的阶级理论，因为阶级分析的理论品格从其产生那一刻起就是探讨阶级之间关系的性质和状态，是关系性的。但是事实上，正如冯仕政(2008)所批评的，不但阶级理论分析的阶级阶层是“关系性”的，多元分层理论划分出来的“阶层”也可以在相互间的关系中体现各自的特征。所以，关键不在于是运用阶级理论还是多元分层理论，而是是否关注了按一定标准划分出来的阶层的“关系”。阶层关系的性质是对处在结构中不同位置的阶层间关系的质性判断，诸如对立关系、矛盾关系、和谐关系、剥削关系、依附关系、同盟关系、排斥关系、竞争关系、冲突关系等。任何一对或一组阶层关系本身都是动态、立体和对立而存在的，它既可以是恒常的，表现为一种关系形态、交往和互动模式，也可以是变化的，体现的是关系的流变。只要一项研究关注到了阶层间关系的性质和状态，就不可能只注意到了阶层间的市场性关系，而忽略阶层间的统治性关系；就不可能只注意到了阶层间整合的一面，而看不到冲突的一面；就不可能只有保守的价值立场，而没有丝毫激进的价值立场。关系性的视角是综合的视角，能够全方位、立体地检测和把握阶层结构和阶层关系，从而不仅能够把握不同阶层在资源占有量上的差异，而且能够准确定位不同阶层的结构性位置及不同位置之间的关系。

在理想意义上，如果说实体论阶层研究看到的是单个的、没有关联和互不发生作用的阶层平铺在阶层结构中，那么，关系论阶层研究则看到的是处在结构中不同位置的阶层，它们的等级序位是在交互关系中形成和体现的，只有在阶层关系中才能区分主导阶层、次要阶层及依傍性的阶层。只有在阶层关系中，阶层之间才有比较的可能，对于整体结构而言才会有轻重缓急之分。撇开阶层关系，任何阶层都是独立的、个别的，对于整体结构而言都是同等重要或不重要的。并且，只有在阶层关系中，阶层结构的系统才能呈现，阶层结构才会活起来、才能发挥整体大于部分的作用和功能，否则就是僵硬的，单个的阶层不能形成系统，也就不能把握阶层结构的整体效能。

从既有研究来看，将中国社会阶层关系的性质定义为阶级关系的研究逐渐丰富起来。在理论研究上，仇立平、顾辉(2007)就认为，中国向市场经济转型之后出现了多种经济成分，资本的力量再次出现，劳资关系紧张时有发生，社会改革激发出诸多矛盾，为马克思阶级理论在当今中国的阶级结构分析中的运用提供了可能。他把马克思的生产资料占有关系的阶级命题转换成稀缺性生产要素占有关系的命题，并由此区分出了中国四大阶级：管理阶级、资本所有者阶级、专业和技术阶级与劳动阶级。其中占主导地位的是管理阶级和资本所有者阶级。同时，他并不认为承认阶级的存在就意味着阶级对抗甚至暴力革命。李友梅、孙立平、沈原(2006)则看到了，中国"世界工厂"的地位使得世界上最庞大的产业工人阶级正在中国形成，由此主张正在形成的工人阶级的命运对社会转型的作用和对未来发展的影响应当成为中国社会学关注的中心问题。

经验研究主要集中在城市工人阶级和农民工两类群体上。李静君通过对来自广东省和沈阳市的实证资料进行分析，从工厂政体、劳工的抵抗与调适及矛盾的意识阐述了流动民工在工厂生产体制下的受压制性、民工反抗的自发性和破坏性，以及这一群体融入城市和被城市排斥所产生的矛盾意识；国有企业工人面对着从"国家工人"到"契约工人"转变所体会到的侮辱和不平，促使这一群体对"阶级意识"的重新唤回，以在国家意识形态中寻找道义支持。佟新通过对一起国有企业工人集体行动的个案分析，发现工人在市场经济条件下的负面经历凸显了他们对社会主义文化传统的认同，工人借助国有企业的文化传统为群体利益的实现寻找合法性和可能性。任焰、潘毅从劳动实践、生活策略、文化惯习以及抗争行动等微观层面入手，对中国近代产业发展初期工人主体身份的演变和构成进行了考察，认为脱胎于封建文化以及行业传统的因素嵌入工人的日常生活实践与共同行动之中，不仅塑造了政治意义上的阶级主体，同时使得工人的行动更具有操演性文化产物以及实践性关系的特征。相关的研究还有对劳资关系、工会组织以及底层社会的分析(裴宜理、阎小骏，2008)。

从多元分层角度探讨中国阶层间关系的性质和状态的研究也已次第

出现。一些研究将中国现阶段出现的新的阶层关系在性质上定义为“人民内部矛盾”,他们将毛泽东同志关于正确处理人们内部矛盾的思想,运用到对社会转型期社会矛盾的新变化与新问题的分析上,表明的是研究者对中国现阶段阶层间存在的矛盾与冲突性质的基本判断。典型的有李培林(2004)将新时期人民内部矛盾的变化归纳为四个方面:一是利益矛盾已成为人民内部矛盾的主导方面;二是干群矛盾、工农矛盾、城乡矛盾突出;三是国家、集体和个人的矛盾,公与私之间的矛盾,不同产权制度之间的矛盾已成为人民内部矛盾的重要方面;四是收入差别扩大成为人民内部矛盾的主要表现方式。

“社会均衡”也是近年来分析中国阶层关系的一个重要理论框架。社会均衡很重要的条件是阶层关系的均衡,反映的是阶层之间良性的关系状态。王春光研究认为,从阶层关系层面上理解生活均衡主要表现为:生活结构上形成一个中间大两头小的结构形态;生活成员的经济、权力以及声望等地位具有一致性;客观地位与主观意识的相符性;价值理性与工具理性、目标与手段之间的协调性。必须要有合理的、有效的与合法的机制做保证:公开、公平的能力竞争机制;合理的、合法的资源配置机制;和平的、公正的、开放的矛盾化解机制;有效的、公开的社会制约和监督机制。孙立平(2002b)则将当前中国社会阶层之间的界限逐渐形成、阶层之间的流动减少、社会排斥加剧和阶层再生产机制形成等非均衡的阶层关系状态,定义为“断裂社会”。李强(2005)认为当前中国社会阶层结构是倒丁字形结构,该结构下的阶层关系处在一种对立的、矛盾的或冲突的状态。此时社会矛盾容易激化,社会问题和社会危机容易发生,虽然富人集团和穷人群体没有发生直接的矛盾,但巨大的差距已使得社会处于一种结构紧张状态。

从关系论视角进行的农村阶层的研究较少,少量研究也集中在对阶层关系性质和状态的大而化之的判断上。对“富人治村”的研究是少量基于经验的阶层关系研究。“富人”阶层是农村中分化出来的新社会阶层,对于富人治村的研究，一方面学者们观察到富人主政的村庄治理，无论是在促进农村经济发展、提高村民公共福利，还是在提高村庄公共整合能力等方面均显示了积极的效应，另一方面，他们也指出“富人治村”内含着上层农民对农村其他阶层的政治、经济和社会的全方位排斥，容易造成村庄内的阶层对立和冲突，以及底层阶层的无力感。

第四节 基本路径、分层标准与写作策略

通过以上文献检视可知，无论是为了探知农村社会巨大的社会变革和深层的结构性问题，还是从探寻党在农村的阶层基础和群众基础的现实目标考虑，农村阶层研究都应该实现一个从实体论到关系论的范式转换。本书就是要在结合阶级分析与多元分层研究的基础上，批判和借用实体论的相关理论资源，以关系论为主要理论范式和分析框架，以农村阶层关系的性质与状况为研究主题，开拓农村阶层研究的崭新视域。

一、基本路径

本书要关注的核心问题是，当前农村阶层关系的性质和状况究竟如何，以及将如何发展变化，而这种性质和状态及其变化会给农村社会带来什么样的政治社会后果。

要解答这个问题，关键是要从阶层的关系性出发，确定各阶层在阶层结构中的结构性位置。但对阶层关系的探讨却不等于忽略各阶层独特的个性特征。阶层的个性特征即阶层的社会禀赋，它是一个阶层在阶层关系的交互作用中，参与阶层结构建构时，可以援引的资源、条件、手段和可能的策略。不同的阶层具有不同的社会禀赋，它们使其在阶层关系的互动中处在不同的位置，不同的位置会带来主次差别。阶层的个性特征在关系互动中展现得淋漓尽致，这也就是为什么有学者声称，关系性概念在相互之间的关系中体现各自的特征的缘故(仇立平，2006)。因此，对阶层

关系的探讨，阶层的个性特征或社会禀赋是重要的方面。当然，阶层个性特征只有在对阶层关系的探讨中才有生命活力，否则就像在实体论中那样是死的，二者相辅相成。对阶层关系的探索，目的是把握各阶层在阶层中的结构性位置，确定阶层关系的性质与状态及发展趋势。在此基础上才能挖掘各阶层在阶层结构中会具有什么样的功能及释放何种价值。

简而言之，本书的基本线索是，通过对中国不同地区农村阶层分化的实证研究，了解农村阶层分化状况，把握各阶层的个性特征或社会禀赋，阐述各阶层之间的关系，厘清各阶层在农村阶层结构中的位置及其功能、价值。在此基础上，把握农村社会的深层结构，探寻党在农村的阶层基础。以下是分步研究的策略。

1. 把握当前中国农村阶层分化的总体状况。把握农村阶层分化的总体状况和各阶层的基本状况，为研究的铺陈提供扎实的经验基础和理论分析的逻辑起点。

2. 探究农村各阶层的社会禀赋。社会禀赋是农村各阶层表现出来的阶层个性特征。本书主要通过对农村各阶层的价值观念、利益取向、经济收入、在阶层结构中的位置、耕种土地状况、象征性资源、社区关系、超社区关系、与乡村政治权力的关系等社会禀赋的考察，为探讨阶层关系提供基础，同时也便于厘清它们在农村政治社会生活中扮演的不同角色和发挥的不同功能，以及对农村政治社会稳定起到的不同作用，进而考察它们对党和国家及其在农村的各项政策的认知及态度。

3. 确定农村阶层关系的性质和状态。农村阶层关系的性质和状态包括交往方式、互动机制与结构性位置。结构性位置是指各阶层在与其他阶层的相互作用中形成的相对稳定的关系模式，及它们在阶层结构中的主次差别。一定的阶层结构会影响阶层的具体行动，而处在结构中不同位置和地位的阶层则有不同的行动取向和采取行动的能力。在农村中，不同阶层的不同行动取向和行动能力将对农村政治社会生活产生不同的影响。本书将重点叙述以下三个方面：一是各阶层与其他阶层之间的关系;二是各阶层在阶层结构中的位置与地位;三是各阶层在结构中的行动取向与行动能力。

4. 挖掘农村各阶层的功能与价值。不同阶层因其社会禀赋和结构性位置的差异,而具有不同的政治社会功能与价值属性。农村主导阶层是那些具有独特社会禀赋、结构性位置比较突出的阶层,它们的功能与价值属性也较为独特,从而对农村政治社会生活的影响比较大。本书力图挖掘主导阶层的功能与价值。

5. 探寻党在农村社会的阶层基础。随着农民被分割成不同的阶层,有必要厘清各阶层与党和国家的关系,并追问,哪个(些)阶层是党和国家可以依靠的坚定支持力量、哪个(些)阶层是可以团结的对象,而哪个(些)阶层不是?

二、分层标准:收入、关系与土地

通过对传统研究路径的吸收与批评,毛丹、任强(2003)主张从社会资源的角度研究中国农村社会阶层分化更具有广泛的适用性与包容性。一方面,他们指出整个多元分层理论本身就存在理论上的紧张,另一方面,他们认为农村还不具备进行职业分层的条件,因为在市场经济较发达、较高的社会流动率、社会流动自由和社会的工业化程度较高这几个方面农村都是不成熟的。而这些都是职业分层标准所必须具备的条件。同时,以职业作为分层标准忽视了马克思阶级理论中的社会分层的积累性的问题。所以,社会资源对于农村分层研究而言应该更具有解释力。在内容上,他将社会资源概括为经济资源和象征性资源。

本书拟采用社会资源的视角研究农村社会分层。按照毛丹等人的定义,经济资源是指获得经济报酬的能力,象征性资源包括所有潜在的和现有的能够对自己或别人的生存、发展机会产生影响的资源,比如知识、权力、社会关系、身份地位等。经济资源与象征性资源可以相互转换。但是,毛丹等人在阐述社会资源时,并没有把农村最重要的资源“土地”纳入分析的视野，也就是说在研究农村社会分层过程中忽略了土地因素的影响。

事实上，在广大中西部农村，税费改革之后土地的占有与耕种，无论是在质还是在量上，都对农民的经济资源与象征性资源产生着重要影响。在本书中，经济资源被简化为便于操作的"收入"，象征性资源则简化为"关系"，因为知识、权力和身份地位都可以产生质量较好的社会关系。这样，本书关于农村社会分层标准的社会资源就包括收入、关系和土地。

经济收入和社会关系在已有的研究中都有阐述，下面仅对将土地作为分层标准的理由进行论述。

其一，土地占有与耕种的多少与收入多少成正比。2006 年取消农业税后，国家不但不再向农民收取任何税费，反而还向农民发放各种补贴和实施各项支持力度越来越大的惠农政策，种田逐渐变得有利可图，并且如果耕种一定规模的土地，家庭纯收入还十分可观。

其二，土地占有与耕种的多少与村社内部关系质量成正比。农民在村社内部的关系网的质量是其社会资源（象征性资源）的重要衡量标志。一般情况下，关系越广、质量越高，说明他在村社内的地位越高，可支配、利用和调动的资源越丰富，他在农村社会的层级中位置就高，反之则低。

当前农村的普遍特点是，农民的职业分殊严重、流动性越来越大，这就造成两大普遍现象：一是村社内部土地自发流转频繁；二是流动、外出的农民在村时间越来越短，即农民之间在村时间不一致。结果是，大量土地流转至一部分农民手中，这部分农民耕种 8～100 亩（1 亩≈666.67m^2）的土地（且多为 20 亩左右），且无须再外出务工经商而能收入可观，因而在村的时间比其他农民要多。

按照农村内部的逻辑，之所以村社土地会自发流转到这一部分人手中，而不是其他人手中，一是因为这部分人在村里亲戚、朋友多，后者按照"差序"原则将土地流转给他们，二是因为这部分人在村里本来就人缘广、为人好、道德高尚，外出的人放心将土地流转给他们，而不担心会有不良后果。从调查的情况来看，耕种土地越多的农民，这两个方面都比较突出。另外，耕种土地越多，留在村里而不外出兼业、务工或经商的时间就越多，他们充分利用这部分时间与其他农民交往，关心、扶助因人口流动产生的留守老人、妇女和小孩，因而这部分农民较外出人员与村社其他家庭的关系要深刻和厚重得多。且因为耕种土地越多，利益关系就越束缚在土地上，就越希望土地耕种的基础设施建设完备，就越需要与他人合作共同建设与维护，因此就越需要与其他农户建立良好的关系。

总之，无论是从获得土地的方式来讲，还是从在村时间来讲，土地耕种越多的家庭，其在村社内部的关系质量都比土地耕种较少或不耕种土地的家庭要高得多，两者呈正相关关系。

其三，土地占有与耕种的多少与超村社关系网络的大小成正比。现代性进入农村后，农村社会也逐渐开放与活跃起来，超出村社的关系网络对于农户的生产、生活和交往也变得十分重要，因而超出村社的关系网络也是评判农民社会资源的重要标准。土地的占有与耕种在以下几个方面与超村社关系网络相关：一是耕种的土地越多，农民在土地上的生产要素投入就越多，就越要与农业生产资料等供应主体打交道，如与农机商、农技机构、农药化肥销售商的来往频繁；二是与粮食收购商有密切往来，及时掌握粮食等商品的供销情况，否则就会导致信息不对称，耕种的土地越多就越要往这方面下功夫；三是这部分人耕种的土地，有很大一部分来自他们在外工作、经商、定居于城市的亲朋好友，后者多是农村出去的“成功人士”，能够给在村种地的人提供资金、信息和其他关系资源。这样，土地占有与耕种的多少就会同超村社关系网络的大小成正相关关系，而不是人们通常所说的，留在农村种地的人都是“老弱病残妇幼”。“老弱病残妇幼”耕种土地较少，因而是超村社关系网络较小的那部分人。

其四，土地占有与耕种的多少与接近乡村政治权力的程度成正比。在中国政治权力依然集中大部分资源的客观环境下，跟政治权力越接近的人，毫无疑问，也将是社会资源，尤其是象征性资源越多的人，这部分人定然会处在较高层级。在农村，接近乡村干部群体，就意味着接近乡村政治权力，与乡村干部群体越是强关系，就说明越接近乡村政治权力。乡村干部，特别是村干部主要是与束缚在土地上的农民打交道，二者打交道的频度和深度与农户耕种土地的多寡有很大的关系：一方面，农民耕种土地越多就越关心土地上的收益，也就越在乎农田水利设施的建设与完善，同时也越在乎国家的惠农政策、越关心国家土地制度安排的动向，而这些情况都与乡村干部有莫大的关系，因此这部分农民就会主动与乡村干部建立强关系；另一方面，乡村两级组织在农村的主要工作是保障农村社会安定、农业生产安全，搞不好就会被“一票否决”，而耕种土地越多的农民在村时间越长，也就越了解农村情况，也最懂得农业生产的安全风险所在，因此乡村两级组织的农村工作还得仰赖这部分农民，因而也会主动与他们建立良好的关系。甚至，许多耕种土地较多的农民会被安排为村民小组长，直接服务于乡村两级组织，与乡村政治权力就更接近了。之所以让这部分农民担任小组长，是因为他们不仅在村时间长，了解农村情况，而且重要的是他们在农业上的收入可观，生活无忧，有充足的时间去做上级安排的事务和处理农村驳杂的琐事。因此就一般情况而言，土地占有与耕种越多，农民跟乡村干部的关系就越近，其获得的政治资源及由此而来的经济资源、象征性资源也就越多，二者呈正相关关系。

综合上述四点，土地能够在农民获得经济资源与象征性资源上发挥重要作用，占有与耕种土地较多的农民能够获得较多的经济资源与象征性资源，反之则少。

三、写作策略

本书在探讨农村阶层关系时，运用了三种策略。

其一是直接策略，就是在文中直接叙述阶层关系状态，包括一对一的阶层关系组合和一对多的阶层关系组合。在叙述这些关系状态时，既可以确定阶层关系组合的重要程度,也可以确定各阶层在阶层关系结构中的位置。譬如本书第六章即直接通过叙述中农群体与其他农民群体的关系,来确定它在农村社会和阶层关系中所扮演的角色。

其二是事件策略,就是通过论述具体事件来看不同的阶层在事件中的交互关系。事件是农村社会关系的交会点,各种社会关系在此集中爆发,透过事件能够更清晰地掌握农村各类关系的性质及其制约因素,还可以透视参与事件的各主体所调用的资源和策略。本书第三章就是通过"地权冲突"这一具体事件来展示不同农民阶层间的关系状态和性质,并分析他们在关系展开过程中的受制因素。

其三是视角策略,就是将阶层关系作为视角切入问题,在分析铺展的逻辑中透视具体的阶层关系。在这里,阶层关系不是直接的研究对象,它是研究的切入点,或者是解释链中最重要的一个环节,属于中间变量,而所研究的问题则是某类阶层关系与其他变量发生作用的最终结果。运用这个策略做研究,不仅能够掌握阶层关系的具体状态,还能掌握阶层关系与其他因素是如何发生作用的和发生作用的结果。譬如第四章的研究对象是"底层农民上访",上层农民与底层农民的对抗关系是导致农民上访的原因。第五章的研究对象是"农村老年人自杀",不同农民群体间的竞争关系造成了底层农民压力聚集,底层农民为了缓解压力而忽略老年人是后者自杀的直接原因。

第五节　主要概念与章节安排

一、主要概念

(一)阶层

阶层是指一个社会内部由于经济收入状况、社会地位、权力资源等方面的差异而形成的社会层次,它是社会结构的有机组成部分,代表着不同的经济、政治、文化需求层次和不同的利益。阶层本质上是一个不平等体系，即人们把社会的组织方式理解为以多少属于上下连续的等级秩序安排起来的各个层级，这就像地质学意义上的地层组织方式（马尔科姆·沃特斯，2000）。

阶层存在的前提是阶层分化。阶层分化指的是原有社会阶层结构的变化，它是社会成员在社会阶层之间的移动现象，这种移动现象包括垂直和水平两种运动。在垂直方向上表现为社会成员在原有阶层之间的纵向流动，其实质是社会地位的上升或下降运动；在水平方向上表现为社会成员从已有的阶层分化出来进入新的阶层，或从原有阶层中分化出新的阶层，其实质是社会原有阶层的多样化和细密化。阶层分化的后果，从社会结构的角度看，是原有社会阶层结构各组成部分比例的变化，从社会个体的角度表现为资源占有的变化，也是个体社会地位的变迁。

农村阶层是村庄社会分化之后形成的等级体系中的各个层级。对农村阶层的划分一般有马克思的生产资料占有标准和韦伯的市场能力标准。农村阶层层级作为一种等级体系，与传统意义上以血缘为纽带连接起来的家族或宗族等级系统有着根本的区别。首先，西方的阶层等级体系是在打破原有宗族等级体系的基础上分化和建立起来的等级体系，二者在根本上是对立的；其次，阶层等级体系与宗族等级体系的划分标准不同，前者是后天的经济社会标准，后者是先天的血缘标准；再次，作为单个的阶层也与宗族等级体系中的宗族、家族、房及支不同，前者是有着共同的政治、经济、社会需求的社会成员组成的，后者是按血缘的亲疏远近来组织团体的；最后，阶层与宗族及家族、房、支在认同与行动上有差别，前者的认同较低、一致行动能力较弱，后者的认同和一致行动能力都较强。

农村阶层及阶层分化，在全国的意义上与城市阶层一样，是抽象的概念，即便是“农民”作为一个独立的阶层也是抽象的，只存在于想象的大结构中。但将农村阶层置于村庄视域内，它就是具象的、鲜活的。有农村调研经验的人就很清楚，将不同的农民“安放”到不同的层级里，就可以完全在微观层面观察不同阶层的农民的行为模式和行动逻辑，甚至可以观察到阶层意识和一致行动。之所以可以如此，是因为村庄作为一个共同体，其内部的行为和思维都是自洽的，不同阶层的意识和行为无须与外边串通，在村庄内部就是自洽的。同时，村庄也是一个结构易得性的单位，不同阶层在农村的结构性位置，他们的交互关系、行动能力以及在交互中所秉持的资源，在村庄内部都是一清二楚、一览无余的。譬如，在全国范围内，处在某个位置的农民阶层是无法组织起来的，但是在村庄内部是可以的，甚至可以清楚到具体的个人及人的数量。所以，农村阶层研究最适合在村庄内部展开。

(二)阶层关系

阶层关系是指处在一定地位结构中不同位置的社会成员之间的交往关系、互动模式与行动逻辑。郑杭生教授将阶层关系归纳为三个层面：一是阶层之间的物质利益关系的和谐与矛盾的性质、范围与发展趋势；二是各阶层间的沟通方式、交往状况与交往频率，及相互间的基本态度；三是各阶层间的冲突与整合状况(郑杭生，2003)。由于不同阶层的个体特征或社会禀赋的差异、阶层间交往方式的差异、阶层间力量对比的差异以及国家干预和指导的差异，不同阶层之间的关系会呈现出不同的状态，具有不同的性质，其发展趋势也不同。譬如具有一致利益的两个阶层会形成同盟关系，并可能在利益争夺中采取一致行动；力量对比悬殊较大的两个阶层，可能会形成排斥关系；阶层差距不大的阶层之间可能会形成竞争关系；等等。

西方阶层理论隐含着这样的论断：阶层的构成超越了血缘的范围，阶层关系也会超越血缘关系。但是，中国农村阶层分化和阶层关系有其自身逻辑，因为自然村落社区内的农民不仅生活在一个“人地”持续紧张的关系中，也不仅生活在一个阶层对立、阶级剥削的关系中，还生活在一个以血缘、地缘为纽带的熟人社会中，他们之间的关系不只是冷冰冰的纯粹经济学意义上的关系，还是血缘亲情、人情面子的文化网络(渠桂萍，

2010)。在这个意义上，阶层关系超越但又嵌入血缘地缘关系之中，血缘地缘关系在一定程度上会影响阶层关系的性质和状态，其程度取决于血缘地缘的关系强度，以及阶层分化的程度。先就后者而言，阶层分化较大，阶层关系受血缘地缘的影响就较少，尤其是阶层等级结构的上层与下层关系几乎不受血缘地缘的束缚；在分化不大的阶层关系中，血缘和地缘可以作为阶层之间的连接纽带而沟通相互之间的关系，即便上层与下层没有直接的沟通渠道，它们之间也可以通过中层连接起来，因为上层与中层之间的关系受血缘地缘的滋润从而可能表现出较好状态，同样，下层与中层的关系也受血缘地缘的影响，这就会使得阶层关系因为中层阶层的沟通与协调而相对和谐。

就血缘地缘关系的强度而言，如果它们的强度较大，阶层关系就容易受它的影响，相互之间要讲究情谊，要相互给面子、卖人情，这就会使得生产资料的占有、经济上的分层不必然导致社会分层，在社会层面，人们仍按照传统的血缘地缘方式进行交往。如果血缘地缘的强度较小，甚至趋于瓦解状态，那么经济、政治上的分层就容易带来社会分层，阶层关系就越独立于血缘地缘关系，甚至肢解传统意义上的人情往来，阶层关系因缺少血缘地缘的润滑而可能相互隔绝或容易产生矛盾。

总之，因为血缘地缘的存在与介入，中国农村的阶层关系就较纯粹意义上的阶层关系要复杂、深刻得多，也与简单的阶层对立、阶级剥削相去甚远，在研究中应该充分考虑这些因素及其变化的影响。

(三)阶层的结构性位置

阶层之间在关系交互中形成了相对固定的关系结构，不同的阶层处在关系结构中的不同位置，称为阶层的结构性位置。结构性位置是一个关系性概念，它只有在关系中才能体现出来。阶层关系本身不是一个平等主体间的互动状态，而是具有不同资源禀赋的阶层等级体系，因而结构性位置是一种等级阶序的位置。占有较多资源的阶层在关系互动中占优势，从而处在关系等级结构中的上层，占有较少资源的阶层则处在下层。

一旦关系结构相对固定下来，阶层的结构性位置表明的是不同阶层所能获取的资源量的差异。处在较高层次位置的阶层能够凭借其在关系互动中的优势攫取更多的资源。由此形成阶层的再生产性。

阶层的结构性位置也是一个地位概念，是不同阶层在关系结构中的分量和重要性的标识。不同的结构性位置对阶层关系及其互动模式的影响有差异，对阶层关系的性质和状态及其发展趋势的影响也不同，进而对村庄社会结构的影响也迥异。根据不同阶层这种影响力的差异，就可以区分出村庄阶层结构中的主导阶层、次要阶层、附属阶层等阶层分类。同时，对阶层结构性位置的确定，在一定意义上是对其行动模式的确定。处在不同位置的阶层，它在阶层交互关系中采取的行为及其策略具有模式化效应，因而确定了其结构就能够预测其行为取向。因此，对阶层的分类目的在于对不同行为模式的阶层进行分类治理，以促使阶层关系向和谐的方向发展。

二、章节安排

本书包括导论、正文和结论在内，共七章，按照不同村庄、不同阶层关系的性质与状况安排章节，具体安排如下。

第一章：本章是导论部分，主要交代了本书的问题意识和中心议题，概要地从农村阶层研究的实体论视角和关系论视角进行了文献检视，阐述了农村阶层研究视角从实体论向关系论转换的必要性和紧迫性，同时构建了本书的理论框架及对核心概念做了本土的阐释，并简要叙述了本书的田野工作和方法论基础。

第二章：本章是全书的研究框架，分别阐述了关于农村阶层关系研究的理论、概念和方法论。村庄里的分化是农村阶层关系研究的起始点和落脚点，农村阶层关系状态受制于村庄熟人社会和血缘地缘关系等最基础的结构，在此基础上也因农民分化程度、上层农民是否在村、上层农民的规模等表现出不同的样态。村庄既作为研究视域，同时也作为研究方法而存在。

第三章:本章的论述对象是农村各个阶层及其利益博弈关系。在阶层分化越来越明显、土地的阶层分化效应越来越突出的当前农村,地权已深深地镶嵌进了农村社会的阶层结构之中,阶层而非个体、家庭抑或家族作为行动者的动机和价值取向影响着农村的地权意识,地权的社区共识被地权的阶层共识取代,使不同阶层在处置村庄土地时产生的碰撞与互动中,不断地催生着它们之间的地权冲突。在这个过程中,各阶层对地权的诉诸原则和阶层间的利益关系、社会关系、力量对比、政治博弈等,以及它们的变动,都影响着地权在不同阶层间的配置及其稳定性,地权由此深深地烙上了阶层的属性。被烙上阶层属性的地权的冲突,其实质是阶层之间的冲突。

第四章:本章的论述对象是上层农民及其与底层农民的对抗关系。在东部发达地区,农民分化程度高,阶层界限明显。上层农民在生活和消费上对底层农民给予区隔与排斥,刻意拉大与底层农民的距离,致使底层农民深感生存性压力巨大,遂心生对上层农民的怨恨情绪。上层农民还利用经济上的优势对镇域内的资源进行垄断性占有,将底层农民排除在共享之外,造成了底层农民极大的被剥夺感。底层农民逐渐意识到自身不好的境遇源于上层农民的剥夺,怨恨报复感膨胀。同时,上层农民通过巨资贿选垄断村庄利益再分配权力,肆意掠夺和瓜分村庄公共资源,最终触发了底层农民的绝地反抗,兴起了一场持续高位运行的上访潮。但是,问题终究要在基层解决,底层上访遭遇了基层政商合谋结成的“权力-利益”的结构之网,上访所反映的问题得不到解决。底层上访只能周而复始地无效循环。

第五章:本章的论述对象是中下层农民及其竞争关系。在农村资源稀缺条件的制约下,由于农村阶层一定程度的分化,不同阶层之间、同一阶层内部家庭之间的社会性竞争非常激烈,村庄内部各个阶层都有强烈的地位焦虑与地位恐慌,生怕自己在竞争中处于劣势,被村庄社会甩出去，而处于中下阶层农民的地位焦虑尤甚。这些阶层的农民使出浑身解数释放焦虑，其中一个很重要的途径是家庭内部的代际分工与代际剥削，在这个过程中老年人被利用、被忽略或被遗弃，并在村庄建构的道德合理化中最终走向自杀。在一定意义上，老年人自杀是农村阶层关系高度竞争的结果。

第六章：本章的论述对象是中农群体及其与其他各阶层的交互关系，要回答的问题是为什么中农群体会成为农村分化后的整合力量。作为经营中等规模土地、获取中等水平收入的中农阶层，因其独特的社会禀赋和在农村阶层结构中的特殊位置，在各阶层之间扮演着润滑剂、缓冲器和整合力量的角色。

第七章：本章是全书的结论部分，总结认为随着当前农村阶层分化的进一步加剧，农村地区尤其是东部农村也已出现由血缘地缘社会向阶级阶层社会转变的明显迹象，农村阶层关系交互作用的性质和状况是影响农村政治社会想象及政治社会稳定的最重要因素。在中西部农村中，新兴中农阶层因其独特的社会禀赋和在阶层结构中的位置，可以起到协调阶层关系、整合各阶层的作用，并很可能扮演党在农村的阶层基础和群众基础的角色。

第二章 研究框架：理论、概念与方法论

村庄里的分化是农村阶层关系研究的起始点和落脚点，农村阶层关系状态受制于村庄熟人社会和血缘地缘关系等最基础的结构，在此基础上也因农民分化程度、上层农民是否在村、上层农民的规模等而表现出不同的样态。

在对农村社会分层的调研中，笔者发现阶层关系在农村政治社会生活中扮演着日渐重要的角色，但学界对该现象却缺乏实地调查和深入探讨。这也正是为什么农村阶层研究还停留在对一些表层问题的概述，而没有揭示其背后机制的缘故。阶层关系研究是探究深层社会结构的路径，对农村阶层关系的基本理论、概念与方法论进行梳理，有利于在理论和经验两个方面理解农村阶层关系问题，为研究的展开做前期准备。

第一节　农村阶层关系研究的理论问题

一、阶层关系与阶层结构问题

阶层关系与阶层结构是阶层研究中的两个重要概念，它们从不同的方面对阶层展开分析。两个概念既有联系也有区别，联系是指二者都从总体上分析阶层之间的关系模式和关系状态，区别是二者在具体的研究主旨和指向、研究方法和立场、研究价值和兴趣等方面都有明显不同。

阶层结构是指社会系统中不同成员的构成方式和比例关系，它是依据某些特定的原则、标准和方法对社会成员阶层归属的划分，从而确定各社会成员在社会结构中的位置（周晨虹，2007）。在这个层面上，阶层结构研究更注重宏观分析，整体把握中国社会的阶层分化的状况，告诉读者中国社会主要是依据哪些标准来划分阶层，由哪些阶层构成，它们是通过什么样的方式组合成结构的，以及它们各自在总体中占有量的多少，从而可以判断阶层分化的状况与特点，与西方社会比较有什么样的差异，这种差异是合理还是不合理，如果不合理，应该通过什么政策进行调整等。

阶层结构研究呈现出来的是一个静止的、平面的阶层分化状况和阶层结构形态，尽管也对不同阶层在阶层结构中的位置进行了确定和分析，但它仍然是一个平面的安放方式。我们可以看到不同阶层在等级结构中的位置，却看不出它的立体结构，更看不到各阶层在阶层结构中是如何互动的。阶层结构研究无法呈现动态的、立体的阶层交互作用的过程，更不可能将阶层化的过程勾勒出来。这个在农村阶层研究中体现得很明显。几乎所有的农村阶层研究的作品都十分雷同地呈现全国农村、不同区域农村或不同村庄阶层的划分标准、构成、比例，以及各阶层的具体状况、分化的特点、功能及不足。这些研究只给我们呈现出了阶层结构、阶层分化状况"是什么"，而无法解决阶层分化和阶层关系"怎么样"的问题。所以，在这个意义上，阶层结构分析主要是基于"结构-功能"主义的分析，即把社会想象成一个整体的结构，它由不同的部分构成，如阶层，阶层间的有机结合能够产生出大于单个阶层的功能，也只有阶层间的恰当匹配、组合，才能形成整体的社会秩序。

所以，阶层结构研究适合于对那些社会结构已趋定型、阶层分化只有量变没有质变、阶层关系相对稳定、阶层利益和矛盾相对清晰的社会做定量分析，通过确定变量之间的关系就可以整体把握社会结构的状况。但是，在中国农村社会，不仅社会结构的定型化远没有完成，社会结构的急剧变化还在进行当中，各个变量一时难以确定，并且不同区域农村的社会结构的构成、变迁方向、变化程度都有很大的差异，难以确定统一的量化标准。还可能出现这种情景：数据越大，对事态的理解就越偏离原本的方向和性质。量化研究的基础和前提是对社会有整体的质性的判定。在农村阶层研究中，不首先对不同区域农村的阶层分化状况做质性调研，就不能确定变量及一整套的指标体系，也就做不了量化研究。事实上，对农村阶层分化的质性研究还没有开始，更不用说量化研究了。

阶层关系研究侧重于阶层之间的关系性质、状态与方式的定性分析，它考察的是具体的群体关系，也就是处在一定地位结构中、具有阶级差异的社会成员之间的交往关系与互动模式（周晨虹，2007）。较之阶层结构的宏观分析，阶层关系研究的对象是具体的阶层关系，必然更多采取微观的研究方式。微观研究的长处是，既能够具体到场域、关系和事件当中去窥探阶层关系的实践机制，能够发掘具体的、微妙的、灵动的关系互动，又不失宏观的判断和视野,因而能够对阶层关系有正确的认识,进而对阶层分化状况做出定性。

阶层关系研究是对阶层分化和阶层结构的立体的、动态的、全方位的观测,它不仅能够观测不同阶层在关系互动中所凭借的资源和策略,还能检测到具体的互动过程、互动模式及各阶层的行为逻辑,亦能在阶层的交互关系中判断不同阶层的结构性位置,从而判断出阶层关系中的主导阶层、阶层组合,以及对阶层关系组合进行排序。下面几组变量在阶层关系研究中较为重要。

1. 阶层的结构性位置。尽管阶层结构研究也能勾勒出不同阶层等级的位置,但是它是一个静态的等级排序,无法判断阶层结构中阶层的主次,因为很可能处在阶层结构上层的并不是阶层结构的主导阶层,它对阶层结构和村庄政治社会的影响都较小。主导阶层只有在各阶层的关系互动中才能呈现出来,只有那些在关系互动中能够影响其他各阶层和各组阶层关系的阶层,才可能是阶层结构中的主导阶层;反之,不影响(或影响较小)其他阶层和阶层关系的阶层是阶层结构中的次级阶层。主导阶层通过对其他阶层和阶层关系的影响而影响农村政治社会生态。因此,从阶层关系中确定阶层的结构性位置是必要的。

2. 阶层组合。阶层结构看不到阶层的组合关系,即合纵连横关系。因为在静态的阶层等级结构中,阶层之间是有界限的,看不到它们之间的交互作用,也就看不到它们的组合关系(如何组合、为什么组合)。阶层组合也只有在阶层关系研究中才看得清楚。可能单个阶层在社会结构和政治社会中的影响较小,但是阶层组合就可能影响较大。在具体的阶层关系中揪出这种阶层组合对分析阶层结构和村庄政治社会现象也是至关重要的。

3. 阶层关系组合。阶层关系组合是指某一具体的阶层关系,如上层农民与中等农民的关系是一对阶层关系组合。阶层关系组合的排列也只能在阶层关系研究中展开。在具体的阶层结构和阶层关系中,可以划分出多对阶层关系组合，但不同的阶层关系组合对阶层关系、阶层结构和村庄政治社会事务的影响是有差异的，因此，阶层关系组合也是有主次差别的，对它们进行主次排列十分必要。当前关键是要协调农村社会中那些规模大、发生频率高、易于激化矛盾的阶层关系组合。

二、农村阶层关系的性质与状况问题

农村阶层关系研究主要是通过定性的方式，对农村阶层关系的性质与状况展开分析。阶层关系的性质是指阶层之间在交互关系中所呈现出来的本质和内容，是对阶层关系状况的质性判断。农村阶层关系的性质与状况，体现了农村社会阶层结构的合理与整合程度，是衡量农村社会关系和谐与发展的重要指标。不判断阶层关系的性质，不解释阶层关系组合的重要程度，就不能真正把握农村阶层分化及其后果的状况，就不能有针对性地提出对策措施以建构和谐的社会关系。有学者将阶层关系的性质与状况分为三个层面：一是阶层之间的物质利益关系的和谐与矛盾的性质、范围与发展趋势；二是各阶层之间的沟通方式、交往状况和频率；三是各阶层之间的冲突状况（郑杭生，2003）。这个划分囊括了阶层关系性质和状况的主要方面，但它可能是依据城市阶层关系做的概括，农村的阶层关系情况可能包含更广泛的内容。根据农村调研的经验，对农村阶层关系性质和状况的研究有以下切入点。

1. 关系的形式。阶层关系的形式包括：一个阶层运用什么样的资源，以什么样的策略、方式和手段与其他阶层进行交互作用，还有互动的状况、频率和后果，以及各阶层对互动的基本态度。每个阶层都有其自身的资源禀赋，包括经济资源、社会关系资源和权力资源的存量，它们不仅会依据自身的资源情况与其他阶层打交道，也会考量对方阶层的资源禀赋以用来考虑自己怎么出牌。资源禀赋是阶层交互关系的基础，不同资源禀赋的阶层在互动中的策略、方式和手段完全不一样，在关系中的地位也不一样。资源量大的阶层，可选择的方式就多，在关系中的地位就高。考察不同阶层关系组合中各阶层的资源禀赋，然后考察关系互动中双方的行为方式和策略，就能够判断这对关系是处在什么样的状况。譬如，上层农民通过协商、沟通的办法与下层农民进行交往，那么这对关系是处在一个和谐状态的。因为上层农民所持的资源要比下层农民丰厚得多，在交互过程中，上层农民是处在上风的，如果它用的是协商的策略，那么意味着双方关系是平等积极的。相反，如果下层农民运用的是上访的策略来对抗上层农民，那么双方关系就是对立的，因为下层农民所能援引的资源较少，只能借助国家的力量进行抗争。所以，既要考察阶层交互过程中的资源占有量，也要考察各自的沟通方式，方能判断关系的状态。

阶层互动的资源对比和互动方式决定了互动的结果，而各阶层对互动结果的基本态度，在一定程度上会影响下一次互动的方式及关系状态。若一个阶层对该次互动结果认可，下次就会运用同样的策略与方式进行交往，若双方都认可（不一定是满意，有可能是不满意但认可），则该互动就会成为模式。若有一方不认可，则在下一次互动中会改变行为方式和策略，以期改变互动结果；另一方认可，希望维持该结果，那么双方关系的紧张程度就会出现或加深。若双方都不认可，关系就会极其紧张。

2. 关系的类型。阶层间关系的基本类型包括经济关系、政治关系和社会关系。这三类关系各自又可分为一致性关系、矛盾性关系和无实质性关系。一致性关系的阶层会在行动中采取联合行动，阶层间有可能结成联盟，构成阶层组合。参与阶层组合的阶层越多，说明一致性关系越广泛，说明阶层关系越和谐、紧密。相反，矛盾性关系则是对立关系，矛盾越深刻，阶层间发生冲突的可能性就越大。矛盾性的阶层关系组合越多，说明阶层间的分裂状况越严重，阶层关系越复杂，阶层沟壑越难以愈合。无实质性关系表明的，既可以是无瓜葛状态，也可以是一种阶层间的区隔状态，或者阶层的冷漠状态，要根据具体的关系实践而定。

经济关系是物质利益关系，它是当前农村主要的阶层关系类型。经济一致性关系指的是阶层之间在获取物质利益的方式、范围和内容上具有相似性;经济矛盾性关系则是阶层间的利益关系具有相悖性,一个(些)阶层的所得就是另一个(些)阶层的所失;经济上无实质性关系是指阶层间在物质利益取向上各安其位、各得其所,互不干扰。经济上关系一致的阶层若较多,说明在利益的再分配上是比较公平合理的;而矛盾性利益关系对立越严重,说明分配越不合理,阶层间或阶层组合间的斗争就会越激烈,阶层关系就越紧张。农民阶层对于利益再分配的公平性与否最敏感,如果分配不公,很容易造成阶层对立,严重的会导致群体上访和群体性事件。

农村各个阶层都有自己的政治社会态度和政治行为取向,它们在村庄政治上的交互行为就表现为不同的政治关系。农村各个阶层的政治社会态度都较为明确,但政治行为取向却并不是每个阶层都较明显。政治行为取向比较明确的是上层农民和中间阶层,下层(含中下层)农民的政治行为取向具有依附性。如果前两个阶层达成政治上的一致性,就可以完全垄断村庄政治(一致性关系),因为在某些时候,下层农民在政治上是依附于中间阶层的(无实质性关系)。如果没有中间阶层存在,或中间阶层不起作用,上层与下层在政治上的沟通就要难得多,容易形成上层对下层的政治排斥,造成下层的政治无力感和尊严受损。在这个时候,如果在底层农民中出现政治领袖,那么就会形成上下阶层政治上的对立(矛盾性关系)。

社会关系是指各阶层在社会交往中的交互关系。一般意义上,阶层分化是指经济、权力、职业、声望等方面的分化在社会交往关系上造成的相应分化。阶层分化本身就意味着各阶层在社会交往上的一致性被打破,社会被分割为一个个小的交往单位。阶层内部社会关系一致性要比阶层之间的一致性要高。一般来说,人们更多的是与自己相似的群体或社会阶层中的其他成员交往,处于相同社会位置的人们有着共同的社会经验和角色,以及相似的属性和态度,这一切都将促成他们之间的交往。尽管如此,阶层分化并不意味着阶层之间就没有了社会(交往)关系。不同阶层的人会因为某些属性而具有相对一致性，从而构成了一定的社会交往，比如血缘、地缘、业缘、趣缘等都可以成为人们结成关系的由头。如果这样，处于某一特定分层位置的人们的交往对象并不局限于同一位置的人，还包括很多其他分层位置的人，则意味着不同社会地位维度的相关性较弱，分层结构呈多元化，整个社会没有形成一个相对封闭的分层结构（彼特・布劳，1991）。相反，如果阶层之间缺少社会交往，阶层结构则是封闭的。

3.关系的紧张程度。阶层关系研究一般是以冲突论为本体论基础的（冯仕政，2008），它更容易看到阶层关系的紧张性和冲突性。这源于阶层关系本身就内含着的紧张性。阶层分化是对社会一致性的突破，阶层之间的差异性大于一致性，差异性意味着紧张性、矛盾性。只要谈阶层关系，就不得不正视阶层之间的紧张性。所有的阶层关系都是紧张关系，但并不意味着所有的阶层关系都是冲突关系。阶层关系的紧张有程度之分，最高程度的紧张关系是对立、冲突中的紧张关系，中间的紧张关系是竞争中蕴含的紧张关系，低度紧张关系是合作关系中蕴含的紧张关系。所以在理想意义上，按照阶层关系紧张程度的高低排列，分别是对立（冲突）紧张关系、竞争紧张关系和合作紧张关系。

在对立紧张关系中，阶层关系的紧张性表现为阶层之间的对立和冲突，阶层间的紧张关系没有及时处理而发展到难以调和的地步，只能通过极端的方式来解决。最极端的对立紧张关系是阶级斗争，它是通过一个阶级的彻底失败来达到另一个阶级的历史目标的结构紧张过程。竞争紧张关系指示的是，阶层间的紧张关系表现为阶层之间在面子、荣耀和尊严等社会性收益上的高度竞争。在这个关系中，紧张就是谁也不服谁，谁也奈何不了谁，谁都想竞争到上游阶层的动态过程。紧张关系并没有导致阶层间的对立。合作紧张关系是指阶层之间通过相互协作、相互救济、相互提携和相互体谅（也就是相互间讲究血亲情谊、人情面子）来克服关系中的紧张因素，而使阶层关系表现为互助合作的关系状态。合作紧张关系形成的条件是:其他条件如血缘地缘关系的强有力介入,以平衡阶层分化带来的紧张性。然而在中国绝大多数农村地区,血缘地缘关系是呈衰弱态势的,那么,如果要保持阶层关系的合作紧张状态,就需要有其他的平衡条件。

三、阶层关系与血缘地缘关系问题

城市阶层关系研究中,血缘地缘关系对阶层关系的作用不是研究者考虑的问题,因为城市社会是陌生人社会,加上阶层对于研究者来说是抽象的,那么阶层间就只有阶层关系,而没有其他关系。即便是处在一个阶层中的人与另一阶层中的人有血缘或地缘关系,这也是属于个别现象,这种关系不会影响阶层关系。但在微观的、具象的村庄熟人社会中,就不能不正视血缘地缘关系对阶层关系的影响。这是中国农村所特有的。

在西方,阶层关系是在破除中世纪血缘地缘关系之后形成的新型社会结合方式,因此阶层关系天生就与血缘地缘关系对立。在其理论中,也没有留给血缘地缘关系一丝余地。而中国农村传统的社会关系是建立在血缘地缘关系之上的,农村社会的其他一切关系都是这个关系的派生物或附属物。近代以来的中国革命,其社会意义上的革命亦是要破除以血缘地缘为基础的社会等级结构,建立一个以国家法律为基础的人人平等的公民社会。从农村的调研来看,这依然是个使命。但是,四十多年的改革开放对农村社会的影响之一是:使均质的农村社会出现了巨大的阶层分化,这个分化不再是以血缘地缘关系为基础的,而是对立而生的。阶层关系作为独立的社会关系,在某种程度上甚至超越血缘地缘关系。

在既存在血缘地缘关系,又存在阶层关系的农村社会,二者的关系及其影响是很值得考察的社会学命题。根据农村考察经验,可以从以下三个方面展开。

1. 血缘地缘关系对阶层关系的影响。上文已述,血缘地缘关系是平衡阶层分化的力量,那么平衡的程度和效度就与其自身的关系强弱有很大的关系。在血缘地缘关系较强的宗族地区,制度性的宗族社会结构和观念层面的宗族意识都会对村民的交往关系产生较大影响,经济等分化再大,都可能被血缘地缘强关系所融化,从而在社会交往上有分化但不会太大,阶层之间的关系较为紧密。若经济等分化较小,则血缘地缘关系占绝对优势,社会分化就更不明显。

若血缘地缘关系强度较小,而经济等分化较大时,它不仅无法平衡分化的力量,反而会被阶层关系肢解,无法再影响阶层之间的关系。相反,倒是在上层农民内部,血缘地缘关系会成为他们凝聚更紧密关系的重要纽带,他们相互之间讲血缘亲情、讲人情面子。但是此时,血缘地缘关系不再是作为价值理性凝结人与人之间的关系,而是作为工具理性存在,因为阶层内部的关系凝结是由共同的利益、权力等关系进行的,血缘地缘只是加强关系的工具。这是东部农村的典型。若血缘地缘关系强度较小,经济等分化属于中度时,阶层关系是主要的社会关系,但血缘地缘关系依然发挥着一定作用,如平衡部分分化力量,起沟通阶层关系的作用。这类关系在长江中上游村庄较为普遍。若血缘地缘关系强度较低,经济等分化也属于低度时,前者就发挥工具理性的作用,既沟通阶层之间的关系,也沟通阶层内部关系。

2. 血缘地缘关系的作用机制。分两种情况,一种是直接发挥作用,另一种是间接发挥作用。直接发挥作用是指阶层之间在发生交互关系时,相互都将血缘地缘关系作为自己的行为准则,“怎么做”要将血亲情谊和人情面子考虑在里头。如果一方没有考虑血缘地缘关系,它就会受到另一方和村庄社会的指责。如果两方都没有考虑血缘地缘关系,则双方关系就会变得紧张。如果不考虑血缘地缘关系,又不受到对方和他人的指摘,那么说明血缘地缘关系不起作用了。

间接发挥作用是通过其他阶层发挥作用,是将一个“中介”阶层作为桥梁、纽带而沟通另两个阶层的关系,使血缘地缘关系发挥作用。这种情况发生的前提是上层(多个)与下层(多个)之间有很深的隔阂或者是对立关系，双方之间无法进行正常的沟通，但又需要发生关系时，就需要找"中介"阶层进行沟通。这个"中介"阶层一般与这两个阶层都有交往，值得两个阶层信赖。在这里，血缘地缘关系首先在甲阶层与乙阶层之间发挥作用，并转化为乙阶层的血亲情谊和人情面子，然后通过乙阶层，在乙阶层与丙阶层发挥作用，从而在甲阶层与丙阶层之间发挥作用，使甲阶层和丙阶层在间接交往中，由于血缘地缘关系的润滑而发生良性互动。典型的如，甲阶层要借助丙阶层的超社区关系网络，但它们之间没有直接的联系，于是找到乙阶层，通过乙阶层的人情面子，丙阶层决定帮甲的忙；丙阶层要参与村庄竞选，需要甲阶层拉选票，但它一向与甲阶层没有交往，但乙阶层与甲阶层有很深的交往，于是通过乙阶层去做甲阶层的工作，甲阶层则给乙阶层人情面子，投票给了丙阶层的人。

这个过程有两个值得注意的地方：一是，甲阶层与丙阶层之间一般是因为阶层的差距较大，而有隔阂，且交往不深，而作为"中介"的乙阶层则既与丙阶层的差距不是很大，也与甲阶层的差距不是很大，才会跟两个阶层都有关系，那么乙阶层就是该阶层结构中的中间阶层；二是，血缘地缘关系在乙阶层中有个转换的过程，即甲阶层的血亲情谊和人情面子，在甲阶层、乙阶层的交互关系中已经转换成了乙阶层的血亲情谊和人情面子，丙阶层帮助甲阶层是因为给乙阶层面子，而不是看甲阶层的面子。

3. 血缘地缘关系影响的趋势。根据调研，中国农村发展的态势是，血缘地缘关系正快速被阶层关系所取代，阶层关系逐渐成为农村的主要社会关系。血缘地缘关系在阶层间的影响力越来越小，而在阶层内部的工具性角色越来越重要。在东部农村尤甚。

四、阶层关系的性质与阶层分化状况问题

在一个阶层分化的社会，对阶层关系的性质做出定义至关重要。根据调查，农村阶层关系的性质有很大的差异，主要有三类关系，分别是合作关系、竞争关系与对立关系。决定阶层关系性质的一个重要因素是阶

层的分化程度,以上三种阶层关系分别对应低度分化、中度分化和高度分化三种状况。

(一)阶层的低度分化与阶层间的合作关系

阶层的低度分化是指农民分化程度较低,阶层之间的界限不很明显。有两种原因可以导致村庄阶层的低度分化,一种是因为村庄的职业分化、经济分化和权力分化不很明显,另一种则是由于职业、经济、权力等都有较大分化,但在社会层面却由于其他因素起作用而没有带来相应的分化。这两种意义上的低度分化,都会导致合作的阶层关系出现。

就前一种低度分化来说,村庄在各个方面,尤其是在职业、经济和权力上的分化都不是很大,在一定意义上与传统村庄接近,但事实上又已经出现了分化的影子。这是大部分山区村庄的生态,它是小农经济加打工经济的典型表现,家庭中通过代际分工将两种经济形态完美地结合在一起(贺雪峰,2011a)。这样,家庭之间在经济收入和职业分化上差别都不大。同时,村庄权力也没有完全脱离村庄,村庄政治精英多数也还是在务农,与一般农户的分化不大,隔膜较少。因此,在这样的村庄,阶层之间的关系是合作的关系,也就是和谐的社会关系,主要表现在以下三个方面。

第一,农户的一致性较高。这里的意思是,由于农民职业和收入的分化程度较低,农户对生产、生活和社会交往(闲暇)的安排步调都具有高度一致性,这为他们之间的互助合作提供了前提。小农经济加打工经济的职业分化不明显,使得他们参与社会互助合作的机会成本都是相同的,从长远来看都能将成本收回来,所以互助合作是可能的。生活上的一致性表现为生活水平、生活方式和对生活的安排具有相似性,那么在生活上可能相互支援、相互借还、互通有无就会成为习惯。在社会交往、闲暇生活上也如此,同时都有时间的人才会在一起闲扯,同一水平线的人们相互串门才没有芥蒂,而一旦相差甚远,则情况大不相同。

第二,对村庄内关系的依赖程度较高。关系即资源,关系也是交往的需要。分化程度较低的村庄的农户,对相互之间的关系的依赖程度普遍都较高。有两层意思：一是，因为分化程度较低，人们的社会关系网络都集中在村庄内部，超社区的关系网络的质量都不高，因此人们都依赖于社区内的关系网络；二是，同样因为分化程度低，在社区内部农户拥有的资源和关系都差不多，没有谁比其他人拥有质量更高的关系网络和更多的资源，而可以罔顾与其他人的关系。如此，每个阶层的农户都要极力维护自己在社区内的关系，要积极参与社区关系网络的建构。

第三，受血缘地缘关系的影响较深。血缘地缘发挥作用的效度除了与自己的强度有关，很大程度上与阶层的分化程度有关。阶层分化程度高，上层农民拥有质量较高的超社区关系的网络和丰富的资源，对底层农民的依赖程度越低，就越不在意与底层农民的关系，那么在关系处理中就更可能不考虑双方之间的血缘地缘关系。而阶层分化程度低，相互间的依赖程度越高，就越可能在意相互之间的关系，也就越讲究血亲情谊和人情面子。

再来看看第二种低度分化，即经济、政治、文化及其他方面的较大（或高度）分化并未导致社会关系的相应分化。这种状况是各种因素影响的结果，其中最主要的因素是血缘地缘关系足够强大。这种情况主要出现在中国南方宗族型和北方小亲族村庄。在这类村庄里，宗族的社会结构相对而言还保存得较为完整，血缘关系内部还有一定的等级体系，宗族自己人的观念还较为强烈，人们还在意血亲情谊和人情面子。在这类村庄里，无论经济、收入和职业的分化程度是高是低，其对社会交往关系虽有一定影响，但不会肢解原有的社会关系，因而表现出社会分化较低的状况。在经济等分化较高的该类型村庄，正是因为高强度的血缘地缘关系冲抵了经济等分化的“负向”社会影响，经济等分化所特有的规则并没有进入社会交往领域。相反，血缘地缘关系要求经济上的分化更讲究血亲情谊和人情面子，在经济分层上层的农户有责任带动下层农户“共同致富”。这就是浙江省义乌市小商品市场发达、江西省安义县农民占据了全国七成以上铝合金生意、湖南省新化县农民占据全国七成印务市场的缘故(徐嘉鸿,2012;谭同学,2012)。

阶层之间的合作关系,为阶层间的沟通提供了多种类型的沟通渠道,阶层间的关系较为缓和,阶层矛盾较少;阶层关系不是村庄治理中要处理的主要事务。

(二)阶层的中度分化与阶层间的竞争关系

村庄因为经济、权力、声望等方面分化严重,产生了社会层面的极大分化,称之为农民的高度分化。在这类村庄里,有一批人抓住国家和地方发展的机会,率先在经济上获得巨大成功,成为所谓的“富人”,从而在村庄社会赢得了较高的声望,并且他们中的一部分人通过各种渠道如选举、政治安排、权力购买等,囊括了村庄政治权力而成为权力精英。这个阶层就是通常意义上的“上层农民”。与上层农民相对的是村庄里的底层农民。由于上层农民的经济实力在村庄中是一枝独秀的存在,其他阶层之间的经济水平都相差不是很大,因此上层农民与底层农民相比,距离就拉得很远,中间缺少有足够经济实力的中间阶层。在沿海农村地区,这样的阶层分化状态是比较常见的。

在这类村庄里,原来的血缘地缘关系不是很强烈,缺乏结构性的宗族力量,“自己人”“同地方人”的观念很淡薄,相互之间的认同感较低。经济上的高度分化又最大限度地肢解了本身就很脆弱的血亲情谊和人情面子观念。于是在上层农民与其他阶层之间,基本上不再讲血亲情谊和人情面子,相互之间甚至连人情往来都断绝了。血缘地缘关系不是沟通上层农民与其他阶层关系的纽带。但是在阶层内部,尤其是在上层农民内部,人情往来是他们相互之间结成更紧密的关系、建构更长关系链条的重要渠道。于是在村庄里就形成了两个明显的人情圈,一个是上层农民的人情圈,被纳入这个人情圈的都是有头有脸、能够支付巨额人情礼金的人物,其他阶层的农户被排斥出这个人情圈。另一个是底层农民的人情圈,这个人情圈是清一色的普通农户,与权力、富裕和威望不沾边,他们的人情礼金较少,一般人都支付得起。这样,上层农民与其他阶层就形成了很深的隔阂,相互之间难以有实质性的往来。

更为重要的是,上层农民凭借其掌握的丰厚资源,在政治、经济、社会等方面对其他阶层构成了排斥。

1. 政治排斥。上层农民上台做了村干部,有的甚至做到了县市省的人大代表、政协委员,在政治上形成了一股强大的力量。在村庄内部,富人治村的优势在于:他们担任村干部不仅不是为了捞钱,而且还能从自己的口袋里掏钱给村里办事;由于富人村干部优越的超社区关系资源和体制性资源,能够通过跑项目为村里搞建设。在村里就很快形成了一种只有富人才能当村干部的政治舆论和政治意识,而穷人则一没钱,二没关系,即便当村干部不是为了自己捞钱,也搞不成事。这样,广大普通农民就被排斥在村庄政治权力生活之外。村庄中有些有政治抱负的普通村民,就常常遭遇富人村干部的奚落,从而普通村民对上层农民积怨很深。

2. 经济排斥。在经济上,上层农民首先占据了先天优势,加上后来建构的关系网络又强化了其优势,因此,在村庄视域内主要的经济市场已经被上层农民占了,其他阶层只能为他们打工、代工,或做最初级的市场,最主要的利润都被精英阶层拿走了。另外,上层农民继续垄断国家输入村庄的资源的再分配权力,形成"精英俘获"的局面,即国家的各类项目在实施的过程中,上层农民凭借自身参与经济发展、社会改造和政治实践的机会优势,排斥其他阶层的参与,将发展资源囊入自己的口袋,进而影响发展项目的实施和效果。

3. 社会排斥。社会排斥体现在两个方面,一是人情排斥。人情是一个地域社会关系主要的凝结剂,只要双方有人情往来,双方就有关系,其交往就不同于陌生人的交往,而要给面子、卖人情;没有人情往来,或人情断了,即意味着没关系。在高度分化的村庄里,上层农民摆阔气、讲排场,突破传统的人情规矩,酒席上讲阔气,就要普遍提高人情账单,底层农民因交不起人情礼,就无法与富人互通人情。这样,双方的人情就没了,社会关系也就断了。最终,上层农民就在富人圈子里建立了独立的人情圈,而将其他阶层的人排斥在外。人情的排斥是很重要的社会排斥,它表明上层农民独享村庄和超社区的社会关系资源,底层农民被排斥在这些社会资源之外,他们所能利用的资源就会越来越少,阶层地位就会越来越封闭,越来越没有上升的可能。相反,上层农民就形成了自我的良性循环,不断地保持优势地位。

二是价值排斥。上层农民垄断对社会成就和竞争标准的定义,而这种标准都是其内部的标准,当放之于村庄层面时,就会对其他阶层产生极其负面的效应。从成就标准来说,上层农民的成就标准主要是经济实力,一个人只有在经济上获得成功,才能得到他人的尊重,其人生才有意义、有价值。但是富人的经济实力对于其他阶层无异于登天,于是在其他阶层心目中自己永远是无法成功的,也就永远不能获得他人的尊重和正面评价,这就使得他们对生活产生了无力、无助和幻灭的感觉。这也使得所有的社会声望都集中在上层农民手中,其他阶层无论怎么做,都得不到他人的承认。就竞争标准而言,上层农民定的标准,如人情竞争的标准,是为富人量身定做的,其他阶层的人难以达到。于是他们索性就退出村庄的社会性竞争,不再希图在村庄中获得面子、价值和荣耀。

上层农民对底层农民的排斥,造成了对后者自尊心的普遍伤害。自尊心或有尊严的生活,是一个人活着的目标和动力,在农村往往表现为一股“气”。人最不能忍受的不是贫穷,而是被人看不起。被伤害了自尊心,就会“气得要死”,就会为了一口气而抗争。上层农民的排斥突破了其他阶层的底线尊严,其他阶层积聚了一股很深的怨气。据调查,在沿海农村的许多上访、群体性行动中,参与的村民不一定受到了上层农民及由其充任的村干部的具体侵权,只是因为心中对上层农民的一股“气”要宣泄。从这个意义上说,下层农民的上访、群体性行动是抗争,但不是对侵权的抗争,而是对侵犯尊严的抗争,是尊严的政治。

上层农民的排斥与底层农民的抗争,是典型的阶层对立关系。阶层间的对立容易产生阶层矛盾和阶层冲突,造成村庄分裂和乡村治理的困境。

第二节 农村阶层关系研究的概念体系

一、阶层等级结构与阶层结构性位置

无论是利用多元分层理论还是阶级理论分析,阶级阶层结构都必然是一种等级结构。在当前用得较多的多元分层理论中,无论是以何种划分标准为主,阶层之间也应该是等级性的。但是很多关于农村阶层结构的研究,多数是平地画一个圈,圈中再画多个小圈,小圈是平面化分布在大圈中的。小圈即阶层。这种平面的阶层结构在以职业为标准的农村阶层划分中最为典型,农村职业本身的等级性不强,所以该研究是不得要领的,它不过是对农民进行了分类,而不是分层。阶层结构必须有层级性、等级性的特点,必须标示不同阶层在等级结构中的不同位置。根据常用的资源(收入、权力和声望)的占有标准,其分层的效应是,在最上端的阶层占据着最多的稀缺性资源,往下依次排列,资源的占有就越稀缺,到最低端的阶层几乎不占有稀缺性资源。阶级阶层研究本身的目的在于揭示社会的不平衡性和不平等性,揭示这种状况的社会根源,并提出解决或调和这种状况的政治社会方案。

阶层等级结构能够展示稀缺资源占有的不均衡性,但它仍然是平面的,它不能揭示资源占有为什么会不平衡的问题,即资源的再分配为什么不平等,也不能揭示资源在各阶层中是如何被调动和运用的,同时亦不能揭示各阶层之间如何看待资源占有的不平衡性,以及在这种格局下的各阶层是如何发生交互关系的。只有回答了这些问题,才能找出其背后的根源及提供相应的方案。显然,从平面、静态的阶层等级结构分析中,是达不到上述研究目标的。只有在动态、立体的阶层关系研究中才能如愿以偿。

阶层等级结构不是关系性的概念(仇立平,2006),是对资源占有状况

的标示结构。在阶层间的交互过程中,会形成相对稳定的、固化的行为模式和互动策略,最终形构一种有规律可循的关系结构。关系结构是关系性概念,不仅仅是资源占有情况的固态结构,而是各阶层调动资源、运用策略而形成的关系交互结构。关系结构本身也有等级性,即不同的阶层在关系结构中处在不同的等级位置中,各阶层在交互关系中的地位状态不一样,有的阶层主导着与其他阶层的关系,有的阶层则在关系中处于被动或依附状态。在关系中各阶层所处的位置和地位,就称之为阶层的结构性位置。

相对阶层的等级结构,阶层的结构性位置是一个关系性概念,它只有在关系中才能体现各阶层的地位和特征。等级结构是以资源占有的多少来划分阶层的位置和地位的,占有资源多的地位就高,少的则低。但结构性位置是在关系中体现的等级差别,它与资源占有有很大关系,即资源占有多的阶层,在关系互动中可以支配和调动的资源就多,同时它也更少受血缘地缘关系的制约,其活动空间和回旋余地就大,可选择的策略也多,那么在关系互动中就可能占据主动。相反,资源占有较少的阶层,则可能处于被动状态。可以说,资源占有情况是阶层关系互动的基础。

但是,结构性位置并不就是等级结构,资源占有多的阶层也不一定在与所有阶层的关系中都具有主动性。在阶层交互关系中,还有一个很重要的因素,那就是“关系”本身,也就是前文“关系类型”中的社会关系。在阶层结构中,存在多对的阶层间的交互关系,但并不是每对阶层关系的社会关系都较好,而是有的阶层跟这个阶层的社会关系较好,而跟另一个阶层的社会关系一般,跟有的阶层的社会关系还很差,甚至跟有的阶层没有社会关系。当然,也有的阶层与其他各阶层的社会关系都较好,有的则都较差,不一而足,视情况而定。但有一点是清楚的,即一个阶层若与另一个阶层的社会关系较好,那么其在与对方的交互关系中就会更从容,而与对方的社会关系不好,则交往起来比较别扭;如果与其社会关系较好的阶层越多,那么它在关系中就越从容、越自信,而如果与其社会关系不好或没有社会关系的阶层越多，那么它在关系中就越被动、越不自主。

可以根据阶层交互关系中，与某一个阶层社会关系好的阶层的多少，也就是它在阶层关系中从容自主性的程度，将不同的阶层放置在关系结构中的不同位置，依次排列为关系主导性阶层、关系自主性阶层和关系依附性阶层。视实际情况，也可以有其他的划分，关键是要将不同阶层在关系互动中的地位和位置，按照在关系中的状态（主动性、自主性、非自主性、依附性等）排出等级序位。

1. 关系主导性阶层。该类型阶层在阶层关系中，与其他各阶层都有较为良好的社会交往关系，它在阶层关系中较为活跃、主动和自主；常常扮演着其他阶层发生关系时的“中介”阶层的角色，或者从中“斡旋”其他阶层关系，即其他阶层一般都要求助于它，以利于与另外的阶层打交道。在这个意义上，它能够支配其他阶层间的关系，主导着各阶层之间的交互关系。但是，关系主导性阶层并不一定是阶层等级结构中的上端阶层，它不一定掌握着丰厚的资源，但它必定也不是处在最低端的阶层。这样的阶层一般处在中层或中上层。它（们）独特的社会禀赋使它（们）能够与各阶层都有良好的社会关系。当然，也有种情况是，某个（些）阶层通过强力甚至是暴力，而非社会关系，主导与其他阶层的关系、主导整个阶层关系结构，以牟取私利。

2. 关系自主性阶层。该类型的阶层一般掌握着较为丰厚的资源，处在等级结构的中上端，一般不与其他阶层打交道，或者不求助于其他阶层，与其他阶层不交好，在与其他阶层的交互关系中较为自主、均衡，既不主导其他阶层间的关系，对其他的阶层关系影响较小，也不依附于其他阶层。

3. 关系依附性阶层。该类型阶层一般处在等级结构的下端，与上端阶层较少发生联系，它们一般依附于与其关系较好的关系主导性阶层。通过关系主导性阶层获得某些资助，或者通过关系主导性阶层与上端阶层打交道，获取后者的资源。因此，该阶层在与其他阶层打交道时，就不那么自主和从容，且往往处于被动状态。他们处在关系结构中的低端。

从以上分类看，阶层的结构性位置不是以资源的占有为主要划分标准，但是资源占有是阶层自主的一个很重要的条件。阶层关系中不同地位的阶层，对自身与其他阶层、其他阶层之间的关系影响不同，影响最大的是关系主导性阶层，最小的是关系依附性阶层。但是，一旦关系依附性阶层采取"弱者"的反制，如不合作，乃至对抗，其对阶层关系的影响就不可小觑。

对阶层关系中的阶层进行排序，确定各个阶层的结构性位置，在一定意义上是对其影响力大小、行动模式的确定。处在不同位置的阶层，它在阶层交互关系中采取的行为及其策略具有模式化效应，因而确定了其结构就能够预测其行为取向。同时，也是确定各个阶层在关系结构中的重要性差异，以及各阶层之间的结合状况。进而，对阶层的分类目的在于对不同地位的阶层进行分类治理，以促使阶层关系向和谐方向发展。

二、阶层组合与阶层关系

在阶层的关系结构内部，不同的阶层在与其他阶层的交互关系中，不一定是一对一的关系，还可能合纵连横，结成一组比较紧密的关系，通过这种关系组合与其他阶层进行交往。这便是阶层组合。阶层一旦组合起来，在与其他阶层的关系中，其力量对比关系就会发生变化，从而影响阶层关系的结果。考察阶层组合关系以及哪些阶层会组合在一起，组合的条件、性质和影响，也是考察阶层关系的重要方面。在当前农村，阶层间之所以组合起来，主要牵涉村庄资源的再分配问题，以及阶层间的互助合作问题。考察阶层组合关系的性质是对阶层组合的目的、条件的判断。阶层组合关系性质不同，对阶层关系和村庄政治社会事务的影响不同。根据阶层组合关系的性质差异，可以将当前农村普遍出现的阶层组合关系分为利益联盟性组合和关系依附性组合。

1.利益联盟性组合。阶层之间因为利益上的一致性组合成一组关系,其主要目的是在村庄利益再分配过程中,获得更多的分配额。这类阶层组合的主要黏结剂是利益,以及工具性的血缘地缘关系。这类阶层组合目的性强,在利益再分配中有一致行动能力。理论上,村庄中的各个阶层都可以相互搭配组合成利益联盟,因而村庄中应该有超过一对以上的阶层组合关系。若果真如此,那么因为阶层组合形成的力量对比就不会相差太大,因为阶层间关系不是固定的,完全可以为了利益而合纵连横与分化瓦解,一组关系相对弱了,便可再组合进另一个阶层,从而使自己的力量增大,在再分配中份额就增加。在利益博弈并非一次性博弈的情况下,各阶层所得到的利益份额应该是相对均衡的。并且,阶层组合关系也会因为合纵连横与分化瓦解而在不同博弈阶段有不同的组合关系。

然而事实上并非如此。阶层之所以能组合,除了利益上的一致性,还需要有组合的能力和条件。在一般情况下,真正具有组合能力和条件的,是阶层等级结构中的上端阶层,典型的如富裕农民、权力阶层和混混阶层。这三个阶层在阶层结构中占的比例都不大,阶层内部社会交往紧密、利益关系明确,且阶层都具备相应的资源条件,耗得起组织成本(比如三个阶层要沟通关系、交流感情,就要经常在一起娱乐和休闲,这些耗费是很大的,只有它们出得起),内部个人的组织能力、表达能力和沟通能力都较强,因此,当这三个阶层意识到三方的利益是一致的时候,就能够很快集结、串通起来,结成紧密的关系同盟。

相对的,下层农户对共同的利益不敏感,一般不会积极主动地追求自己的利益。下层农户人数较多,各个阶层内部的紧密程度不强,阶层组合起来就难,更何况一致行动。另外,下层农户各方面资源较少,轻易不敢得罪有资源的阶层(尤其是权力阶层和富人),也不敢轻易去招惹混混阶层,这样不仅使它们内部难以整合起来,而且即便组合起来也容易被分化瓦解。

在村庄的利益再分配博弈中,形成的是组织起来的上层农民对抗组合力量如一袋马铃薯似的底层阶层,其结果可想而知。上层农民本身资源就雄厚,博弈的规则也由他们制定,又组织起来了,其力量就更加坚不可摧,村庄的主要资源都被纳入它们的口袋。在底层农户中,只有跟在上层农民后面跑的人才会分得一点残羹冷炙。

下层农户一般不会因为没有参与再分配,或利益受损而联合起来抗争,他们会忍气吞声,认为上层农民得到利益是人家有本事,自己没得到是自己没本事。如果再分配本身是博弈的过程,能否获胜就是有没有"本事"的问题。但是,当再分配有明确规定(尤其是国家资源输入时的资源分配标准、征地补偿标准等),上层农民却没有按照规定分配,而是仍然按照博弈力量对比来分配时,下层农户就会普遍感到"不公平"。不公平感严重时,就很可能加快底层农民的组合,其集体行动的能力显著加强,对不公平的抗争很可能引发"群体上访"和"群体性事件"。

总之,利益联盟性组合因其行为的利益导向明确,上层农民必会在再分配中采取有利于自己的分配方式,因而损害到下层农户的公平感、公正观念,从而激发底层阶层的组合抗争,引发不稳定。

2.关系依附性组合。关系依附性组合是指在村庄中关系质量较差的阶层对关系质量较高的阶层的依附,并通过这种组合关系来获得相应的资源和关系网络。在村庄中,各个阶层的关系质量是不同的,有的阶层与其他各阶层的关系都较好,能在阶层关系中游刃有余、八面玲珑,而有的阶层则只与个别阶层有良好的关系。前者称为关系质量较高的阶层,后者称为关系质量较差的阶层。关系的依附性就存在于这两种极端的阶层之中。前文提到,关系质量较高的阶层不一定是经济收入、权力等较好的阶层,也不会是这几个方面都较差的阶层。恰恰是资源较好的阶层与资源较差的阶层之间缺少实质性的交往,才使他们在村庄中的关系质量较差。关系依附性组合能够存在,除了有这些关系质量较差的阶层,还有一个条件是,无论是资源较好还是资源不好的阶层,其实在某些事情上都离不开村庄的关系网络。但他们的关系网络又都有缺憾,只能向关系网络没有缺憾的阶层求助，于是形成了阶层间的关系依附性组合。

关系质量较高的阶层一般是处在中等的阶层，它(们)与上层农民在资源占有上相差不是很大，交往不会像底层农民那样有很强的距离感；同样，它的资源也不会比底层农民多太多，双方的交往也没有太大的心理距离。

先来看看上层农民与中等农民的依附性组合。上层农民的社会关系网络一般在村外，生活面向也是朝外的。对于上层农民和混混阶层而言尤其如此，他们甚至不需要在村庄内获得价值和尊重。但是他们在村庄内还是有些事情需要有人“抬庄”、帮忙，就需要结交村庄中的某些阶层，中等农民是他们的选择，因为他们看得起后者(经济条件与个人能力原因)，后者与其他阶层的关系也较好(有可能用得着)。一般的时候，上层农民等结交中等农民也只是求助于后者做些小事，比如协调与其他阶层的关系，使双方的摩擦更容易解决，或使自己的工程进展更顺利，或通过中等农民招收村内的工人做工，等等。

在上层农民参与村委会选举时，上层农民对中等农民的关系依附性最强。上层农民在村庄的关系网络质量差，没有“群众基础”，若要选上，又必须得到票数占多数的底层农民的支持。这样，上层农民就需要中等农民出面做底层农民的工作，就是要通过中等农民沟通与底层农民的关系。于是，在上层农民与中等农民之间就会形成较强的依附性组合关系，即上层农民对中等农民的关系依附，通过这个组合，上层农民才有了与底层农民打交道的基础，也正是通过这个组合，“富人治村”才有了可能。

如果说上层农民对中等农民的关系依附性是事件性的话，底层农民对中等农民的关系依附性就是日常性的。底层农民在经济收入、市场机会、社会关系、权力关系、信息资讯等方面的资源都是稀缺的，但它们在其生活中又是必需的，他们就必须通过各种渠道尤其是社会关系网络获得这些资源。底层农民之间有较良好的关系，但他们有限的资源相似性较高，不可交换。在其他阶层中，底层农民只与中等农民有交往，与上层农民缺乏实质性关系(上层不屑于与底层交往,底层与上层交往又有心理芥蒂),但恰恰是后者手中握有丰富的、高质量的资源。要获得上层农民的资源,就只有通过中等农民的中介。同时,中等农民本身的资源也是底层农民可以凭借的力量。典型的如,上层农民的资金、技术、社会关系等资源,通过中等农民的转手就可以到底层农民的手中,以解决其燃眉之急。

如此,底层农民在阶层关系结构中天生就是不独立、不自主的阶层,他们只能依附于中等农民。于是不仅在生产、生活和社会交往上,并且在政治社会事务和阶层交互关系中,底层农民都紧跟中等农民,在行动上“听从”后者的指挥,这样他们的组合也具有很强的一致行动能力。由于底层农民数量庞大,它与中等农民的组合实际上是一股巨大的力量。

三、阶层关系组合与阶层关系

在阶层关系结构中,有多对阶层关系,每对阶层关系由于它们各自秉持的资源、运用的策略和方式不同,会造成不同的关系后果。这一对一对的阶层关系,就称之为阶层关系组合。不同阶层关系组合的规模、矛盾性及发生频率是有差异的,那些规模比较大、矛盾深刻、发生频率高的阶层关系组合,在阶层关系和社会结构中的影响就比较大,因而比较重要。提出阶层关系组合的概念,就是要区分不同阶层关系组合的重要程度、影响力大小,对它们进行排序,以便有针对性地提出应对方案,以使阶层关系更为和谐、阶层结构更加合理。根据调研的情况,当前农村影响比较大、比较重要的阶层关系组合大体有以下三对。

1. 底层农民与上层农民的关系。这对关系组合在我国东部和城郊较为发达的农村是最重要的阶层关系组合。在这些地区,资源比较丰富、市场机会比较多,农村中的一部分人率先致富了,而大部分农民则相对处于一般水平,二者的差距显著,而其他阶层如中上层农民、中等农民的分化都不太明显,且比例较小,对阶层关系和村庄政治社会影响较小。村庄阶层关系博弈和政治博弈主要集中在底层农民与上层农民之间。这两个阶层的特点是:上层农民掌握雄厚的经济资源、市场机会和社会关系资源，并逐渐渗透村庄政治权力领域，几乎通吃村庄所有资源，其内部认同较强，社会交往密切;下层农民占较大比例，但资源的占有比例却较小，内部比较分散、认同度低。

上层农民总体性占有村庄资源，不仅对下层农民构成政治、经济和社会交往上的排斥，而且由于他们的成功成为村庄的标杆，这严重挫败了下层农民的成就感、自尊心和积极向上的勇气。这就使得两个阶层不独在政治、经济和社会交往上相互隔绝、缺少沟通，更重要的是在文化心理上形成了隔膜和对立——上层农民鄙视下层农民，认为后者是落后的、消极的和不可救药的;下层农民对上层农民既羡慕又嫉恨，既缺乏底气与后者交往，又痛恨后者的自以为是和独断专横。

这对关系组合的对立在规模上集结了村庄大部分家庭(人口);对立情绪广泛，几乎遍布村庄各个领域;在发生频率上，只要涉及村庄的公共事务，二者就会发生碰撞，就有可能产生对抗情绪，从而激发矛盾和冲突。由于我国沿海和城郊农村正处在飞速发展的时期，村庄要发展，就越会涉及两个阶层的关系，对抗的频率就增大，矛盾就会越积越深，越难以消融，一有导火索就可能爆发。

2. 底层农民与权力阶层的关系。这对阶层关系组合涉及村庄资源分配和政权合法性问题，对它的考察具有重要的政策和政治意义。权力阶层是指占据村庄权力位置及与之较近的阶层。在当前主要的农村地区，村庄资源(含国家输入资源)的主要再分配者是权力阶层，它们可以通过权力位置使村庄资源流入自己的口袋，是再分配的主要受益者。底层农民占村庄人口的多数，却可能被排斥在村庄资源的分配之外。底层农民与权力阶层在资源的再分配上的矛盾，是当前中西部农村的主要矛盾。

税费改革后，国家通过一系列的惠农政策和转移支付，将国家资源输入农村，其目的除了形式上的“以工补农”，实质是要通过建设农村、缩小城乡差距、提高农民收入等，来提升农民对党和政府的认同。但是，近年国家向农村以项目制等方式输入的大量资源，却由于其再分配方式的暗箱操作，导致了严重的不公正、不公平情况，引起了下层农户的极大不满，对村干部和县乡政权又逐步积累了非常多的不满情绪，农民中不认同政府的层级有增加的趋势。

在具体的再分配过程中，权力阶层往往与基层官员、上层农民、乡村混混联合在一起，"依法"垄断国家资源的再分配，而占村庄大多数的中下层农户则被排除出去，无法享受国家的资源输入带来的正面效应。权力阶层等结盟攫取资源，不仅造成了国家资源的极度浪费，而且在下层农户心目中产生了极坏的影响，基层政权的合法性受到极大侵蚀。于是，国家输入的资源越多，资源在其体制内部消耗得就越多，政权合法性也就流失得越多、越快。有学者用"乡村治理内卷化"来概括这种现象（贺雪峰，2011a）。在这个过程中，虽然下层农民没有直接与权力阶层发生关系，但正是因为被排除出了资源的再分配过程，基层政权官员及部分紧跟其后的人攫取了巨额财富，才引发了下层农户的不公平感。

底层农民与权力阶层，也即与基层政权的矛盾，是当前许多地方爆发"无直接利益冲突"的根源。调查发现，底层农民的诉求不是直接的利益诉求，而是因为被排除在再分配之外，触及了他们深层的公平观念。国家资源输入村庄应该走群众路线，既在体制内进行动员，又要充分动员村民，让村民参与资源的运作与再分配过程，这样既能形成体制与群众的互动，又能促成权力阶层与底层农民的互动，使资源得到良好运用，维护底层农民的公平正义感。

3. 中等农民与权力阶层的关系。前面两对关系组合的特点是规模大、矛盾大且发生频率高，是农村主要社会矛盾的聚焦点。中等农民与权力阶层的关系组合，则是正面意义上的，二者的关系虽然牵涉的人群规模小，且矛盾小，但它涉及农村政治社会稳定问题，因而也构成了农村重要的阶层关系组合。

在中等农民与权力阶层的具体关系方面，它们相互之间都对对方有所需求。中等农民对权力阶层的需求有四点：一是，由于中等农民耕种一定规模的土地(20～40 亩)，主要利益关系在土地上，对农田水利、机耕道路等基础设施需求率比较高，但这些又不是一家或几家能够完成的，这就需要村集体投资、组织建设；二是，中等农民要了解国家的农村政策、获取更多惠农项目，就要与权力阶层交好；三是，权力阶层拥有的高质量的超社区关系，中等农民也用得着；四是，权力阶层是村庄资源再分配的主体，中等农民结交它就能从中分一杯羹。权力阶层对中等农民的需求是：中等农民常年在村，最了解农户和村民的情况，村干部可以通过中等农民了解相关情况，便于开展工作；中等农民的主要社会关系网络在村庄里，与其他阶层关系较好，村干部可以通过中等农民与其他阶层沟通，尤其是与底层农民沟通，使工作达到事半功倍的效果；中等农民耕种一定规模的土地，收入在村中属中等水平，不再外出务工也生活得很悠闲，因而空闲时间较多，适合做小组干部；在村庄选举时，中等农民是村干部的票源；等等。鉴于上述分析，中等农民与权力阶层就有着良好的关系。

四、阶层内部关系与阶层关系

阶层内部关系是指一个阶层内部成员之间的关系性质和状态。同一村庄不同阶层的内部关系是有差别的，这种差别会影响各个阶层在阶层结构中的状态，进而影响阶层关系。可以从以下两个方面来谈阶层内部关系问题。

1. 阶层的连接纽带。涉及这个方面，首先要提问的是阶层社会的阶层内部关系是怎么连接在一起的，与传统伦理社会的连接纽带有何差别？农村传统伦理社会内部尽管也有分层，但无论是层内还是层际，起连接纽带作用的都是血亲情谊和人情面子，它们也是社会运行的规范。那么阶层社会是否亦如此？在西方，阶层是按照共同的经验、共同的地位体系和共同的利益关系而凝结起来的团体。按照韦伯的说法，阶层是市场关系的结果，也是市场关系的主体，掌握不同资源的人在市场关系中的地位不同，地位相同的人则集合成一个阶层。所以，阶层最重要的凝结纽带是共同的利益关系。利益凝聚了一群人，也排除了一群人，利益关系是对人的一种选择和排除机制。但有利益关系的一群人在一起并不一定是一个有凝聚力的团体。阶层内部还需要借助其他手段和方式来凝聚人心。

利益关系是阶层存在的前提，血缘地缘关系仍是阶层内部达至“精诚团结”的重要手段。阶层的分化并不是要彻底摧毁传统的血缘地缘关系，而是改变了两种本质：一是改变了血缘地缘关系的价值理性，使其不再作为一种根本价值来连接人与人之间的关系，而是作为一种工具来加强和润滑人与人之间的关系，后者表现的是血缘地缘的工具理性；二是改变了阶层之间的连接方式，在血缘地缘社会，各层级之间是按照血缘地缘关系来连接的，而在阶层社会的阶层之间，起作用的是具有公共性的法律规则和利益规则。血缘地缘关系在纵向阶层关系中的作用越来越小。

在农村各阶层中，将血缘地缘关系作为连接纽带运用得最明确、最长袖善舞的是具有极强利益取向的上层农民。上层农民为了加强和维护阶层内部共同的利益关系，就需要使其内部关系更加紧密、团结，从而在利益关系上相互扶持、相互提携和共同发展，就必须首先加强其内部的社会交往关系，使相互之间的利益关系变成“自己人”关系。血缘地缘关系正好充当了将“外部人”内部化为“自己人”的这样一个角色。在这个过程中，对“人情”借用得最淋漓尽致，上层农民内部相互赶人情、相互“抬庄”，并且人情的账单越赶越高，越来越符合上层农民的口味，而排斥下层农民。最后，人情只在上层农民内部循环，也使得其内部越来越紧密。

在底层农民中，血缘地缘关系较为淡薄，形式上，人情还是按以前的方式赶，但由于底层农民内部缺乏强有力的利益取向，人情越来越成为维系基本人际关系的工具。底层农民没有上层农民那么紧密的关系。但因底层农民有共同的生活需求和生产上的互助合作，在一定程度上加强了其关系。

2.阶层的独立性与排斥性。阶层内部的紧密程度会带来阶层的独立性和排斥性的差异。内部关系越紧密，说明内部的关系依赖程度就越高，内部就可以解决大部分问题，那么对外的关系依赖性就低，所以它在阶层关系中的独立性就越强，在与其他阶层打交道的过程中，自主性就强。同样的，内部关系越紧密，说明内部“自己人”认同越强，那么“自己人”与“外人”的区分就越明显，“自己人”与“外人”的两套行为规则就越清晰，也就是对“自己人”要讲人情面子，而对“外人”就可以不讲人情面子，那么对“外人”的排斥性就凸显了出来。对其他阶层的排斥性越强，越难于与其他阶层交往，其阶层的封闭性也就越强。反之，阶层内部关系较疏松，阶层的独立性和排斥性都不强。前者是上层农民的特性，后者是底层农民的特性。中等农民则具有较强的独立性，但排斥性却不强，说明其内部的紧密程度一般。正如前文所分析的，紧密程度与资源占有、利益关系等密切相关，说明中等农民在资源占有上属于中等，在紧密程度上属于中等，使得他们能够“独立自主”，又不“盲目排外”。

第三节　农村阶层关系研究的方法论

阶层关系研究是机制研究，是互动分析，就难以从庞杂的宏观数据中得来，而应该在具体的、微观的行为交互过程中去感受和触摸。宏观定量分析的工作基础是样本选择、样本量的大小以及指标体系和变量的制定。微观定性分析就存在研究单位的选择问题，即选择一个什么样的、多大的单位，才既符合研究主题的要求，又能够在其中建构完整的逻辑体系。传统上农村研究的单位有自然村、行政村、乡域和县域四级，且以行政村和乡域为主。一般认为，由于行政村建制的历史较长，自然村是嵌入行政村的，在政治、经济和社会等方面都不完全独立，因而现在较少以自然村为研究单位；而其他三者尽管与外界的交流很频繁，亦接受外界的冲击和挑战，但宽泛意义上仍可以看作是独立的单位。尤其是县域，它在政治、经济和社会上都较其他行政层级单位独立，拥有对县域范围内较为完整的政治权力、税收权力、经济规划权力，及较为自主的文化传承、社会交往等。但县域本身有一定跨度，不同乡镇、行政村有一定的差异，且县域亦较为宏观，难以捉摸微观的场景，因而不适合用于做阶层关系研究。乡域事实上也有县域的这类缺点，并且乡域本身不独立于县域，尤其税费改革后，乡镇的很多权力被上收，行政上、财政上、人事上完全处于依附状态。那么，行政村（下称村庄）是农村阶层关系研究的最优选择，原因有二：一是它是独立的单位，二是它是微观的单位。

1. 村庄的逻辑自洽性。村庄作为独立单位，首先体现为形式上的独立。村庄具有较为完整的政治、经济、社会和信仰体系，较为完整的生产、生活和社会交往体系，每个体系又都能较为独立地满足农民的相应需求。村庄的政治体系，是对村庄资源的权威性分配，村民和村庄的各式力量都可以在村庄范围内进行博弈，获取分配的权力或影响分配的方向。村民自治作为村庄政治的平台，给村民提供了较为宽松的参与权威分配的空间和较为完整的政治生活。在经济领域，小农经济依然是中国多数村庄的样态，外出务工人员虽然在村外，但是打工经济却是向村内输送的。因此打工经济本身是小农经济的另一种形式。小农经济尚能够给村民提供一个完整的经济生活和家庭生活。在社会交往层面，除了交往的规则具有公共性，多数村民的社会交往依然局限在村庄范围内，有的甚至是在自然村内，人们的生活面向依然在村庄内，即便是拥有高质量的超社区社会关系网络，村民也是援引它们进村，以提高他们在村庄生活的质量。在信仰体系方面，村民依然依循着村庄整体的信仰秩序，只有少数人会在超越村庄信仰体系之外寻觅信仰。

村庄各个体系之间并不是独立的，而是相互交织、相互影响、相互促进又相辅相成的，它们共同支撑着村庄成为生活共同体和伦理共同体。

在上述形势之背后，村庄共同体本身的逻辑是自洽的。逻辑自洽性，意味着无须村庄外因素的介入，村庄（几乎）所有的逻辑关系都是相通的，村庄生活的各个层面的逻辑链条都能够衔接得起来，不同逻辑关系的链条在村庄内部是能够贯通的。村庄的逻辑关系是一张网，只要找到线头，就能剥丝抽茧似地拔出一条条的长链条来。也就是说,村庄的各个现象之间是有关联的,研究的目的就是要在各个现象之间搭建联系,即找出原来就存在、只是没被发现的联系。联系构建多了就成了链条,链条之间以现象作为结点,若一个结点可以推出下一个结点,一步步地往下推,多推几步,就说明现象之间是有逻辑联系的。链条也就成了逻辑链条。所以,现象之间的联系在哲学上、在村庄经验中都是有的,但不一定就是逻辑联系。如果逻辑关系不需要外界的“牵线搭桥”,如增加一个外界因素,而在村庄内自主成立,那么就称其逻辑是自洽的,或者说是“自给自足”的。

农村阶层关系研究,实质上就是要找出阶层之间关系的内在逻辑性,找出阶层关系与其他关系的逻辑联系,以及逻辑关系之间是通过什么样的中间现象或中间关系联系起来的。只有将其内部的逻辑关系找出来,才能发掘阶层之间互动的机制和各阶层行为的逻辑,才能进一步判断阶层关系的性质和状况。那么,在逻辑自洽的村庄观察农村阶层关系,不需要借助外界辅助条件,就很容易观察阶层间的内在逻辑,并且其逻辑关系会更清晰、更纯粹,也就更接近真实经验。

2.村庄的结构易得性。微观机制研究最重要的条件是结构易得性(余成普,2010),即能够近距离地观测关系和行为所置入的结构及其具体关系互动。村庄作为研究单位具有结构易得性的特点。在阶层关系研究中,村庄的结构易得性表现在结构层面的易得性和行动层面的易得性。

结构层面的易得性是指能够通过对村民的访谈,很容易获得对村庄社会结构、权力等级结构和社会分层结构的质性感觉,能够勾勒出相应的图谱,甚至可以将村庄所有农户、个人安置在不同的结构位置中,很立体、很直观地把握不同人群的等级与差序。阶层的关系结构也能够通过访谈大体得到分析,不同阶层在关系中的不同行为逻辑取向也能呈现出来。并且,在村庄中,不同家庭和个人所拥有的资源条件,包括经济收入、社会关系和权力关系等都一清二楚。

在行动层面,结构易得性表现为通过访谈阶层关系中的具体主体,能够掌握关系中个案的全貌，掌握行为主体在关系、行为中的观念、想法，掌握具体的行为过程，以及主体如何调动资源和主体行为的策略、手段、方式等。通过对关系中不同主体的行动的掌握，就能立体地、全面地把握阶层关系的交互关系。

这样，当对阶层关系的结构因素和行动因素都有一个完整的了解之后，便可以将结构与行动结合起来考察。单独的结构考察或行动考察都可能有偏差或挂一漏万；结合起来，既可以通过结构修正对行动的掌握情况，也可以通过行动更好地把握结构。二者相互修正、互为补充，共同为我们呈现了一个立体的、全面的、真实的阶层关系的经验。在村庄中，我们可以看到结构是如何限制阶层行动和形构阶层关系的，因为行动、关系是结构中的行动和关系；又可以看到行动主体是如何克服结构的限制，在超越结构又不脱离结构，承认结构又重塑结构中完成阶层关系的交互作用的。结构行动的二元性在村庄中消弭了。

第三章 阶层共识、地权冲突与地权的阶层关系属性

在阶层分化越来越明显、土地的阶层分化效应越来越突出的当前农村，地权已深深地镶嵌进了农村社会的阶层结构之中，阶层而非个体、家庭抑或家族作为行动者的动机和价值取向影响着农村的地权意识，地权的社区共识被地权的阶层共识取代，使不同阶层在处置村庄土地时产生的碰撞与互动中，不断地催生着它们之间的地权冲突。

这一章要展示的是农村各阶层“群龙共舞”的景象，即各阶层农民为了自身的利益而联合起来与其他阶层展开竞争与博弈。在这个过程中产生了利益诉求一致的阶层共识。随着农村土地增值，不同阶层的农民对土地有了新的诉求，并为此调动资源争夺农村地权。不同的阶层在争夺地权中主张不同的原则，为自己的地权诉求提供合法性依据，地权的社区共识被地权的阶层共识所取代。本章将以各阶层对地权的争夺，来演绎农村各阶层的交互关系。

第一节　问题意识

一、地权冲突是农村阶层冲突的外显形式

地权冲突是农村不同社会力量在地权归属问题上产生的争执（谭术魁，2008）。当前农村地权冲突日益增多，并逐渐成为农村主要的社会矛盾和社会冲突。于建嵘课题组对中央某媒体自 2003 年以来已分类处理的 4300 封群众来信进行了分析，有 1325 封涉及农村土地争议，占 30.8%。该课题组还对 720 名进京上访的农民进行了专项问卷调查，在 632 份有效问卷中，涉及土地问题的有 463 份，占有效问卷的 73.3%（于建嵘，2005）。研究者由此判断地权冲突已成为当前农村的主要社会问题，影响着农村社会稳定和农民权益保障。在学理上，地权及地权冲突是产权研究的重要范畴，二者在法学、经济学、社会学等学科领域有着深厚的理论基础，并且在中国这样一个正经历着巨大转型的国家，产权变革是国家和社会转型的重要方面，其蕴含的理论生长点为众多研究者所关注。

因此，基于现实和理论关怀，国内研究者对包括地权在内的中国产权问题进行了广泛而深入的研究。其中在社会学领域，自 20 世纪末以来，经由刘世定（1996；1999；2003），张静（2003），折晓叶、陈婴婴（2004；2005），张小军（2004；2007），申静、王汉生（2005），周雪光（2005），张佩国

(2006)等先行者的开创性工作,及在此基础上,后来者曹正汉(2008a),熊万胜(2009),董国礼、李里、任纪萍(2009),郭亮(2012;2013),臧得顺(2012),陈锋(2012)等人的拓展性研究,在传统法学权利产权理论、经济学制度产权理论之外,从社会建构产权的角度,构筑了一套崭新的社会产权理论体系。该理论不仅从中国的产权实践中提炼出了有别于法学、经济学的产权概念,建立了具有普遍意义的分析方法和理论假设,而且具体考察了产权的界定过程、行动者的动机和价值取向,并据此分析了产权如何通过行动者的互动而自发地建构出来,以及互动受何种社会规范的制约(曹正汉,2008b)。社会产权理论从农村地权冲突中获取了丰富的田野灵感和研究素材,反过来,又对地权冲突做出了精到的阐释(张静,2003;张小军,2004;张佩国,2006;曹正汉,2008a;熊万胜,2009;董国礼、李里、任纪萍,2009;臧得顺,2012;郭亮,2012)。

本章不打算在社会产权理论之外另辟蹊径,而是在其基本理论框架下,引入阶层分化视野,通过对江汉平原一个乡镇的地权冲突个案进行阐释,揭示影响该地区地权配置的社会因素以及地权的社会属性。本章的核心命题是,在阶层分化越来越明显、土地的阶层分化效应越来越突出的当前农村,地权深深地镶嵌进了农村社会的阶层结构之中,阶层而非个体、家庭抑或家族作为行动者的动机和价值取向影响着村庄的地权意识,地权的社区共识被地权的阶层共识取代,使不同阶层在处置村庄土地时发生的碰撞与互动中,不断地催生着它们之间的地权冲突。在这个过程中,各阶层对地权的诉诸原则,阶层间的利益关系、社会关系、力量对比、政治博弈以及它们的变动等,都影响着地权在不同阶层间的配置,以及这种配置的稳定性,地权由此被深深地烙上了阶层的印迹。在这个意义上,农村地权带有明显的阶层属性,地权冲突实质上是农村阶层冲突的一种外显形式。

二、已有地权冲突的解释路径

社会产权理论对地权冲突所做的解释依循两条路径:一是产权模糊

说，二是规则竞争说。产权模糊说依循传统法学和经济学对产权所做的经典定义，认为产权是特定主体对特定客体和其他主体的权能，即特定主体对特定客体或其他主体能做什么、不能做什么或采取什么行为的权利，以及采取这种行为能够获得什么样的收益。所以产权越清晰，主体的权利越明确、收益越大。产权模糊则意味着所有者的控制权、收益权缺乏保证，以致受损，并可能在主体之间、主客体之间发生产权冲突。根据该理论得出，地权冲突源于土地权属关系的模糊。张小军(2004)通过对福建省阳村象征地权的考察，认为由于象征地权的主要所有者既包括国家和村庄、宗族等集体，它们以公共名义对地权进行直接或隐形占有，也包括具有象征权力的地方精英、"祖先"和个人，因此传统农村地权具有分割土地占有权、处分权、支配权和收益权的特点。这样就导致了地权的模糊性，从而容易带来地权的冲突。董国礼、李里、任纪萍(2009)从产权代理的角度，分析了地权流转中以血缘地缘为纽带的私人产权代理模式，认为这种流转模式由于委托人和代理人的血缘地缘关系，流转过程中没有书面合同的签订而导致土地产权不清、收益不明，双方之间容易产生纠纷，并认为地权流转只有在明晰产权，并置于市场逻辑而非人情逻辑中，同时配合国家提供的便利的制度环境，才能有效率并避免纠纷。

产权明晰可以带来效率和确定性的产权及其收益，这一观点受到诸多研究者的质疑。熊万胜(2009)就提出这样的疑问："即便大家都承认此刻某物的某部分权益属于某人，但下一刻这部分权益是否还能如其所愿继续属于此人呢?"郭亮(2011)通过四个村的林权流转实践对该问题予以了回答：林权改革使林权明晰到个体，但该产权并不一定就此有了保障，相反，出现了农户的山林被乡村权力、灰黑势力强行流转从而损害产权主体权益的普遍现象。实际上，权利是需要成本的，权利明晰到个体之后，孱弱的个体更加需要国家的税收、政治、法律和制度的保障(史蒂芬·霍尔姆斯、凯斯·R. 桑斯坦，2011；郭亮，2011)。

规则竞争说强调规则的确定性是地权稳定、避免地权冲突的前提，而规则的多元与竞争是地权冲突的社会根源。张静(2003)是地权冲突的规则竞争说的主创者,她在《中国社会科学》撰文指出,在政治关系与法律关系未经分化(区分)的制度结构下,不存在包含统一原则和限定性的合法性声称的法律系统,结果使多种规则并存并分别有着各自的象征合法性。它们分别被不同(利益的)人群承认,通过力量竞争被选用实行。这种竞争受到"大数"(卷入的人数)、"影响力"(地位和权力)、对"实际情况的阐释"(说明某项规则适合本地情况的能力)、"机会"(预计收益)等因素的支配。这样,规则的执行过程变成了规则不断选择的过程,即不同利益主体因自身利益、力量的差异而选择不同的规则来伸张地权,而利益、力量的变化又会带来规则的变化,由于此规则处在不停地更改和相互冲突之中,地权冲突由此被制造出来。申静和王汉生(2005)通过分析不同的地权冲突案例得出了与张静同样的结论。张静等人的论证起点是中国的人治社会,照此推演,中国历朝历代的、不分区域的地权必然处在不断冲突和不稳定中,但这显然得不到历史资料和不同区域调研的支持。

熊万胜(2009)在批评张静缺乏历史视野的基础上,通过对安徽省栗村自太平天国以来的地权冲突史的研究,认为参与地权界定的规则是多元的,其中必须有一个相对强大的规则具有超越其他规则的力量,以约束不同主体对规则的任意利用和选择,而多元规则的演变实质上是这个主导性规则的突生、转换和湮灭。熊万胜强调的是在多元规则竞争过程中,必然会因为某些机缘巧合而产生主导性的规则,并会因为某些因素的介入而导致主导性规则转化或湮灭。无论如何,主导性规则一旦创生,当多元规则存在冲突时,人们就会引用主导性规则进行裁判;其他规则不能再继续竞争以影响主导性规则的执行,这样规则之间的激烈竞争被约束,地权相对稳定,冲突较少。主导性规则的转换也就是其他规则成长、竞争成为主导性规则的过程,在这个过程中会有地权的不稳定和冲突现象,但一旦主导性规则被重新确立,地权将再次恢复相对稳定状态。主导性规则湮灭或难以创生新的主导性规则,就会出现张静说的规则之间的相互打架、架空现象,地权冲突变得普遍。郭亮(2012)的研究在一定意义上回应了熊万胜关于主导性规则湮灭的假说，他对湖北省某镇农民在生存权、祖业权、平均地权等诉求下发生的地权冲突的深描，实际上是在勾勒一个多元规则竞争、主导规则未能创生背景下的地权形态。

但是，臧得顺(2012)并不认为主导性规则的确立就一定能带来地权的稳定，从而避免冲突。相反，他从关系地权的角度论证了在确立地权的诸原则中，强力原则逐渐占据主导性地位，由此带来对其他原则的侵犯，地权冲突在主导性规则与其他规则的较量中产生。并且，随着在土地上谋取私利的乡村精英的出现，强力原则在农村中不断突显，地权冲突越来越多。那么，为什么强力原则虽然占据了主导性规则的地位，却并不能让其他原则服膺？这就涉及主导性规则是否被村庄社区所普遍认可，也即在村庄社区中能否形成地权的社区共识问题。在臧得顺的研究案例中，强力原则显然没有被村庄其他群体所认可，由此产生了对它的反抗行为。事实上，若村庄内部形成了社区性的地权共识，即便没有形成主导性规则，多元规则亦可以和平相处。曹正汉(2008a)在对珠江三角洲滩涂冲突案例的研究中，就展示了在民间公认的不同的“理”在与国家法的碰撞中，如何在人们的共识中达成妥协，从而划分出一条虽然不甚清晰、但能共同感知的行为底线，使得农民与政府的行为都具有可预见性，相互之间在滩涂权属上的冲突较少且容易处置。

因此，下文将引入地权界定和配置的社区共识的视角，在逻辑上论证地权的稳定、地权冲突的避免，是以地权界定和配置的社区共识为前提的，而这种共识被肢解则会带来地权冲突。

第二节　理论框架与研究假设

一、地权的社区共识：一个分析框架

地权作为一项制度安排，具有与其他社会制度相同的生成逻辑。制

度是由众多个人在长期互动过程中自发建构出来的行为规则；当互动不断重复发生时，人们在过去的行动的信息塑造了每个人对他人未来行为的预期；当每个人的预期与他人的实际行为趋于一致并稳定下来时，这个稳定的预期即共同预期——就会引导每个人形成稳定的行为模式，此时，“制度”也就产生了。也就是说，制度起源于行动者之间的相互期待，当这种相互期待趋于一致并稳定下来时，各方的行动就因为定型而“制度化”了。因此，制度的形成是以行动者的“共享观念”为基础的，它界定了行为之制度化的场域，并据此控制和预测行动者的行为（Berger & Luckmann，1966：53-66；转引自曹正汉，2008b）。在村庄社区内部，人们在处置土地时形成的一整套“共享观念”、共同预期或共同信念，被称为地权界定和配置的社区共识，是社区内部达成的统一意见。有了这个共识，社区内部的人在土地上的行为和观念就有了共同的预期，并以这个预期来判定行为和观念是否公正合理。

刘世定(2008)从社会认可的角度对产权共识做过解析。他指出，人们对经济资源的占有可能得到了社会的认可，也可能没有得到社会的认可，而只有得到社会认可的占有才成为产权。“影响占有社会认可的因素相当复杂。除了社会成员间在反复的纯粹利益博弈中达成的力量均衡外，法律及其他社会规范的性质(如，怎样看待人们之间的差异和怎样理解平等)，以及这些规范在社会成员中的内化程度、实施状况等都影响着占有的社会认可程度。在中国当前的社会中，人们对财富分配的公平性、公正性、合理性的理解，深深影响着他们对现有的经济资源的占有结构的认可。”刘世定强调了社会成员的社会规范认可度和实施状况之于他们对产权占有认可程度的影响，而实施状况又依赖于规范本身被社会认可的程度。同理，在村庄社区，人们援引社区内普遍认可的规范、规则来界定和配置地权，才能得到应有的尊重，如果一项规则没有得到社区内的认同，而行动者要强行实施之，则会遭受他人的共同反对。那些符合村庄社区对公平性、公正性和合理性诉求的规范和规则，则更容易被社区所认可。所以，地权的社区共识仰赖于规则被普遍认可，主导性规则也不例外。

那么,何种村庄社区能够建立对地权及其规范的普遍共识呢?这一提问暗示并非所有村庄社区都能达成共识。倪志伟和苏思在研究中国独特的非正式私有化过程中,对类似农村地权这样的非正式产权做了如下阐发:“非正式产权实际上是支配资源使用的基本规则或规范。对于非正式产权的监督和强制内在于社会交换之中。换言之,非正式产权嵌入于更为广泛的规范和习俗的框架之内,这就如同家庭中的权力是通过互相之间的同意和理解而定义,由群体的成员监督,并由社会惩罚加以强制是一样的。对非正式产权的违反,也会招致惩罚,包括社会的非议、排斥或冲突。一般来说,非正式产权所嵌入于其中的社会网络越稳定,对于产权的争夺就越少,这种产权也就越是有保障(Nee & Su,1995;转引自张小军,2007)。”按照非正式产权成立的道理,地权的社区共识的达成,必须具备两个条件:一是该社区内的社会网络是稳定的,这样才能形成广泛的规范和习俗;二是该社区有对违反共识的行为和人进行惩罚的能力。稳定的社会网络是基础,只有在稳定的社区网络中,才有实施惩罚的可能。有研究表明,在还具有较强宗族特性的村庄,因其社会网络相对稳定和地方性规范较强,社区内的地权共识和一致行动容易达成,内部地权冲突较少(陈锋,2012)。而当地权嵌入其中的社会网络不稳定,或者出现松动时,对于地权的争夺就增多,地权冲突不断——因为社会网络松动意味着关于地权的原有共识被打破,新的共识难以形成,由此导致多元规则竞争下的地权冲突(臧得顺,2012;郭亮,2012)。

在熊万胜(2009)调查的安徽省栗村,从太平天国时期至今,只有集体时代呈现出了权力主导下的多元规则格局,其他时代规则都是混乱的。他的解释是其他时代主导性规则无法突生或业已湮灭。从社区共识的角度可以更好地解释这一现象,因为这个村庄是太平天国以后的新型移民村庄,并且后来移民还在不断增加,因此一直以来就难以形成稳定的社会网络和地方性规范，相反，“习俗的力量大大削弱，法律的力量不堪应付”成为常态，不同规则虽然在不断地互动与碰撞，但一直未能形成关于地权的社区共识。直到集体时代国家通过“集体”这种社会网络形式将社区成员的共识凝聚到国家权力主导的规则上来，才称得上形成了社区共识。一旦集体解散、国家权力退出村庄，社区内又重新回复到不稳定的社会网络状态，加之结构混乱加剧（董磊明等，2008），集体时代形成的地权共识瓦解，新的地权共识仍难以达成，地权冲突也就在所难免。

社区共识下的地权，是典型意义上的村庄社区情理和通行规则界定的习俗性产权，它可能与国家权力或法律、政策界定的结果一致，也可能不一致，甚至相冲突，但只要社区成员普遍认可，就可以“以潜隐的非正式的方式存在着”（折晓叶、陈婴婴，2005），并发挥着地权界定和配置的基础性作用。与国家权力、法律和政策的合法性相比，地权的社区共识通过诉诸“社会承认”“社区情理”“共同体情感”等社会事实来解决合法性难题，因而更多地带有社区情理合法性的特征（周雪光，2003）。在这个意义上，地权的社区共识本身是关于地权的社会性合约（折晓叶、陈婴婴，2005）。因此社区共识具有社会性合约的“软约束”性质，一旦稳定下来，就像“限定的合法性声称系统”（张静，2003）那样，“它允许利益政治在一定的阶段（时间）、领域（空间）内依照一定的法律规则充分竞争，动员社会共识，组织化利益认同，使一些基本原则通过辩论达成共识，并作为法律修订的依据。当人们对具体的规则细节存在分歧时，通过引用共识性原则进行判断。在此之后进入法律活动范围，在这个范围内，上述利益竞争受到限制：它不能继续竞争以影响规则的执行，因为这类活动领域应在政治市场”。地权的社区共识首先也有一个从无共识通过不同社会力量之间的充分互动、竞争与妥协，到达成共识的阶段（政治市场）；随后才能约束社区内部不同规则的竞争，评判人们在不同规则下的诉求，制裁违反共识原则的行为，使多元规则乃至主导性规则服从和服务于共识体系的声称及其延续(法律活动范围),达到维持地权稳定和限制地权冲突的目的。

二、阶层分化与地权的阶层共识

社区共识的瓦解带来地权冲突。那么,地权的社区共识是如何瓦解的? 熊万胜(2009)发现改革开放以后,特别是 20 世纪 90 年代,小农经济全面复归,权力衰弱、势力组织复活、习俗瓦解,国家、市场与小农的对接再次失效,这些因素的综合作用导致了主导规则的萎缩,多元规则出现了结构混乱,农民土地的收益和占有权遭到侵害,小农地权变得高度不稳定。臧得顺(2012)则从社区人际关系变迁的角度论述了社区地权共识的瓦解,他强调亲缘关系淡化和社会关系功利化、理性化导致关系背后的交往规则的变化,而地权本质上是人与人之间关系的投射,因此人际关系的变化最终导致人们在处置村庄土地时诉诸的原则的变化,强力原则的突显打破了各原则之间的平衡及社区共识。两位研究者论述的侧重点不同,但核心最终都归结到了多元规则的结构混乱上来。也就是说,当社会结构混乱之后,原子化的个人可以根据各自的利益、力量及其变化来对规则进行选择(张静,2003),100 个人就可能有 100 个诉诸地权的理由(规则),相互之间可能没有交集、达不成共识,联盟往往是暂时的,因为甚至一个人在不同阶段、场合及事件中完全可能援引不同的规则。这样,一个社区内就有无限的"理由"以备选择,规则显然已碎片化。

当前农村正出现这样一种情形,社会结构未混乱、规则也没有碎片化,但仍然达不成社区共识。这是农村阶层分化后出现的情形,地权的社区共识被地权的阶层共识所肢解。大量研究已经证明农村阶层分化的存在及其复杂性,阶层分化使农村社会的利益主体和利益来源多元化、利益关系复杂化、利益矛盾明显化,形成了极其复杂的利益新格局和社会矛盾新体系(陆学艺,2002;卢福营,2007;陆益龙,2009)。

农村社会结构出现明显的阶层化的特征,同一村庄社区的农民被分割在这个等级结构中的不同层级(贺雪峰,2011b;陈柏峰,2012;刘锐,

2012)；不同阶层的农民在利益取向、经济收入、消费水平、价值观念、政治社会态度、社区关系、超社区关系、与乡村政治权力的关系等诸多方面有着巨大的差异(林辉煌,2012；徐嘉鸿,2012),这些差异影响它们之间的内部认同和相互之间的社会关系。伴随着阶层结构的显性化,阶层内部的认同越来越大,阶层之间的区隔(distinction)越来越明显,并且上层农民还在刻意强化这种区隔,不断地制造包括消费、交往、互助、生产、闲暇、劳务等方面的层级化(李培林、张翼,2000),甚至在人情、人际交往、村庄政治等方面对底层农民进行排斥(陈柏峰,2011a)。

由于农村阶层分化是在村庄社区内部展开的,阶层之间处在面对面的场域中,阶层内部因利益、价值取向上的一致性,以及交往的密切性和交流的方便性,很容易在阶层内部达成共识和对外的一致行动。陈锋(2017)在对浙江省某村一起集体上访事件的分析中揭示,由于该村内部阶层分化较严重,处于上层的少数富人凭借财富竞选上台并垄断村庄政治,下层的普通农民在政治上处于无力状态,在社会上又遭受上层的排斥,于是产生了巨大的相对剥夺感,因而对上层农民"有气",这个"气"在下层农民中不断积累、酝酿和升级,最终抓住富人村干部在"小产权房"问题上的把柄而引燃了下层农民的集体上访。很显然,这起集体行动之所以能够发生,与阶层分化在村庄的"结构易得性"(佘成普,2010)有关,一旦超出了村庄,其他村庄的下层农民不会对该村庄的上层农民"有气",更不可能在没有面对面交流的情况下将"气"升华开来,集体行动也就不可能发生。因此,村庄的结构易得性使得阶层内部的共识和一致行动更容易达成,也使得阶层结构更为清晰可见。

具体到地权共识,不同阶层因各自利益的差异而对村庄地权有不同的诉求,因而在地权的界定和配置上形成不同的共识及一致行动。也就是说,是阶层而不是原子化的个体作为地权的诉求主体和行动者,参与了村庄地权的界定和配置,关于地权的阶层共识取代了社区共识成为地权界定和配置的基础。从调研的情况来看,地权的阶层共识表现在以下三个方面。

第一，伸张地权利益的一致性。农村阶层的分化很重要的一个方面是利益来源的分化，只有那些主要利益在土地上或者将在土地上的阶层，以及那些能够利用土地获得超额利润或跨体制资源的阶层（边燕杰等，2012），对地权的伸张比较积极，并能够达成一致共识，譬如臧得顺（2012）所概括的"谋地型乡村精英"。而那些当前和将来利益皆不在土地上的阶层，则不那么热衷于对地权的伸张，典型的如外出经商、并在城市定居的上层农民（陈柏峰，2009b；林辉煌，2012）。

第二，伸张地权理由的一致性。伸张村庄地权必须有适当的理由，否则该行为就没有合理合法性。理由即规则、原则，同一阶层因其利益及处境，在伸张地权时所援引的规则具有一致性，或者说阶层内部能够形成主要规则的合法性声称。在阶层之间，各自援引的规则可能一致，也可能相冲突，亦可能毫无瓜葛，由此形构阶层间在伸张地权时的基本关系。

第三，伸张地权行动的一致性。在地权规则是多元的、竞争的背景下，地权本身不是被赋予的，而是挣得的，因此对地权的伸张必须付诸行动。由于基本的地权利益和伸张理由的一致性，以及村庄的结构易得性，阶层内部伸张地权的一致行动就容易达成。各阶层企图通过阶层的一致行动而非单个个体的行动来达到对地权伸张的目的，尤其是当前在压力型信访维稳体制下，阶层的集体行动更可能出现（田先红，2010a）。

这样，因为阶层的出现，阶层作为行动者的认知发生了分裂，它们在地权上的相互认可的行为不复存在，原先达成统一的地权安排和地权共识，被分割的阶层共识打破和肢解，社区难能再产生超越阶层利益之上的共识。

三、地权冲突与地权的阶层关系属性

地权的阶层共识作为一种意识形成之后，当不同的阶层在界定、处置地权时，便会寻求不同的规则和采取不同的行动，地权冲突便可能产生。

地权冲突意味着发生冲突的阶层在地权问题上的正面碰撞、较量和竞争，以求得对地权的优先界定和配置。在这些关系的交互过程中，可以更清晰地看到村庄地权是如何被村庄阶层关系所界定和裁量，从而被赋予社会阶层属性的。

地权深深地嵌入村庄社会关系，并被它们所形塑。波拉尼最早提出经济的嵌入性问题，他在《作为制度过程的经济》中指出："人类经济嵌入并缠结于经济与非经济的制度之中。将非经济的制度包容在内是极其重要的。对经济的结构和运行而言，宗教和政府可能像货币制度或减轻劳动强度的工具与机器的效力一样重要。"(Polanyi，1957、1971；转引自刘世定，1999)。格拉诺维特(1985、1997)更明确提出人的行动紧密嵌入人际网络关系中的思想。刘世定(1999)根据嵌入性理论，提出了"关系合同"的概念，认为关系合同发生在正式合同缔结之后，由那些经营代理人在相对独立地从事经营活动的过程中和他的经营伙伴缔结而成，并使合同嵌入他们之间的关系。周雪光(2005)则直接提出"关系产权"的概念和"产权是一束关系"的命题，强调组织与其他环境即其他组织、制度环境或者内部不同群体之间稳定的交往关联对产权界定的重要性，将产权的社会属性的研究引向深层。折晓叶、陈婴婴(2005)依循上述思路，强调集体产权的社会合约规定性，认为社区集体企业的合约关系，不是一种处于社会规范之外的纯粹经济交易关系，而是包含有社区互惠规范作用的社会交换关系。在地权研究中，申静和王汉生(2005)从一项集体土地产权遭遇反复界定的实践中，发现产权实际上是"对行动者之间关系的界定"。臧得顺(2012)认为"关系地权"为村庄内不同原则、不同层次、不同类型的关系所牵制和定义，并受关系变动的影响。总之，地权的社会属性是由行动者的关系属性决定的。

在本章考察的地权冲突中，地权所嵌入的社会关系结构不再是一般意义上的血缘关系、地缘关系或业缘关系(臧得顺，2012)，而是阶层的关系结构。阶层结构成为村庄社区内主导的关系结构，其他关系附属于它或被它排斥、肢解、稀释或吸纳。阶层结构和作为村庄行动者的阶层，不仅塑造村庄的关系结构，而且塑造村庄社会的其他层面，包括村庄政治（袁松，2012）、村级治理（刘锐，2012）、老年人自杀（杨华、范芳旭，2009）、人情往来（陈柏峰，2011b；宋丽娜、田先红，2011）、农民合作（孙新华，2011）等。土地是农村主要的生产资料，且土地的比较收益在不断增大，深嵌在阶层结构中的地权必然为阶层结构及阶层行动者所形塑。在围绕地权的交互作用中，尤其是在地权冲突中，各阶层的特性、阶层之间的关系属性必然会烙印在地权之上，使村庄地权带有明显的阶层属性。

根据调研的经验，在地权冲突中呈现的阶层关系主要有四类。一是利益关系，利益一致的阶层会在冲突中出现联合和相互声援，利益相悖的阶层则构成地权冲突的双方或多方，利益无涉的阶层在地权冲突中没有交互作用。二是社会关系，即在社区生活中阶层间的关系，紧密的阶层关系会使各阶层在地权冲突中相互妥协，疏远乃至分裂的阶层关系则加剧各阶层对地权的争夺。三是力量对比关系，包括势力、权力、财力、团结程度、关系质量等方面的对比及其变化，会影响不同阶层对地权的定义与伸张。四是政治博弈关系，即各阶层以国家政治作为博弈平台，将地权诉求越出社区，诉诸国家评判，表现为群体性事件和上访。

由于各阶层在利益关系、社会关系、力量对比关系、政治博弈关系中的差异和不平衡，譬如Ⅰ阶层在力量对比中超过Ⅱ阶层，但Ⅱ阶层却在政治博弈中略胜Ⅰ阶层一筹，并且这些关系本身处在变化当中，没有一个阶层在地权冲突中占据主导，阶层间在地权上的交互作用循环往复，使得地权的界定总是处于动态的非均衡状态中，土地冲突因而不断发生——某块土地的权属关系今天可能被Ⅰ阶层的共识所界定，明天可能就被Ⅱ阶层的共识所支配。由此，地权被深深地烙上了阶层关系性（仇立平、顾辉，2007）的印迹。地权的阶层属性，是村庄阶层分化后地权的社会属性的主要表现，地权在本质上反映的是附着在土地上的“阶层与阶层之间的关系”，它是对“阶层行动者之间关系的界定”。而被烙上阶层属性的地权的冲突,其实质是阶层之间的冲突。

第三节 楚镇地权冲突的概况

一、楚镇的基本情况[①]

本章分析的地权冲突数据和个案材料,主要来自笔者及所在团队于2008年10月、12月和2012年3月对江汉平原楚镇进行的跟踪驻点调研,每次调研时间为25至45天。调查方式一是半结构式访谈,每天上午、下午两个单位时间访谈,晚上集体讨论;二是资料搜集,主要在镇政府档案室和信访办查阅资料,对信访卷宗中的典型地权冲突案例进行深入调查。

楚镇地处江汉平原边缘,交通十分便利,辖29个行政村,有155个村民小组,人口为3.2万人,总面积为186.5平方千米。楚镇土地肥沃、气候适宜,耕地面积有7万多亩,近年水稻种植面积保持在7.8万亩以上,年产优质稻谷6万多吨。2011年楚镇工农业生产总值为89000万元,财政收入为700万元,本级财政有640万元,农民人均纯收入为5173元。

楚镇自改革开放以来,随着户籍制度的松动,农民开始进城务工、经商,20世纪80年代末后,农民流动的规模日益扩大。1990年以后,农民外出的一个重要原因是农业税费负担重、种田成本高和比较收益低。少数农民将其承包地给家属、亲戚或其他人代耕,多数农民则没有和村组商量就丢下农地外出。因此,楚镇各村均出现了大面积撂荒现象,有些村半数耕地抛荒。2000年该镇7万多亩耕地,抛荒面积达2.4万亩,约占全部耕地的1/3。土地抛荒既违反了国家土体管理法规,也使农村税费没有着落。因此,楚镇各村就想办法将撂荒的土地重新利用起来:有的村统

① 楚镇是笔者给调查镇取的学名,文中涉及的其他地名、人名均做了技术处理。楚镇的调查由杨华、刘瑞和孙新华共同完成。

一将弃田集并后重新发包；有的则在农户之间协调转包；有的农户则不经过村组和承包户，直接将撂荒田重新开荒耕种；全镇所有村都不同程度地请四川省、湖北省西部山区的农民进村种地，在一些村，外来耕地农民占到总人口的1/3以上。

在这一背景下，楚镇就涌现出了一批种田大户，每户耕种的土地有数十亩到数百亩，同时抛荒土地得到了处理，税费得到了落实，村级债务也逐渐化解，促进了村庄公共事业的发展。但是，2004年以后，随着国家农业税费的减免政策的初步实行和粮食直补政策的全面实施，许多外出务工农户又重新看到了土地的价值，农民对土地价值的预期升高，他们回乡要地，从而导致了各类地权冲突。

二、楚镇地权冲突原因与类型的一般性描述

根据楚镇近十年接待农民来信、来访反映的情况，地权冲突大致可归纳为如下几类。

1. 承包关系不落实引发的冲突。在1997年土地二轮延包中，楚镇大部分村没有正确执行土地延包政策，对户口、住房在村，在政策上可以返乡要田，因种种原因暂未回乡的农户没有留责任田，将土地分光，后农户因返乡要分责任田，村组又无机动地，由此产生矛盾。或者有机动地，但机动地一般都是在确权确地时从种田大户处划出来的，并入机动地账册，并仍由他们耕种。抛荒户回来要地，村组要将机动地划给他们，还得他们同现耕种户协商拿出来，而有的耕种户不同意拿出，由此产生冲突。此类情况占接访总数的20%。

2. 返乡农民要田引发的冲突。在1991—1998年期间，由于当时农民税费过重，一部分农民撂地外出经商或打工。2004年，湖北省开展完善二轮延包且全部取消农业税的政策，一部分农民返乡要田，镇村按照政策已颁发土地承包经营权证，确权确地，但原承包户因以前背负较重税费负担种撂荒地，现在政策取消了农业税，有甜头了却要让出田，思想不通，不

愿意将撂荒农户的承包田拿出来。此类上访占总数的40%。

3. 农民私自转租土地引发的冲突。在种田收入负增长的时候，许多拥有承包土地的农户纷纷将自己承包的土地部分或全部转租给没地或人多地少的农户耕种，自己则通过少种或完全不种，或外出打工来避免税费负担。这种转租多是私下的口头协议，既没有文字根据，又没有时间界定和退还约定。随着农村实行零赋税，种田开始有了效益，原来拥有承包土地的外出农民返乡要求转租农户返还承包地，而那些在税费负担最重时承租农村土地的农户不甘心退还。二者相互扯皮，造成兄弟间伤和气、亲属间伤感情的情况，有的甚至殴打出现流血事件。此类占上访总数的20%。

4. 外来户要求落实土地承包权引发的冲突。为了完成税费任务，外地农民被镇村干部请到当地种地，或者通过亲朋熟人介绍过来。当种田有了效益、税费逐渐取消后，本地抛荒户又回来要田，由此引发抛荒户与外来户的土地争执。外来户以之前交了国家税费、在当地上了户口为由要求落实土地承包权。此类上访量占总数的10%。

5. 村组干部代替转租承包地引发的冲突。在农村土地抛荒严重时，村组干部为了避免抛荒而使税费流失，由村组统一将抛荒地集中转租出去。承租对象有的是本村组农户，有的是外村组农户，有的就是村组干部本身或他们的朋友。这些承租农户不仅承担了当时沉重的税费负担，而且还投入了大量的资金对承租地进行了土壤改造。特别是一些种养大户，他们不仅对土壤改造进行投入，还花费了大量资金进行农业产业结构调整，如开挖鱼池、修建圈所，开展特色种(养)殖业和固定农业生产资料的购置，如农用机械、农药、化肥等。这些承租大户的承包，当时是乡村干部反复做工作，并签订了合同，规定了承包期限，如10年、20年，甚至更长。现在要他们把承租的土地退出来，那他们投入的大量改造资金，退租后由谁来承担？利息如何计算？因此，从现承租户手中收回承包地还给原承包户困难重重。这类上访占5%。

6. 强势群体抢占土地引发的冲突。税费改革后，农村土地不仅增值，而且有可能获得超额利润，于是村庄的某些强势群体，包括村干部、混混、村霸，以各种方式抢占、诱骗集体或他人土地、山林、池塘等，由此引发冲突。此类上访占总数的5%。

三、地权冲突的上访类型分析

表3-1是在楚镇信访办提供的原始表格的基础上制作的，笔者只增加了"比例"项和"村平均数"项。从表3-1可知，楚镇近十年因地权冲突导致的上访共836起，平均每年近84起，村平均每年近3起。这仅仅是镇信访办备案答复的，其他未予备案或答复的上访未记录在内。据信访办人员反映，该镇的地权冲突是从2002年开始的，之前没有该类上访，这与税费改革和种地开始有效益相关，之后地权冲突逐渐增多。到2005年湖北省为完善二轮延包而实施确权确地政策时达到高峰，高达217起，村平均7.48起。村庄内部的地权冲突更是层出不穷。随后因确权确地政策的实施，地权冲突得到一定程度的缓解，逐年递减至2008年的49起，村平均1.69起。

2009年至2011年，地权冲突上访数量又出现快速上升的势头(见图3-1)，主要有两方面的原因：一是粮食价格持续上涨，农村水利设施、机耕道等基础设施渐趋完备，种地越来越划算，同时外出务工人员年龄偏大，不再适合外出务工，而这些人在确权确地时又没分到土地或只分到了口粮田，于是在这个时候纷纷回来要地；二是土地增值，强化了农村强势群体对土地资源的觊觎。这两个方面的原因加剧了农村不同群体之间的地权冲突。

表3-1 近十年地权冲突的上访类型统计表

年份	案例、比例	个别访(1人)	多人访(2～5人)	集体访(5人以上)	上访总数	村平均数(29个村)
2002年	案例/个	23	8	0	31	1.07
	比例/(%)	74.2	25.8	0	100	

续表

年份	案例、比例	个别访（1人）	多人访（2～5人）	集体访（5人以上）	上访总数	村平均数（29个村）
2003年	案例/个	26	10	2	38	1.31
	比例/(%)	68.4	26.3	5.3	100	
2004年	案例/个	48	21	7	76	2.62
	比例/(%)	63.2	27.6	9.2	100	
2005年	案例/个	138	56	23	217	7.48
	比例/(%)	63.6	25.8	10.6	100	
2006年	案例/个	51	29	13	93	3.21
	比例/(%)	54.8	31.2	14.0	100	
2007年	案例/个	30	22	5	57	1.97
	比例/(%)	52.6	38.6	8.8	100	
2008年	案例/个	27	17	5	49	1.69
	比例/(%)	55.1	34.7	10.2	100	
2009年	案例/个	33	30	10	73	2.52
	比例/(%)	45.2	41.1	13.7	100	
2010年	案例/个	37	34	14	85	2.93
	比例/(%)	43.5	40.0	16.5	100	
2011年	案例/个	50	46	21	117	4.03
	比例/(%)	42.7	39.3	18.0	100	
合计/个		463	273	100	836	28.83

根据基层信访管理经验，可以将上访类型按照上访人数多寡划分为个别访（1人）、多人访（2～5人）和集体访（5人以上）。楚镇信访办的数据显示，集体访的人数不等，人数最多的多达60人。根据表3-1、图3-1和图3-2，可以分析出以下几个对本章有启发性的信息：第一，多人访和集体访的数量和比例合计，从2009年起超过个别访；第二，虽然个别年份有起伏，但总体而言，多人访和集体访所占比例在近十年中呈上升趋势，而个别访基数虽然大，但比例却呈下降趋势，说明地权冲突越来越不是一对一的冲突，而是逐渐具有集群效应，群体冲突特性渐趋明显。这可能与上

文分析的地权的阶层共识在地权冲突中越来越明晰化有关。

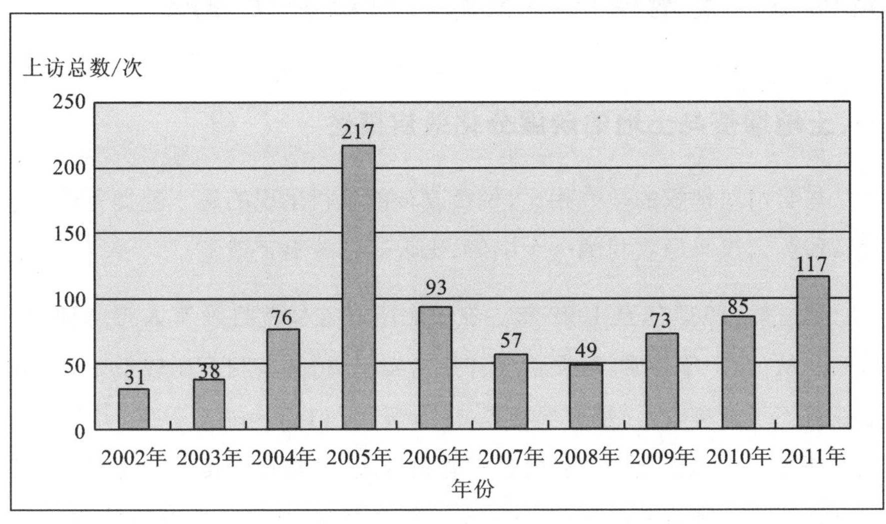

图 3-1 土地冲突上访年份及总数

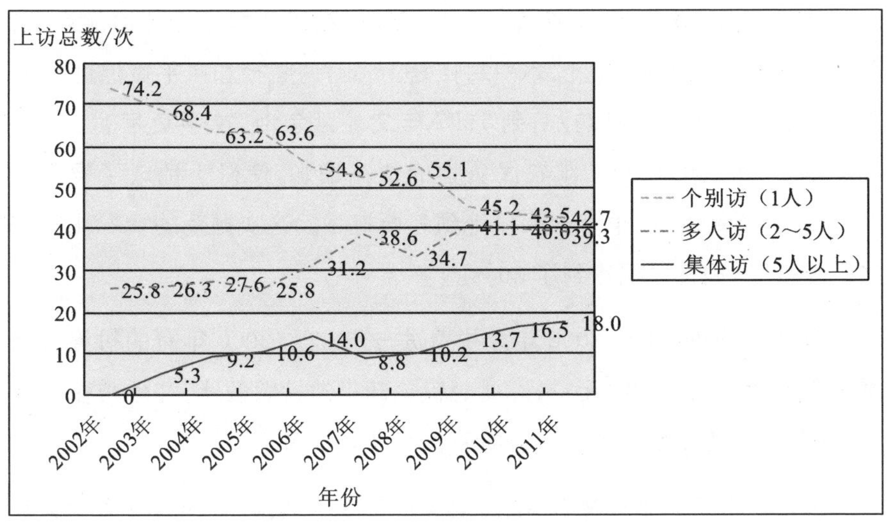

图 3-2 地权冲突上访类型的比例(%)

第四节　土地增值与土地的阶层分化效应

一、土地增值与土地的阶层分化效应概述

与当前对地权的争夺相比，税费改革前农村呈现的是一副抛荒景象。楚镇作为江汉平原农村的一个缩影，出现过三轮抛荒浪潮。

第一轮，1987 年至 1992 年。农田之所以被抛荒且没有人愿意种，其原因是从 1987 年开始，粮食价格开始持续下滑，种粮利润比较低，从农田上获得不了太多收入，那时早稻是 0.15 元/斤(1 斤=0.5 千克)，1992 年时早稻是 0.17 元/斤。为应付这一轮抛荒潮，楚镇开始接受外来移民，抛荒土地的农户则将自己的房子卖给外来移民，同时将土地送给外来移民种，在村庄的内部规范里，这种卖房子的同时送土地，相当于外来移民将土地“买断”了。

第二轮，1995 年至 1997 年。1988 年时，农民负担已经开始加重，当年楚镇的亩平负担是 75 元，水费每亩是 15 元，两者相加亩平负担达到 90 元。此后亩平负担不断增加，到 1997 年二轮延包时，亩平负担达到 280 元左右。1995 年至 1997 年农民负担的快速增加，使得土地成了烫手山芋，大家都不愿意种，很多人丢了地到外面打工。这次抛荒的情况比第一次严重得多，抛荒面积达到了 20%。

第三轮，1998 年至 2002 年。税费进一步加重，2000 年有的村组田亩最高负担竟达到了 400 元/亩。此时粮价却仍然持续低迷，种地越多越吃亏，从而迫使还在家种地的人纷纷丢掉土地外出务工。

经过以上三轮土地抛荒，在当地农村形成了这么几类群体：第一类是因外出务工、经商而成为私营企业主和个体经营户的农户，他们在城镇安家落户，不再回农村生活；第二类是抛荒外出却没有第一类成功，以纯粹打工为生，年轻力壮时尚能打工，到一定年龄则需回村生活的农户；第三

类是在家种地，并耕种了抛荒地和村组机动地的农户，他们一般耕种21～50亩土地，成为农村的种田大户；第四类是外来种田的农户，他们耕种规模不等的抛荒地，并在当地安家落户；第五类是耕种数亩到十几亩承包地的农户，他们没有耕种抛荒地，甚至抛荒了部分承包地。

这五类农民群体中，除第一类农户较为富裕外，其余四类在税费负担重、粮价低迷的时候，经济收入、生活水平都差不多，虽然外出务工的农户稍微好点，但没有呈现出明显的等级分化。但是2002年以后，粮价逐步回升，国家实施了税费改革，并对种粮给予补贴，这一系列措施在微观上的结果是，种田开始有利润。并且随着时间往后推移，种田越来越划算，种田越多利润越高。据调查，按照2009年的农资价格和粮价核算，耕种两季，一亩土地年均纯收入达到1200元，种得好的（夏粮1300斤/亩）收入则要超过1300元，另外再加上国家每亩地补贴150元左右，则亩均收入接近1500元。如果一户家庭拥有30亩田，则年纯收入超过4万，这是农村的中等偏上收入水平。而如果耕种十几亩土地，则土地上的收入在1万至2万之间，要完成家庭再生产以及参加村庄社会性竞争，则还需要外出务工。如果只有数亩土地或没有土地，则其收入完全依靠外出务工。并且，耕种不同规模土地的农户在家庭分工、收入状况、收入水平、家庭生活、对现状的感受、是否打麻将以及机械化程度等方面都有较大差别（见表3-2）。另外，土地增值之后，农村强势群体开始打土地的主意，以利用土地实现超额利润。这样，因为土地增值，对土地的占有和耕种就可以产生等级差别，即占有和耕种不同规模的土地，可能使占有和耕种者处于村庄等级结构中的不同位置。

表3-2　楚镇不同阶层的基本状况

	上层农民	强势农民	中等农民	底层农民	外来农民
比例	3%	5%	20%～30%	40%～50%	10%～20%

续表

	上层农民	强势农民	中等农民	底层农民			外来农民
田亩/亩	0	30～40	21～50	11～20	5～10	0～2	0～20
农户类型	第一类	第三类	第三类	第五类	第五类	第二类	第四类
年均收入	5万元以上	5万元以上	(3～5.5)万元	(2～3)万元	(2～3)万元	(2～3)万元	根据土地耕种情况，同底层农民相似
家庭分工	举家外出经商	举家在家务农，不务工	都要在家务农，偶尔务工	男性在家务农，并在附近打短工，女性要在外务工	农忙务农，其余大部分时间夫妇都要外出务工	举家外出务工	根据土地耕种情况，同底层农民相似
家庭生活	富裕	富裕，悠闲	非常悠闲，且夫妻团聚	女性比较累，且夫妻分离	夫妻都比较累，大多夫妻在一起	夫妻都比较累，大多夫妻在一起	根据土地耕种情况，同底层农民相似
对现状的感受	优越感	优越感	优越感	感到不公	被剥夺感强烈，有一定后顾之忧	被剥夺感强烈，并有强烈的后顾之忧	有不稳定感，生怕没有土地或地权被剥夺
是否参与打麻将娱乐活动	—	经常参与	经常参与	偶尔参与	不参与	不参与	不参与
机械化程度	—	高度机械化：拖拉机打田，插秧机插秧	高度机械化：拖拉机打田，插秧机插秧	中度机械化：拖拉机打田，部分用插秧机插秧	低度机械化：多用牛耕，部分用拖拉机打田，手插	—	根据土地耕种情况，同底层农民相似

处在不同等级中的农户构成了农村社会的阶层分化。按照耕种土地

规模和经济水平，以及农民的主观认同，可以将楚镇当地的农民分为上层农民、强势农民、中等农民、底层农民、外来农民等五大类(见表 3-2)。

1. 上层农民。上层农民是指 20 世纪 90 年代通过外出经商、投资办实业、自主经营等渠道而拥有可观的经济收入，并在城镇安家落户的那部分农户。他们没有保留土地，其社会关系网络和利益关系不在村庄内部，因此与其他阶层的关系较为淡薄，不参与村庄的社会交往、价值生产和社会性竞争。这部分农户占 3%左右。

2. 强势农民。强势农民是指村庄中拥有权力、暴力的农户，包括乡村干部、灰黑群体、村霸等。这部分群体在世纪之交“捡种”了大量的土地，在村庄内部具有较强的威慑力，且拥有质量较高的超社区关系网络，尤其拥有县、乡体制性的关系。在某种意义上，他们是跨体制阶层，他们可以利用土地来兑现跨体制资源，获取超额利润。这部分群体占 5%左右。

3. 中等农民。中等农民是指除强势农民之外“捡种”一定规模土地的那部分农户。在土地增值后，这部分农户在土地上的收入居村庄的中等水平，因此其生活较为悠闲自在，较少外出务工，在村庄社会交往中最为活跃。他们的主要利益关系在土地上，主要的社会关系在村庄里，与乡村强势农民的关系较好，也拥有一定的超社区关系。对现有的土地政策和自己的土地占有情况较为满意，生活优越感较强。这部分农户占 20%～30%。

4. 底层农民。底层农民包括三部分人：一是没有土地或土地较少而举家外出务工的农户，二是耕种 5～10 亩土地以兼业为主的农户，三是耕种 11～20 亩土地以兼业为辅的农户，占农户的 40%～50%。这部分农户有一大部分是抛荒户，他们没有土地，或者返乡后要到了数亩口粮田，主要的收入来源为外出务工或者在家搞副业，对自己的生活有强烈的后顾之忧；其余耕种一部分土地的底层农民也需要外出务工或兼业。底层农民的闲暇时间较少，村庄社会交往不充分，焦虑感比较强。

5. 外来农民。外来农民耕种面积不等的土地，经济收入也有差别，但因他们的外来身份较为敏感、特殊，虽然生活在村庄中，却一般不跟本地农户有甚密的交往，而是他们之间形成紧密的圈子，甚至是抱团，所以将他们归为一个阶层。这部分农户有强烈的不稳定感，生怕没有土地或地权被剥夺。一般占村组农户的10%～20%。

从调研的情况来看，楚镇农村的阶层分化有两个显著特点。

第一，土地具有阶层分化的效应。税改前，耕种土地的人与打工的人没有多少差别，都是同样生活在“水深火热”当中，差别不会太大，有时甚至种多一点土地的还要吃亏一点，所以，很多土地都是请人种、求人种。现在，土地增值了——多种土地的，处在阶层的上层，而且过得悠闲自在；少种土地的，而且还需要外出打工，他们累死累活，收入却没有前者多；以前丢土地的人，则完全在外务工，举家在外奔波一年的收入，除去开支，剩余的也没有中等农民多。所以，只要种多一点土地，就可以多收获一点，如果多种十亩土地，就可以完全改变自己的阶层地位。于是，为了改变自己的处境，尽量争取向上层农民流动，或者保持现有阶层地位，尽量使自己过得更为舒适，就得争取对土地的占有。

第二，阶层内部拥有明确的、共同的利益诉求。因为土地具有阶层分化效应，因此除上层农民外，其他各阶层的利益诉求都在土地上。其中，外来农民的利益诉求是保持现有土地不被其他阶层侵占，或者重新得到之前的抛荒地；底层农民希望拥有更多土地，或者希望重新得到抛荒的承包地；中等农民希望保持现有土地规模；强势农民则希望占有更多土地以实现更多的超额利润。因为利益诉求一致，所以在社会交往中也日趋一致，包括生产、闲暇、互助、人情、务工等方面的阶层化越来越明显。在阶层内部的交往中，关于地权界定和配置的阶层共识也逐渐形成和达成一致，并在阶层内部不断强化。

二、地权冲突的阶层化

地权冲突是在有土地利益的外来农民、底层农民、中等农民和强势农民中展开的。根据楚镇信访办提供的836例地权冲突信访个案，并对其进行阶层分析，可以清晰地发现有五对冲突(见表3-3)。

表3-3　阶层间的地权冲突(例)

外来农民	外来农民	—	—	—
底层农民	84	底层农民	—	—
中等农民	25	669	中等农民	—
强势农民	17	41	0	强势农民

1.底层农民与中等农民的冲突，有669例，约占总量的80%。主要原因是，中等农民耕种的抛荒地绝大多数是底层农民中抛荒户的承包地，土地增值后抛荒户返乡找中等农民要地，后者不给或给少数差田，由此引发冲突；或者2005年确权确地时，村组要求通过协商，从中等农民的田亩中让出部分土地给返乡要地的农户，因中等农民不给而引发冲突。

2.底层农民与外来农民的冲突，有84例，约占总量的10%。有两个原因：一是外来农民耕种的土地属于底层农民抛荒户的承包地，后者返乡后找外来农民要地而引发冲突；二是抛荒户直接霸占外来农民耕种的土地，由此引发冲突。

3.底层农民与强势农民的冲突，有41例，约占总量的5%。有两个原因：一是强势农民耕种的土地属于底层农民抛荒户的承包地，后者返乡后找强势农民要地引发冲突；二是强势农民强行霸占底层农民的土地(包括鱼池、山林、开荒地等)，由此引发冲突。

4.外来农民与中等农民的冲突，有25例，约占总量的3%。原因有二：一是外来农民耕种了村组的土地，后因税费重而抛荒，被中等农民耕种，土地增值后外来农户找中等农民要地，由此引发冲突；二是2005年确权确地时，村组确认给外来农户的口粮田原来在中等农民户口下，中等农民不给，引发冲突。

5.外来农民与强势农民的冲突，有17例，约占总量的2%。强势农民强行霸占外来农民的土地，由此引发冲突。

第五节　地权的阶层共识：地权伸张中的阶层表达

一、地权的社区共识是如何被打破的：一个案例的分析

通过楚镇房村八组的一个案例，来看地权的社区共识是如何被阶层共识所瓦解的。

案例一。楚镇房村八组有土地600亩，总户数为40多户，抛荒外出务工的有10余户，2001年前每亩地承担的税费达200～400元，以致抛荒地达230亩。地抛荒了，但税费不能落空，于是，每年插秧前夕，组里都采取抓阄的办法把200亩地分下去，另外30亩则作为自留地分给种上述200亩抛荒地的农户，不交税费。即便如此，仍然需要组长做耐心细致的说服工作才能将地分下去。为调动村民的积极性，改善种地环境，2001年冬，组长邓德斌组织全组在家种地农户做了以下几项工作：一是为难以灌溉的地块修通了水渠、挖了堰塘并架了电线；二是修通了9条约4千米的机耕路，以方便机械化耕作；三是把原先建在六组的泵站移建至八组，避免了与六组农户扯皮。上述几项工作所需劳力和资金按实际耕作地亩分摊到农户头上。完成上述工作后，组长又组织农户丈量地块，并以1983年分田到户为依据重新登记造册[①]，这一工作是为了最终解决那230亩抛荒地的问题。组长想的办法是，由农户自己处理承包地，即农户愿意继续耕种的，由农户在登记田亩的簿册上签字，不耕种的则签名承诺不再要地。然后，组里将这些抛荒地再承包给其他农户，其中包括5户外来户。2002年春，组长依据这一办法将组里的地块全部落实到了户。

地分下去了，但谁也没料到政策会变得如此之快。2002年下半年，

① 1997年二轮延包时，因抛荒地多，无法落实，延包实际上走了过场。

农村开始税费改革，2004年国家不仅减免税费，而且还有"两补"，地权冲突便产生了。抛荒户纷纷向组里要回抛荒地，而耕种抛荒地的农户则拒绝把地拿出来。于是，当初抛荒的10户农户签名上访，从2005年春节后，他们先后到镇、县、市上访。其中3户最为积极：邓承志老婆有癫痫病，种不了那么多地，抛荒了近10亩地；杨某在外打工，其老婆曲某一人在家种不了那么多地，抛荒了11亩地，只种了5亩地；郑某有点小手艺，不愿种，把大多数地给甩了。组长介绍说，他们几个人都是在家种地把地给种丢的，这回又要地，别人怎么甘心呢？

我们访谈了上访最积极的曲某。在曲家，曲某向我们哭诉了一个多小时，主要有如下几层意思：一是上访，她已多次到镇、县、市里上访，镇、县、市有关领导为此均来过八组，但未协调好，她表示，问题得不到解决就到省里上访；二是她搜集了相关材料，包括政策文件，村组登记造册的土地表格，她说对政策已经很熟，能够靠政策将自己的地要回来；三是对村组干部极其不满，她说上级领导下来调查时，村组干部就安排那些得了地没有意见的农户去与领导座谈，每次都将上级领导糊弄过去；四是家庭经济状况不好，一个孩子在读技校，丈夫又受了工伤，访谈时只有5亩地，不得不以每年150元/亩的价格租种他人的三四亩地；五是她家原有16亩地，至少得要回10亩。

我们随后找了几个耕种抛荒地的农户了解情况。在李学忠家，我们与四五个村民座谈，这几个村民的态度十分坚决，不可能将地全部拿出来。他们的理由是，当初那些把地抛荒的人是为了逃避税费，现在不交税费了，那些人才想要地，这笔账怎么算？不可能把地无偿还给那些人。另一个受访人邓得遇，他对几个因土地而上访的人十分不满，其中邓承志是他侄子，他曾对邓承志说不要跟着别人瞎闹，越瞎闹越要不到地，不闹别人还给还一点。邓得遇耕种了25亩地，其中有10亩抛荒地，他之所以要种那么多地，是因为一个小孩还在读大学，学费和生活费全都指望这25亩地，如果退回抛荒地，就得另谋活路，但近50岁的他显然难以再在外谋得很好的差事。

我们还访谈了几位外来户，其中一个是1998年从四川省迁过来的刘老汉，他家有3个劳力，耕种了15亩抛荒地。2004年初，八组的抛荒户回来要把他和该组其他4户外来户赶走，收回抛荒地，后来部分抛荒户还将外来户的农地翻耕，一度引发了激烈冲突。2005年春节后，在抛荒户签名上访时，八组5户外来户也联合上访。5户外来户认为，他们是村组在税费重时被“请”过来的，为村组做过贡献，而且还将户口落在了本村组，现在却要把他们赶走，于情于理过不去。

在这起地权冲突案例中，房村八组不是村组干部“自行”处理抛荒地，而是通过了户主会议，由户主自己处置原承包地，且签名承诺，这就构成了村庄内部关于地权的社会性合约（折晓叶、陈婴婴，2005）。这一合约是村民普遍认可的。耕种抛荒地的农户及外来户之所以不愿意将抛荒地拿出来，其理由除了有接种抛荒地的特定政策背景，还有村庄多数人的认同。这说明地权的社区共识在当时是能够达成的，包括抛荒户、耕种抛荒地的农户、外来户以及村组干部都一致认可对抛荒地的处理，即抛荒户既不承担税费任务，也不再享有土地承包权，而耕种抛荒地的农户则享有土地承包权，但须缴纳税费。

但是，当国家宏观政策改变之后，土地迅速增值并引发了因土地占有和耕种多寡而带来的阶层分化，处在不同阶层的农户依照各自的利益诉求对地权给予伸张。这一则案例至少涉及了三个阶层，分别是属于底层农民的抛荒户、耕种抛荒地的中等农民和外来农民。案例中的曲某之所以上访最为积极，就在于她所在的家庭处于底层农民阶层，并且孩子在读技校，开支大，而丈夫又受了工伤，无法继续外出务工，她要使家庭的生活能够维持，就只有种地，所以租种了人家三四亩地，如果她能要回自己抛荒的近10亩地，则家庭的生活境况会更好。同样，邓得遇之所以会处在中等农民阶层，能够供得起孩子上大学，就在于他多耕种了10亩抛荒地，如果他退出抛荒地，则他家的生活会一落千丈，孩子上大学的学费和生活费就没有着落，所以他要拼命拽住这10亩抛荒地。外来户的情况亦复如此，他们在原籍已经没有户口、没有土地，如果退出耕种的抛荒地，就会成为“天涯沦落人”，对于他们而言，保住了土地就等于保住了根基。

总之，在地权冲突中，当土地具有阶层分化效应之后，村庄中有些群体是要通过保住现有耕地来保住既有的阶层地位，有些群体则是希望通过获得更多的土地来改善自己的阶层地位，目的、方向不一样，但针对的对象都是村庄的地权。在各阶层对地权诉求的伸张中，之前一致认可的地权的社区共识逐渐被各阶层独立的、分割的共识所取代，户主会议签名协议也就成了一张废纸。这样，由于冲突各方各执一端，地权的社会性合约再难达成，以致镇、县、市三级政府的有关领导先后到八组来调查协调，但问题仍然无法解决。此时的地权冲突之所以难以解决，难就难在各方都认为自己的要求是合理的。要地的农户坚持要回自己的抛荒地，除了有国家政策理由，还有生存理由。耕种抛荒地的农户和外来户的理由更干脆：“当初是你们自己把地甩掉了，我们是在村组做了工作后才同意耕种抛荒地的，负担了多年的税费，还承担了修渠、修路、修泵站的劳动和资金，怎么能说给就给。”外来户还认为自己户口已经迁至本村组，就应该享有土地承包权。问题的关键不在于哪一个阶层的理由更充分，而在于它们各自找到的理由肢解了地权的社区共识。

二、地权的阶层共识：诸原则的伸张

不同阶层根据各自阶层的利益，在伸张地权的过程中主张不同的理由，以使自己对地权的伸张披上合法、合理性外衣。根据各理由的目的和方向，可以将它们分为保有地权的理由和索要地权的理由。主张保有地权的理由包括公平原则和投资原则，而主张索要地权的理由有成员权原则、法定原则、生存权原则、平等原则和先占原则。

1. 外来农民的地权共识。成员权原则和公平原则是外来农民伸张地权的主要理由。所谓成员权原则是指社区集体财产对集体外个体的明确排他性和在集体成员间的非排他性共同占有(折晓叶、陈婴婴,2005),对于村庄的集体土地而言,就是每一个村民都有权得到一份归属自己耕作和收获的土地,即“人人有份,机会均等”(曹正汉,2008b)。主张成员权原则的前提是拥有成员资格,在楚镇所在地区,即意味着拥有行政村的户口。对土地的成员权诉求,实质上是对土地以集体所有为基础的产权安排的一种伸张,是集体产权制度的产物——在传统的宗族村庄,也只有宗族共有的族田,宗族成员才可能均等享有,族产之外的村庄其他私田却无法做到“耕者有其田”。外来农民对村庄社区土地的成员权诉求,其落脚点在于“户口在村里”“也是生产队的社员”。事实上,在地权冲突中,拥有本村组户口的外来户和没有本村户口的外来户,其伸张地权的底气和境遇大不一样,前者在乡村干部和其他村民面前表现得理直气壮,一副不得到“应该得到的地”誓不罢休的样子,并且他们中的大部分人在地权冲突中多少都得到了一些土地;而没有本村组户口的外来户,则在2005年确权确地前后几乎全部在地权冲突中被“劝退”和暴力驱逐。

土地上的公平原则,指的是履行了集体土地上的义务,就应该享有集体土地上的权利,相反,若没有履行义务,就不应该享有相应的权利。在楚镇的地权冲突中,所谓履行集体土地上的义务和享有权利,是指在税费最重、种地最不划算的时候,耕种集体土地的农户承担了集体土地的税费任务、义务工、积累工和农田基础设施建设,既为村集体,也为国家做出了贡献,因此这部分农户就应该享有在国家免税、直补之后的土地权利,而那些抛荒户在当时没有履行土地上的系列义务,就不应该享有后面的权利。这样做是公平的,而如果履行了义务的农户不能享受权利(没有得到土地或被剥夺了土地),或者没有履行义务的抛荒户却享受了权利(得到了土地),就被认为是不公平的。这为包括外来户在内的耕种抛荒地农户所认同。由于公平原则是针对社区内部成员来说的,对于外来农民而言,成员权原则是其伸张地权的前提,缺少了这个前提,也就无公平原则可言。

2.底层农民的地权共识。法定原则、生存权原则和平等原则是底层农民的地权共识。法定原则是指村庄地权配置必须依据国家政策和法律法规,否则就被认为不合法。譬如,2004 年湖北省下文,要求确权确地以 1997 年第二轮土地延包为基准,但 1997 年正是农民抛荒最严重的时候,土地延包根本无法落实,延包实质上走了过场,这就使得以 1997 年第二轮土地延包为基准的确权确地变得无法操作。若上溯到 1983 年的分田到户,时间又太长,期间人口、土地、环境变化极大,同样不好操作。于是,许多地方的确权确地只能以村庄多数人的认同为原则。这当然不完全符合国家政策,而正是这一点为抛荒户找到了伸张地权的理由。他们利用国家政策来对抗村庄的多数人认同,在问题不能得到及时解决的时候(没有得到原来的承包地),则通过持续上访引起有关政府部门的重视,希冀通过国家力量来解决矛盾。这就是在房村八组案例中,曲某“对政策已经很熟,能够靠政策将自己的地要回来”的信心所在。

生存权原则是指“人人有权依靠土地生存”的一项权利(刘世定,2003),是村民对集体土地所持有的最基本原则(曹正汉,2008)。生存权原则与传统社会“救急不救困”的伦理相反,是一种“救困”的伦理表达。它跟成员权原则一样,是社会主义集体产权安排的一项遗产,体现了社会主义集体的优越性所在,即社会主义集体不会让一个集体成员饿死。生存权原则所指引的是保障集体成员最基本的生存底线,即“要生存”“要活命”。在地权伸张中,它表现为基本的“口粮田”,即当返乡要地抛荒户在要不到其原有的承包地时,退而求其次,“至少要有口粮田”。他们常常挂在嘴边的是:“我是这个村的人,你总不能不让我活下去吧。”

随着村庄阶层结构越发固化,占有较多土地的中等农民在村庄中表现出极强的优越感和悠闲的生活状态,这令占有较少或极少或没有土地的底层农民感受到了强烈的“相对剥夺感”和“被剥削感”。后者抱怨:“为什么同是一个生产队的,他们可以种这么多地,我们却没有地?”“他们一年只干两三个月的农活,还搞那么多钱,生活悠闲得很,天天打麻将,我们累死累活都搞不到他们那么多钱……根子就在土地分配不平等。”因而有分配更多土地的强烈要求，并诉诸平等原则。平等原则是新中国在改造过旧生产关系和社会等级制度条件下，建立在土地集体所有制基础之上的政治原则，它强调集体成员对集体土地的平等享有。这一原则在相当长的时间内是村庄社区的共识，包括楚镇 1983 年分田到户及以后的“小调整、大稳定”都能看到它的影子。但 2005 年确权确地时，许多村组却抛弃了这一共识原则，使得村庄土地分配极不均匀，这为随后底层农民的不满（“相对剥夺感”）及对地权的伸张埋下了伏笔。

3. 中等农民的地权共识。公平原则与投资原则是中等农民的地权共识。与外来农民一样，中等农民诉诸的公平原则其哲学基础也是土地上义务与权利的平衡。投资原则是指谁对土地进行了初期的人力、物力和财力的投入，谁就拥有这块土地的承包权、占有权和收益权。中等农民“捡种”的大量抛荒地，不是水源条件不好、土质差，就是因为数年未耕种而杂草丛生，接近荒地，他们“捡种”这些地块之后必须重新“开荒”方能耕种，并且他们还对这些地块进行了平整、改良、修通渠道、挖堰塘等方面的改造。因此，中等农民认为这些土地是他们“出了力的”，理应属于他们。所以不能随便将这些地块退还给抛荒户，“我投入那么多，给了他们我就吃亏了”，除非抛荒户能够填平之前的投入，但实际上这些零碎的投入是无法计算清楚的。

4. 强势农民的地权共识。公平原则和先占原则是强势农民的地权共识。强势农民在税费沉重时也“捡种”了不少抛荒地，该阶层农民在伸张这些地权时也诉诸公平原则。另外，强势农民往往是跨体制阶层（边燕杰等，2012），其政策信息、市场信息最为灵通，因此往往能在其他人了解信息之前采取行动，先占为主，并以“先占”为由伸张权利，以期获得超额利润。这就是先占原则，它与“鹰-鸽”博弈中的聚焦点——“先到先得”（曹正汉，2008b）有所区别，后者是博弈的双方皆在“无知之幕”下选择的博弈策略，而先占原则却是一方先得知外界信息时采取的主动行为。譬如，在确权确地实施之前，村干部要早于村民得知这一政策信息，他们在得知信息之后开始“圈地”，包括村集体的荒山、荒坡、荒堰和抛荒地。由于他们不可能在短时间内将这些土地完全开垦出来，采取的策略是在地块上“挖上几锄头”“种上几棵树”“随便栽点蔬菜”“撒点石灰定个界”，等等，以此记为“已占”。当其他农户在这些地块“开荒”时，就会产生冲突。调查了解，有不少2004年“已占”的荒地，至今未开垦出来，期间引发了诸多冲突；更有甚者，有的先占户在他人(外来农民、底层农民)开荒伊始不去伸张地权，而是在开垦出来之后予以伸张，由此引发剧烈冲突。因为先占“记号”千差万别，也难以辨识，因此在有的案例中，强势农民以“先占”的名义抢占他人开荒地，至于他是否做过记号不得而知，“先占”不过是其抢占土地的借口。

第六节　阶层如何塑造地权:阶层关系中的地权冲突

地权的阶层共识是阶层伸张地权的合法性声称，是阶层内部一致行动的前提，但它属于观念层面的东西，不能直接影响村庄地权的配置。村庄地权是在秉持不同地权共识的各阶层的交互关系中被塑造的。在楚镇的地权冲突案例中，共呈现了四类较为典型的阶层关系，分别是利益关系、社会关系、力量对比关系和政治博弈关系。地权形态及特性是这些关系交互作用的结果，并随这些关系的此消彼长而变化，从而表现出地权关系的不稳定性和地权冲突的再生产性。

一、阶层间的利益关系与地权冲突

阶层间的利益关系指的是各阶层在考量各自在土地上的利益之后，可能形成行动上的合纵连横局面，从而影响村庄地权在不同阶层间的配置。根据不同阶层对地权的诉求异同，阶层间的利益关系可分为利益一致、利益冲突和利益无涉三种类型。这三种利益关系各自又可分为相对固定关系和具体情境中的关系。就相对固定关系而言，有利益始终一致的阶层，如中等农民与强势农民，二者都耕种了大量抛荒地，在村庄地权诉求中，谋求的是打击要地阶层的诉求、保有现有土地；有利益始终对立的阶层，如底层农民和中等农民、强势农民，前者向后二者索要抛荒地，或者要求更平等的土地分配，由此产生对立；四个阶层中没有始终利益无涉的阶层。就具体情境关系而言，在底层农民索要土地时，种了抛荒地的外来农民与中等农民、强势农民利益一致，为保有现有土地都诉诸公平原则，上述案例中的 5 户外来户上访，在某种意义上是对中等农民的增援。同样，外来户索要土地，也可能与底层农民采取一致行动。总之，当利益一致时，阶层间相互认可对方的地权诉求，并可能站在一条战壕上，寻求联合；利益对立时，阶层间相互排斥对方的地权诉求，产生冲突；利益无涉时，搁置对方的地权诉求，阶层间不发生关系。

在楚镇农村各阶层的利益关系中，底层农民与中等农民、强势农民的利益对立关系，中等农民与强势农民的利益一致关系，这两对关系对地权配置的影响最大、最深刻。前一对利益对立关系是楚镇地权冲突的主要源头，约占楚镇十年地权冲突上访量的 85%。如此大规模的冲突不可能不在地权关系上烙上印迹。后一对利益一致关系，其对地权配置的影响不仅表现在上述 85%的地权冲突中，两个阶层的相互支持、相互配合甚至影响村庄地权的配置方向；更为重要的是，这对关系在 2005 年确权确地时对村组实施方案的影响，直接决定了村组的地权配置，也决定了 2005 年后的村庄地权冲突。

案例二。税费改革后，由于种田形势好转，农村地权冲突增多、社会矛盾加剧。为了解决这一问题，2004 年湖北省出台《关于依法完善农村土地二轮延包工作的若干意见》，对相关政策做了规定，其中第二条的部分内容如下。

（二）关于举家外迁、外出务工经商和抛荒弃田户的确权确地问题。

对举家已迁到城镇(设区的市除外)落户的，本人有要求，应保留其承包地，并通过协商，依法做好承包经营权流转工作。户口没有外迁但长期在外的，应按原承包面积确权确地。如果本人提出不要承包地，可以帮助做好户口外迁工作，尊重本人的意愿。户口没有外迁但去向不明的，可暂时保留其适当份额的承包地，由村组作机动地管理。对前些年因负担过重、种田效益低等原因自行弃田抛荒，现在又回来要田种的农户，应按原承包面积确权确地。对其中的“逃税户”、“历年税费尾欠户”等群众意见大的，也要确权确地，严格把追缴税费与确权确地分开。

(六)关于种养大户、“外来户”的确权确地问题。对本集体经济组织成员中的种养大户，其本身承包的土地应确权确地，颁发权证。种养大户、“外来户”的种养面积涉及到其他承包户的，如符合“依法、自愿、有偿”的土地流转原则，可维持不变，原承包户有异议的，应与原承包户协商解决。

这部分内容的核心思想是，对在税费负担重时弃田抛荒的农户，也应按照原有承包面积予以确权确地，除非本人不要承包地；对种养大户，本地户则确权其承包地，其他耕地实行转包、转租，而不是确权确地。但据我们调查，在确权确地的具体操作过程中，多数村组却并未贯彻这一精神，而是根据村组的“土政策”完成确权确地。下面是楚镇大方村三组的实施方案。

楚镇大方村三组完善农村土地二轮延包方案

为了进一步完善二轮土地延包工作，规范土地流转行为，妥善解决土地承包纠纷，维护农民的合法权益，促进农村经济发展和农村社会稳定，根据上级有关完善二轮延包政策，经村委会和村民代表会讨论，方案如下。

1. 按省政府政策规定，以1997年第二轮承包为基础，以税费改革时核定到户的计税面积为参考依据。

2. 举家外迁、外出务工经商和抛荒弃田户的确权确地。

(1)对举家外迁,房子已卖,户口又在本村本组的,又在城镇落户安家,有一定职业,或者年岁已高,投靠外出儿女的,不作调田对象。

(2)人户分离,户口在本地,人在外务工,村里有房子,应调给基本口粮田,标准为每人1亩。

(3)户口未迁,房子未卖,去向不明,暂时保留适当的口粮田,村组做机动田管理。

(4)弃田抛荒或者是逃税、逃债,现回家要田的,户口在本村,房子在本村,应调基本口粮田,标准为每人1亩。

3. 现种田大户和种基本粮田的处理。

(1)1997年未种田或者种基本口粮田,现又是种田大户的,解决的办法是可以调到组平均数。

(2)1997年到今一直在家种田,且基本保持原状的,不作任何调整。

村支部书记签字:(略)

组农户代表签字:(略)

根据这则方案,回来要地的抛荒户要么要不到地,要么只能要到人均1亩的口粮田;对种田大户则将其土地调到组平均数后,对其余"捡种"的抛荒地进行确权确地。在具体实施中,大方村三组给抛荒户的口粮田变成了每户2亩。很明显,这是一个有利于耕种抛荒地农户、不利于抛荒户的实施方案,之所以会出现这个局面,并不是因为村组的普遍认可,而是因为强势农民和中等农民联合起来把持了整个方案制订和实施的过程。我们认真确认了大方村三组这份方案的签字农户代表,发现属于中等农民的有8人,当时耕种的土地均超过35亩,属于强势农民的有4人(其中2人是村干部),耕种土地均超过40亩,其余4人是属于他人代签、并未回来要地的抛荒户。强势农民和中等农民在土地利益上是一致的,都希望尽可能地保有现有土地规模，因此在制订方案的过程中，通过寻求联合以使各自的地权诉求最大化——强势农民需要中等农民的参与来制造“民主协商”的局面，展示“民意”趋向；中等农民需要借助掌握村庄权力的强势农民（村干部）将自己的地权诉求转变为“土政策”。这样最终就出台了一个看似非正式的社会性合约性质的，而其背后却只反映了强势农民和中等农民地权诉求的实施方案。

二、阶层间的社会关系与地权冲突

社会关系有广义和狭义之分。广义的社会关系指的是社会中人与人之间关系的总称，包括政治关系、经济关系、社会交往关系等。狭义的社会关系仅指社会交往关系。在这里，农村阶层之间的社会关系是从狭义层面去理解的，意指阶层与阶层之间的社会交往关系。阶层间的社会交往关系的好坏、频度、紧密程度、复杂程度不同，会导致各阶层在处置土地时的交互作用中采取不同的行动，进而影响地权的配置。

案例三。我们在调查楚镇曹村五组时，发现该组的土地占有较为均匀，一般每户都耕种 15 亩左右，多的在 20 亩上下，少的也有 10 亩左右。在 2005 年确权确地时，该组与其他组不同，没有制定只给回来要地的抛荒户口粮田的实施方案，而是折中考虑了种田大户（中等农民）与抛荒户二者的要求，既照顾到了中等农民的公平要求，也照顾到了底层农民的法定要求和平等要求，从耕种三四十亩地的农户田亩中拿出十数亩给抛荒户，地多的多拿，但不需要将“捡种”的抛荒地全部拿出。于是形成这样一个格局：中等农民 9 户，户均耕种 20 亩左右；外来农民 3 户，户均耕种 10 亩左右；回来要地的底层农民 5 户，户均耕种 15 亩；其余 10 户底层农民，户均耕种 16 亩。之所以会有这样一个局面，受访者一致认为是“我们这个生产队，社员之间的关系都比较好，相处比较融洽”。受访的一个中等农户解释说：“我们当时还不是有意见，不情愿把地拿出来，（但是）碍于面子，人家要这么多，不给人家也不好……平常都你来我往的，相互之间都送情赶礼，这次把关系闹僵了，碰了面不好意思。”五组3个外来户是一九九几年搬过来的，在本村组落了户，2002年将地抛荒外出打工，确权确地时再回来要的地。一个中等农户对此评说：“之前跟他们(外来户)一起外出打工、整田搞水利，还赶过人情，关系处得蛮好，后来人家来要地，你不给人家，话说不出口……多少要给点。”

在上述地权安排下，该村五组自确权确地以来没有出现一例地权冲突案例。与之相反的是该村三组，每年都有两三起地权冲突个案，近年有持续上访到镇、县的个案。用五组村民的话说，三组之所以会闹到这个地步，就在于“关系不好”“争权夺利”“社会风气很坏”。三组田亩较多，税费任务重，三十几户农户中，早在20世纪90年代中后期就抛荒走了十几户。这些农户多年不回来(或只有过年回家)，与在村的农户(主要是中等农民)没有多少交往，正常的人情往来都中断了。因此，当他们(其中8户)回来要地时，双方的摩擦因没有“人情”“面子”的障碍而可以赤裸裸，他们的交往是按陌生人的交往规则实践的。要地的农户死缠烂打，中等农民毫不退让，只愿意退给抛荒户口粮田，有的甚至连村组确认的口粮田也不退出，双方的冲突激烈，并且一直未能解决而愈演愈烈。

在楚镇农村的社会交往中，充斥着血亲、姻亲、“本地人”情感、乡情等社会因素，即交往讲究“人情”与“面子”。楚镇地处江汉平原边缘，宗族观念和关系较为淡薄，血缘在联结人与人之间关系上不起决定作用，相反，“人情”是连接家庭、社区最有效和最有力的桥梁。在当地农村，人情将不同血缘之间的“外人”关系内部化为“自家人”关系，人们一旦建立人情往来，就成了“自家人”，其交往规则就会发生变化。“自家人”交往讲究情感、情谊和人情、面子，外人的交往更多的是理性算计和依法办事。所以，有没有建立人情交往关系，交往双方的内在行为逻辑完全不一样。“自家人”关系带有很强烈的情感意念，总是温情脉脉、柔情似水，田园诗一般，看不到猛烈的对抗和决绝的断裂。在交往中，由于人情的纽带，人们很难将“脸面”拉下来，做出很出格或者不给对方留一丝“面子”的行为。因此，交往关系的好坏、紧密程度皆可以从相互之间的人情往来中测量出来。相互之间人情往来较多、较密切，关系则较好、较紧密，交往中要相互给面子；人情往来较少（或是偶然现象或是没有），关系则较差或没有关系，交往中不一定要讲面子。

周雪光（2005）在研究关系产权时谈到："关系产权具有从相互独立的行动者之间的关系转变为'自家人'关系的质的变化。"反过来，"自家人"关系的建立也会影响产权的安排。在地权安排中，一对因人情建立起来的"自家人"关系，不会在地权归属问题上据理力争、撕破脸皮，而多少会顾及双方的"面子""交情"，相互有所退让、妥协，为的是"面子上过得去"，否则在"低头不见抬头见"的村庄社区会过得不惬意、"碰到了都不好意思"，在村庄生活的社会成本陡增。并且，人情面子越重、"自家人"关系越紧密，地权的安排就越是相互妥协的产物。这样的地权无疑是"人情地权""面子地权"——相互妥协的双方各自得到了部分土地的占有权，在他们看来，对方占有的部分土地不是他应得的，而是自己给的人情、面子。

阶层间的地权冲突逻辑亦如此。阶层间若拥有较好的人情、面子关系，相互间的社会联系纽带较强，在一定程度上会消弭阶层间诉求的对立，阶层关系缓和，地权冲突会以阶层间的妥协而告终。这样地权安排会相对稳定，地权冲突较少。相反，如果阶层间的社会关系纽带较弱，其交往缺乏人情、面子的润滑，那么各阶层各执己见、互不相让，阶层关系紧张，阶层间的对立就会越发突显，地权关系极不稳定，地权冲突会产生和不断再生产出来。

三、阶层间的力量对比关系与地权冲突

"强力原则"被社会学者冠以产权配置的重要原则。有研究称，在集体产权所依赖的社会性合约明晰到个人的过程中，当事人的强力，包括人数多寡、声音大小、暴力强弱等也发挥着不可忽视的作用（张静，2003；折晓叶、陈婴婴，2005）。臧得顺（2012）从社会负功能的角度，强调强力原则

是村庄强势群体利用权力、威望、势力、民间暴力等强制性力量占有他人土地的"丛林"法则。事实上，强力原则是一种隐含的产权分配规则，而非明确的"限定性的合法性声称"(张静，2003)，与其说是"原则"，不如把它看作是在集体产权实践过程中主体间的力量对比关系。

在楚镇的地权冲突中，阶层间的力量对比关系包括不同阶层在权力、势力、暴力等显性方面的差异，也包括阶层内部团结程度、阶层的超社区关系网络质量、阶层与乡村权力的关系，以及在地权伸张中阶层的话语圆通、时间消耗、死皮赖脸、不要命等隐性方面的差异。这些差异的综合作用构成了阶层间的力量对比关系，对不同阶层在地权伸张中的效果产生影响，进而影响地权在不同阶层间的分配。

1. 强势农民因其阶层的特性，在以上诸方面皆要胜过其他阶层一筹。受访村民常说，"村里都有派系，力量大的，人强些，就不拿(地)出来"，说的就是强势农民；强势农民要去霸占一块地，基本上也能得逞。

2. 中等农民在显性方面的力量并不比其他阶层强，但其阶层内部交往密切、认同度较高，因而内部较团结。加上他们耕种较多土地，与外界市场打交道较频繁，使其超社区关系网络质量较高，并可以运用到地权争夺中来。同时，因其在税费时代耕种较多田亩，并完成税费任务和两工，给乡村两级组织减轻了负担，因而一直与乡村权力有较好的关系。另外，他们拥有较多土地，收入水平较高，无须兼业或务工就可以达到村庄中等水平，因而闲暇时间较多，在地权的争夺中耗得起时间(冲突的僵持状态，对保有土地的中等农民是有利的)，等等。综合起来，中等农民的力量较大。

3. 底层农民在以上各方面相对较弱，他们较少拥有显性的力量，他们的超社区关系在务工所在地，不能援引进村；由于他们是抛荒户，与乡村权力的关系较弱；同时，他们返乡后因无地或少地，家庭生活靠务工经商，因此在地权斗争中时间上耗不起，只能间歇性作战，这对地权争夺十分不利。但是他们中有的农户能说会道、死皮赖脸，甚至不要命，以及阶层内部能够形成集体行动，因此尚能显示一定的力量。

4. 外来农民作为外来者具有天然的弱势，既无权力、势力和暴力可言，也没有质量较高的社区关系和超社区关系，与乡村权力的关系基础也不牢靠，对当地方言不熟悉，难以流利表达自己的诉求。但是他们有可能“破罐子破摔”，不要命，并且其内部可以保持超乎一般的团结，使其显现出的力量让人不能小觑。

所以，在一般意义上，强势农民和中等农民较底层农民有力量，底层农民较外来农民有力量。

案例四。2005 年确权确地时，楚镇宋村二组发生过一起较大的地权冲突，冲突双方分别是 7 户中等农民和 9 户返乡要地的抛荒户（底层农民）。当时抛荒户联合向村组要地，村支书和负责二组的包组干部说，我们管不了，你们自己协商解决。用抛荒户张某的话说，村干部明显是站在“捡种”农户一边，因为要能协商解决，还用找村干部？抛荒户的要求是至少要回抛荒地的一半，甚至三分之二，而“捡种”农户则只愿意出口粮田和留给村组的机动地，即每户大概共退出 5 亩。双方谈不到一块，形成对峙。中等农民田某这样描述当时的情形：“有的抛荒地空了三五年甚至 8 年不等，开荒都花了 2 年，我们就不愿意拿出来了，我开 10 亩，你开 20 亩，联合起来不给，（抛荒户）想要地要不到。”据说当时中等农民中一户都不松口，除了口粮田和机动地，一分地都不拿出来（1 分≈66.67 平方米）。他们认为你一户松口，抛荒户就有口实，“人家都给了你不给”，从而置其他人于不利之地，导致都必须给，都受损失。这 7 户中，有 2 户是“捡种”了兄弟的地，1 户种了叔伯的地，兄弟、叔伯回来要地，也碍着阶层内部达成的默契而没有给，从而导致兄弟反目、家族成仇。因为中等农民的团结，显示出了足够的力量，底层农民只要到了口粮田。

这则案例中，是 9 户与 7 户的对决，在数量上中等农民不占优势，这不符合张静（2003）提出的“大数原则”，然而中等农民将村干部的支持和内部团结成功地转化为力量，从而在冲突中占优势。但强势农民和中等农民的力量不是绝对的，有时力量弱小一方的反制，往往也可能得手。

案例五。楚镇宋村四组王长贵家在1998年还种了15亩水田，由于当时税费重，加上两个孩子正在上中学，家里开支越来越大，这年的秋后夫妻俩就将承包地给撂荒南下打工了。他们家的地分别被王大喜(3亩)、孙秋路(5亩)、王晓溪(3亩)、何则成(4亩)“捡种”了。2005年确权确地时，王长贵夫妇没有得到通知，所以没回家要地，这些地也就被确权给了这4家农户。到2009年，因年龄越来越大，同时子女都下学打工了，王长贵夫妇决定不再打工。返乡后，二人向村里索要原来的抛荒地，村里说你的抛荒地已经确权给人家了，怎么要？夫妻俩又找“捡种”的4家农户要地，无一户搭理，并说“你凭什么要田，当年又不是我赶你出去的”。连续找了多次都没有结果。王长贵夫妇越想越有气，“户口都在四组，凭什么他们种30多亩，我们一分地都没有？”“每个人都要活命，没有地怎么活？”于是写下字据状告4家农户，并扬言不给地就去死，一切后果他们负责。有一次跟4家农户闹得不可开交，王长贵老婆哭天抢地，果真喝了农药。幸亏喝得少，没有酿出人命。4家农户见势不妙，在村干部的协调下，共匀出了6亩地给王长贵家。王长贵还借势霸占了本组一口堰塘，把它改成了水田。

这是底层农民以死抗争的典型，说明各阶层的力量是可以转换的，地权可能在这种转换过程中被重新界定。

四、阶层间的政治博弈关系与地权冲突

政治是对社会价值的权威性分配，社会价值包括利益和利益诉求原则。所谓阶层间的政治博弈关系，是指在村庄地权冲突中处于弱势地位的阶层将自身的地权诉求诉诸国家政权，在国家政治的平台上进行博弈，博弈的主要形式包括群体性事件、上访，其中又以上访为主。当处于弱势

地位的阶层[①]在村庄中不能实现自己的诉求，而又没有其他的救济时，就可能通过上访的形式援引国家力量来裁决地权争议，以改变既有的地权安排格局，达到其伸张地权的目的。处于弱势地位的阶层上访状告的对象可能是其他阶层，也可能是村组两级组织，但土地是在其他阶层手中[②]，因此上访最终都要涉及阶层与阶层间的关系。在楚镇，政治博弈关系中的一方是底层农民或外来农民(上访的一方)，另一方是中等农民、强势农民或底层农民。阶层间的政治博弈关系及其结果会影响地权在阶层间的配置。

在地权冲突的阶层政治博弈关系中，阶层双方和各级政府的行为策略依不同上访类型而不同。

1. 个别访。索要土地的底层农民或外来农民的个别访，一般是将自己独自的地权诉求告知乡镇主要领导或信访办，并在信访办备案，由信访办询问行政村相关情况。行政村的反映一般以驳斥上访阶层的诉求无理为主，从而倾向于维持土地占有现状，这既是维护村干部自身阶层(强势或中等农民)利益的需要，也是村干部避免麻烦的策略。然后，信访办以村干部反映的情况答复上访农户，至此了结该起信访案件。在这样的个别访中，上访农户向国家政权表达了诉求，但国家力量没有直接进村，而是被村干部给挡了回去，使上访农户不能因上访而改变地权的配置。个别访所针对的阶层的农户，也没有感受到上访带来的压力，更没有主动去改变地权配置。地权依旧，这也是楚镇大部分个别访的结果。

2. 多人访和集体访。按照楚镇信访工作经验，多人访是指 2 到 5 人的信访案件，集体访是 5 人以上的信访案件。这两类上访的处理方式同个别访完全不一样，后者只要完成一个答复的手续即可，但前者却必须由

① 这里处于弱势地位的阶层是在阶层关系中体现的弱势，如中等农民与底层农民比较，后者是弱势阶层，而底层农民与外来农民比较，则外来农民是弱势阶层。

② 抛荒地掌握在强势农民、中等农民或外来农民手中，机动地掌握在强势农民、中等农民手中。

乡镇相关领导和信访办人员亲自进村调查、询问，了解相关情况并做出裁决。这个差别源于多人访和集体访与个别访所蕴含的政治内涵的差别，及由此带给乡镇主要领导和信访办的政治信号与压力也不一样。个别访是个人的利益诉求和个别人的利益冲突，属于民事范畴，政治内涵不强；而多人访和集体访则反映的是带有普遍性的问题，牵涉到社会稳定和政治稳定问题，上访人数越多，其政治性越强，在信访维稳的压力下，乡镇政府会予以重视。那么此时，国家权力就被上访阶层引进村庄，从而对地权进行权威性再分配。乡镇调查、询问的主要方式是召集村民代表座谈，听取代表意见，以获得对地权冲突的全面认识和村民的普遍态度。但正如前文案例中的曲某所言，这些村民代表一般是村干部指定的中等农民，他们的意见是该阶层的共识，对索要土地的上访户是不利的。因此，这样的上访最终结果也难以改变地权配置。

3. 越级访和进京访。中国当前的信访维稳体制是一种压力型体制，高层级政府为了将矛盾解决在基层，严格控制越级访和进京访，并在信访维稳工作中实行“一票否决制”，这使得基层信访维稳压力越来越大(欧阳静，2009；田先红，2010a)。并且，上访诉求的政府层级越高(尤其是上省城上访、进京访)，上访的人数和频次越多，在基层形成的信访维稳压力就越大，就越有责任去解决问题，否则问题不解决，出现重复越级、进京访，乡镇主要领导和“包保”责任领导就要负政治责任。那么此时，无论乡镇政府调查、询问的情况如何，也要正面回应上访农户的地权诉求。上访问题最终要到村组来解决，一般有以下两种处理途径：一种是做双方的工作，对上访农户以村庄“公平原则”为由要求其妥协，对耕种抛荒地的中等农民，则组织他们学习《中华人民共和国农村土地承包法》等相关法律和政策，要求其部分退出抛荒地，以期达成折中方案[①]；二是在中等农民拒不退让的情况下，调村组的机动地给上访农户，或给上访农户一些政策性

① 乡镇政府之所以不是按照法律要求中等农民全部退出抛荒地，是担心中等农民为此而上访。

好处，如低保指标。通过这些措施，乡镇政府希望平息上访事件。

但事与愿违，其他底层农民看到了越级、进京上访的好处——越到上面上访，得到的土地和其他好处就越多，这样就激励了效仿，使这些类型的上访有增无减，造成恶性循环，阶层之间的关系进一步恶化，地权冲突增多。甚至有的抛荒户在一次次尝到了上访的甜头之后，索性做了专业上访户，以越级、进京上访要挟乡镇政府，以此谋利（田先红，2010b）。

第七节　小结与结论

一、地权的阶层共识肢解社区共识是地权冲突的根源

本章首先建构了一个“地权的社区共识”的解释框架。在这个框架下，多元规则不仅是允许存在的，而且共识本身是多元规则相互竞争与妥协的结果，主导性规则在这里并不必然需要存在。地权的社区共识在村庄社区内具有“限定的合法性声称系统”的效应，是判定多元规则下地权冲突的准绳和地权诉求合理性的依据。在地权的社区共识下，地权冲突虽然不可避免，但是地权本身却相对稳定，地权冲突较少且容易解决。村庄社区能够达成统一的地权共识，反映的是地权嵌入其中的社区社会关系网络的稳定性及其社会规范的有效性。而地权的社区共识的解体或难以达成，则会带来地权关系的不稳定性和地权冲突的增多。既有研究多将地权的不稳定和地权冲突的原因，归结为社区关系网络解体和社区人际关系原子化，以及社区社会交往规则的碎片化。

在本章调查的楚镇，阶层分化是村庄社区共识瓦解最重要的原因。调查发现，土地在当前农村社会总资产中占据重要地位，不仅使土地上的经济活动成为影响农村社会关系的重要环节，而且使得农村阶层分化的机制也借助于土地占有来实现。这不仅意味着农村出现了阶层分化，它们之间的利益取向、价值观念、社会关系、政治社会态度诸方面都会有差

别，而且土地本身具有阶层分化的效应，土地占有的多少是人们处在阶层结构中的不同位置，以及拥有不同生活状况的主要原因，因而占有更多土地是改善阶层地位和生活状况的重要方式。在这个意义上，阶层之间对村庄集体土地的争夺是土地具有阶层分化效应的必然结果，地权冲突不可避免。如果在这个时候村庄社区仍然能够达成地权的社区共识，那么阶层之间的地权冲突也依然容易化解，村庄地权依然是相对稳定的。但是，由于阶层分化及阶层内部在土地利益上的一致性，地权的阶层共识肢解并取代了地权的社区共识。

不同阶层有不同的地权共识，它们是在阶层内部土地利益一致基础上形成的伸张地权的理由，一个阶层的共识可能由多个原则构成。各阶层诉诸原则的竞争因为没有“限定的合法性声称系统”的规约，而变得无序和无限，地权冲突由此产生。

二、地权冲突的实质是阶层冲突

本章在社会产权理论的总体框架下，以楚镇地权冲突为切入点，揭示了当前农村地权的阶层属性，还原了地权背后的社会逻辑，将其视为对“阶层行动者之间关系的界定”，本质上反映的是附着在土地上的“阶层与阶层之间的关系”。

地权的实践是在阶层间的关系中展开的。阶层间关系是由利益关系、社会关系、力量对比关系、政治博弈关系等相互交织在一起的一个连续谱，地权是在这个连续谱中被形塑和界定的。所以，没有哪一对关系是决定性关系，地权配置也没有因为嵌入哪一对关系而一锤定音，永恒不变。阶层关系发生作用的状态不一样，对地权配置的影响也有差异。阶层关系可能在连续谱中单独发生作用——在某个时候，地权可能由利益关系所决定，但是在下一个时候，社会关系起作用而使地权发生改变，紧接着力量对比关系又可能介入其中以变更地权，但到此还没有终止，政治博弈关系会再一次改变村庄内部暂时界定好的地权关系。关系还可能综合发生作用，譬如在案例一中，外来农民与中等农民一样要保住现有土地，因而可以站在一条战线上（利益关系），同时外来农民内部又异常团结（力量对比关系），联合起来上访对抗底层农民（政治博弈关系），防止地权变更。关系本身既可以是相对稳定发挥作用的，案例二中的中等农民与强势农民稳定的利益关系，使他们为保有地权而建立联盟；也可能是变化的，关系的变化会带来地权的变化，在案例五中，王长贵一开始在与王大喜等 4 家农户的力量对比中处于弱势，后者便拽着土地不放，但一旦王长贵老婆以死抗争，力量对比关系就立马颠倒过来，地权关系也随之发生改变。

总之，在阶层关系不断演绎和变化的过程中，嵌入该关系的地权就总是处于动态的非均衡状态，并因此被烙上了深深的阶层关系的印迹。正是在这个意义上，地权冲突的实质是阶层冲突。

第四章 阶层怨恨、政商合谋与底层农民上访

上层农民在生活和消费上对底层农民给予区隔与排斥，刻意拉大与底层农民的距离，致使底层农民深感生存性压力巨大，遂心生对上层农民的怨恨情绪。上层农民还利用经济上的优势对镇域内的资源进行垄断性占有，将底层农民排除在共享之外，造成了底层农民极大的被剥夺感。

第三章谈的是农村各阶层的交互关系，这一章要探讨的是上层农民及其与底层农民的对抗关系。在中西部农村，上层农民的生活面向村庄之外，他们走出村庄到城市定居，不再参与村庄的社会关系和价值生产。但是在东部农村，由于城乡一体化比较发达，上层农民是在村的。上层农民不仅介入村庄的日常生活和社会竞争，给底层农民带来了巨大的生存性压力，还利用自己经济上的优势对村庄资源进行总体性的占有，造成底层农民极大的不公平感。底层农民对上层农民的怨恨情绪很深。上层农民对底层农民的压制是笼罩性的，底层农民怨恨的唯一宣泄口是上访。因此，通过对东部地区农民上访的探讨，可以清晰地展示上层农民的基本情况，以及他们与底层农民的互动模式。

第一节 问题意识

随着经济社会发展，农民的分化加剧，农民之间的隔阂也在加深。尤其是在东部农村，农民分化程度非常高，先富起来的上层农民与未富的底层农民之间在经济水平、社会交往、消费形式、居住格局、价值理念及政治参与等各方面有着较大差别。阶层关系成为当地的主要社会关系，由它带来的系列政治社会问题成为当地基层治理面对的基本问题。在这一地区，上层农民垄断着政治权力、经济机会和社会关系等资源，构成对底层农民的排斥、区隔和压制。底层农民对上层农民及其合谋者(基层政府)产生了极大的怨恨情绪，他们通过上访来宣泄不满与愤懑。底层农民与上层农民的对立和冲突已经成为当地主要的阶层关系，而阶层冲突又突出表现为底层农民的上访。该地区农民上访被深深地打上了阶层关系属性的烙印。

对农民上访的研究是近十几年来政治学、社会学等领域的显学，相关研究成果不断推陈出新。较有影响的研究主要集中在以下路径：社会中心路径、国家中心路径、心理主义路径和结构主义路径。

社会中心路径以上访者为分析中心，主要基于研究者对不同诉求的上访进行分类的研究。在该路径研究中，对"维权型"上访的探讨最早、持续时间长、影响最广泛，其研究发端于20世纪90年代提出的"依法抗争"（李连江、欧博文，1997）与"以法抗争"（于建嵘，2004），它将上访视作中国农民权利意识觉醒的标志，并将上访行为归入具有明确政治诉求的"抗争政治"行列。其后"维权抗争"的研究范式在学术界蔚然成风①。直到2010年研究者在田野研究中发现了"谋利型"上访之后（田先红，2010a、2010b），其他诉求的上访类型才逐渐被发掘出来，主要包括"无理型"上访（申端锋，2010）、"要挟型"上访（饶静、叶敬忠、谭思，2011）、"表演型"上访（尹利民，2012）、"求援型"上访（魏程琳，2015）、"协商型"上访等。社会中心路径的优势是抓住了上访者的主体意识和能动性，关注到了农民在上访过程中所运用的策略、技术和技巧。其缺点是以上访诉求作为分类的标准，忽略了上访个案本身的复杂性，因为某一例上访可能包含多种诉求。同时社会中心路径具有较强的价值置入嫌疑，可能会因研究者的外部视角、资料来源的局限，而对上访类型的判断有偏颇。

国家中心路径以国家为分析主体，从国家制度所内含的关系、逻辑和机制来探讨农民上访问题，主要分析框架有国家与农民的关系（贺雪峰，2011c）、国家政权建设（冯仕政，2012）、乡村治权（申端锋，2010）、治理责任（杨华，2011）、信访制度运转（田先红，2012a）、信访制度容量（刘正强，2014）等。在该路径下，国家制度不再是抽象的、僵化的物理性存在，而是活生生的、具有自我意志和有限理性的行动主体。它的角色是多重的，它既可能是农民上访的制造者，也可能是农民上访的受害者和委屈者；它既可能积极主动地解决上访农民的问题，又可能回避问题而自我保护；它既可能表现出权力的霸道，也可能在上访者面前一筹莫展；等等。通过对农民上访的研究，可以更好地理解国家与农民的关系、中国政治的基本逻

① 在"维权抗争"范式下，学者提出了"以死抗争""以身抗争""以弱者身份抗争""依势抗争""权力-利益的结构之网"等概念和分析框架（董海军，2008；王洪伟，2010；吴毅，2007）。

辑、国家制度的多面性和复杂性等。

心理主义路径从农民心理或情绪的角度来探讨上访发生的动因和过程，其切入点是中国本土概念的“气”，落脚点为农民的“尊严”政治（应星，2007）。在研究路径中，“气”是熟人社会约定俗成的“常识性正义衡平感”被打破之后，而生发的具有强烈尊严感和道德人格的情感体验（陈柏峰，2007b）。即农民在社会交往中，或在跟政府打交道的过程中，没有得到公平公正对待而感到尊严扫地。上访是农民希望借助外界持中的力量找回尊严的举动。在农民上访的过程中，农民个体之“气”还可能上升为阶层之“气”（田先红，2015）。心理主义路径一般采用“过程-事件”的分析策略，对农民上访心理的形成与演化过程的刻画细致入微，但缺乏对“气”背后的结构性因素的考察。

结构主义路径认为农民上访除了受上访主体的内在动因影响，还受村庄结构性因素的制约，不同的社会结构形塑不同的上访形态（田先红，2012b）。学界主要以村民间血缘关系的强弱作为村庄社会结构类型的判定标准。在北方以小亲族为认同单位的村庄里，各小亲族之间合纵连横形成的派系政治往往会形塑该地区的派系竞争型上访。在南方宗族地区，上访呈现出以宗族成员的集体访和闹访为主的形态。而中部原子化地区，农民之间的血缘关系较淡，横向联系不紧密，难以形成集体行动，一般以个体访为主。在东部农村，阶层分化较大，阶层对抗关系会形塑农民特定的上访逻辑（杜姣，2015）。结构主义路径分析的是上访的社会基础，解释有深度和厚重感，但上访主体的能动性、策略和心理过程在这里被遮蔽。

以上四种分析路径虽各具优势和解释力，但都难以单独用来分析东部农村带有明显阶层关系属性的农民上访。譬如，该地区农民上访的诉求较为复杂，某一例上访既可能有维权的属性，也有出气的成分，还可能带有派性竞争的性质，难以单独采用社会中心的分类方式以囊括之。若只透过国家制度内的互动来看当地上访，就可能忽略村庄内部丰富鲜活的阶层互动及其与上访的关联性。同时，心理主义路径主要从个体心理角度来展示农民上访的心路历程，而没法看到阶层关系互动下底层农民作为一个阶层的情绪及其所内含的尊严政治。结构主义路径虽然可以很好地展示阶层关系与农民上访的内在机制，却可能对阶层关系背后底层农民针对上层农民暗潮涌动的怨恨情绪视而不见，而事实上底层农民上访是这种情绪宣泄的一种方式。基于此，本章提出“阶层怨恨”的分析框架，结合上述四种路径的基本理论，尝试剖析东部地区农民上访的基本逻辑和机制。

第二节　分析框架：农民分化、阶层怨恨与底层上访

阶层怨恨特指在农村阶层高度分化下，底层农民针对上层农民的一种怨恨情绪，它产生于底层农民与上层农民在村庄社会面对面的互动中。阶层怨恨是阶层关系的产物，是一个阶层对另一个阶层的情绪反应。底层农民的上访行为既是这种情绪宣泄的方式，也是这种情绪支撑的连续性行为。要剖析“阶层怨恨”与“底层上访”的关联机制，首先要解析怨恨产生的社会机制。根据舍勒等人的研究，“怨恨”(resentment)源自法语(舍勒，1997)，是一种基于价值比较而产生的社会情绪，它体现的是怨恨主体的社会生存性无能感和虚弱感，并产生极具想象力的报复冲动，是一种消极的、负面的、包含敌意的情绪状态(李亚妤，2012)。这意味着怨恨并不是人类社会从来就有的，而是“现代性的后果”。

“平等”是比较和怨恨产生的前提条件，只有在平等关系下才会有人与人之间的比较与竞争，才因差异产生怨恨。舍勒认为怨恨在目睹更高的价值时欢悦不起来，它将其本性隐藏到平等的诉求中(舍勒，1997)。等级社会不生产怨恨，在那个时代，个人的位置都是上帝或天命给定的，早

已安排好了,每个人的自我价值感和诉求都只是在其位置的价值内部寻找,所谓“各安其位,各得其所”,而没有“非分之想”。但是近代以来,人人天赋平等的社会原则在理念上取消了等级制度观念的正当性,形成了没有内聚机制、相互漠不关心、攀比成风的“竞争社会”(成伯清,2009)。在这种制度中,等级之间而非等级之内的生存比较活跃起来,激发了每一个个体或群体、阶层追求无边界的、普遍的比较或竞争。

“挫折”是怨恨产生的外部动因。在现代的“竞争社会”下,平等观念在抛弃了身份等级的同时也模糊了“应得”与“欲求”之间的界限,激发每一个人或群体追求其认为属于自己的价值或资源;相互比较变得无限可能,人人都有权利与别人比较,但这又确实是一个事实上不能相比较的社会(朱志玲、朱力,2014)。由于人们对合法手段的拥有和掌握受制于他们在既定的社会结构中的位置,在社会结构中就必然有一群人被排斥在合法手段之外。对于这一部分人来说,他们只有在同他人的价值比较中,才体验到其自身的价值,获得社会承认。同时,当在价值比较中感到自身不如人,他们又没有能力调动资源、采取措施去获得比较对象的价值时,便会有受伤、挫折和焦虑的体验。这个时候往往会产生针对比较对象的羡慕、嫉妒、仇恨、恶意、阴恶、报复感、报复冲动等情绪波动,因为正是比较对象的存在,才给了他们生存性压力。如果这些情绪不能及时化解而不断被压抑,就会催生怨恨情绪。化解途径一是对比较对象的价值实施“断头术”,贬低之或视而不见,二是提出一种自己有能力或较容易获得的新的价值观。

对挫折的向外“归因”是怨恨产生的内部条件。如果主体将挫折归因于自身,产生的是羞愧感,那么怨恨情绪就会慢慢消解。但是,自我服务的归因偏见,往往使人们倾向于将失败和不好的事件归因于外部环境,但是却将成功和好的事件归因于他们自己。因此人们往往会将价值比较中自己的低下归因于比较对象的有意为之,或不正当手段。这样,他们就会产生不公平、不公正的被剥夺感,怨恨体验就会进一步加深。比较者受伤的体验越深刻,针对比较对象的仇恨感和报复冲动就越强烈。然而,怨恨者因为自身的无能而没法对所恨的对象采取直接的行动,便只能咬牙隐忍、卑躬屈膝,在怨恨中压抑自己的报复冲动。但是,一旦这种自我压制运动没有得逞,强烈的报复冲动就可能付诸行动,形成与价值比较对象的对抗行为,以宣泄不满。

由上可知,作为平等的价值观念与不平等的社会结构之间张力的产物,怨恨情绪主要积聚于社会下层,而处于高位阶的人是被比较、被归因的对象,他们在结构上免于怨恨①。这说明“怨恨”天然地具有阶层属性。在东部沿海地区,这种“怨恨”源于底层农民同上层农民的价值比较而不得,上访则是底层农民在强烈报复冲动下付诸的行动。根据调查,“阶层怨恨”与“底层上访”的关联机制包括以下三种。

1. 农民平等与分化机制。在东部农村,1949 年后新政权在农村打破旧的等级制度、推进人与人之间在人格上的平等,为相互比较提供了基础。但是在集体时代农民家庭之间各方面条件差别不大。实质变化发生在改革开放后,一方面这一时期成家立业的年轻人在“人格”和“起点”上都处于相对平等的状态,另一方面各领域的改革开放给人们带来了巨大的发展机会,东部沿海的机会更多。这种变化给每个家庭改变现状、力争上游带来了强劲动力,大家都铆足了劲,谁都不服谁,谁都不甘落后。那些家庭劳动力多、努力程度大、成员能力强、敢闯敢拼的家庭,就更能够抓住机遇,率先在经济、生活条件等各方面实现改变和突破,而有些家庭则改变较少、较慢,相互之间的差距很快凸显出来且越拉越大。经过二十多年的发展,在东部农村便形成了巨大的经济分化,并因经济分化产生社会关系、生活方式、居住格局、消费模式、休闲方式、政治参与等方面的分化和差别。之前相差无几的农民被分割在不同的阶层之中,底层农民与上层农民的界限明显、区隔甚巨。

---

① BOURDIEU P, WACQUANT L. An Invitation to Reflexive Sociology[M]. Chicago: The University of Chicago Press. 1992.

2.差异比较与归因机制。农民只会跟自己身边的人、熟人进行比较。村庄在去等级化之后就成了农民的竞争场域。“中国式的平等并非是承认他人相应权利上的平等，而是别人不能超过自己(成伯清，2009)。”东部地区农民高度分化，对比强烈，这会给落后者带来巨大的心理压力。于是，他们希望调动家庭资源迎头赶上。那些怎么努力都赶不上的人，面对“昨天还一起穿开裆裤、今天就成了亿万富翁”的上层农民，就会产生极大的生存性压力和地位焦虑。差距越大，说明个人的能力越差，在村里就越没面子、在上层农民面前就越抬不起头，焦虑感就越严重。正是上层农民的存在，时刻在昭示着他们的无能和人生的失败，他们对上层农民才会心生不满、愤懑和仇视的情绪。此时，底层农民有三种渠道来摆脱这种负性的情感体验。一是提出新的价值观，以结束上层农民的价值观羁绊。二是逃逸与上层农民的关系。但是，村庄是熟人社会，上层农民是村庄价值标准的制定者，底层农民无法提出新的对抗性的规则和价值标准。同时，村庄熟人社会中的关系是可见的、互动是面对面的、信息是对称的，底层农民无法退出与上层农民的互动。因此，只要还要面对上层农民，底层农民的生存性压力就会挥之不去。正如舍克所言，怨恨产生于一个人为他人或环境所迫，不得不继续待在自己所不满意，与自我评价不相称的环境中的时候。三是如果他们将自己的这种状态归结为自身的缺陷和问题，那么其情绪也会自然消解。但是他们更倾向于将自己的没落和不幸与上层农民的资源垄断、阶层排斥和权力打压挂钩。这种外向归因最终导致了底层农民对上层农民的阶层怨恨。

3.怨恨动员与溢出机制。作为阶层关系结构紧张的产物，阶层怨恨在村庄里弥散并积蓄为一种能够触发或孕育巨大社会行为反应后果的社会心理能量。这种能量与报复行动直接相关，当它累积到一定程度后，就会爆发出来。底层农民针对上层农民的报复行动，往往会被上层农民调动资源予以压制和各个击破。在村庄宣泄怨恨是不切实际的想法，底层农民只能援引上级党委、政府的力量来救济，即进行上访。底层的怨恨动员支撑着上访行动。农民到县乡或更高层级政府上访，最终都得由县乡政府出面解决。这样，底层农民不得不遭遇基层“政商合谋”的“权力-利益”的结构之网，他们反映的问题难以解决，或者永远解决不了。于是，底层农民对上层农民的怨恨扩张为对基层干部的怨恨，农民的报复行动指向了基层政府。这是怨恨的溢出效应，其结果是农民不断地循环上访，怨恨情绪不断地叠加累积。

第三节　个案镇简介与农民上访概况

2013 年 7 月至 2015 年 7 月，笔者带领研究团队先后三次抵达 G 镇，进行了共计 80 余天的驻村调研，系统地搜集了相关资料。三次调查皆以半结构式访谈为主，受访人员包括村干部、农民企业家、家庭作坊主、普通农民、上访农民、外来务工人员和镇干部等。其中接触全镇上访农民 100 余名，获得深度访谈材料 50 余份。笔者还全程参与了三次县委书记到 G 镇的“下访”活动，并多次跟随上访农民到镇县上访，进行实地观察。

一、G 镇及部分行政村简介

G 镇位于东部沿海，区域面积为 105.7 平方千米，建成区面积为 14 平方千米，下辖 17 个行政村和 6 个社区，常住人口为 13 万，其中户籍人口为 6.3 万，流动人口有近 7 万。G 镇交通便利，区位优势明显，与 H 市、S 市、G 市的距离均在半小时车程内。2012 年实现生产总值 106.31 亿元，财政收入为 15.38 亿元，农民人均纯收入为 33627 元。已内生以 2 家中国 500 强企业、6 家上市企业、2 家百亿元企业和 6 家 10 亿元以上企业为龙头，以 300 多家规模以上企业为骨干，以 4000 多家中小企业为支撑的庞大企业集群，初步构筑了铜加工、汽配、制冷、节能环保装备等多元化的产业格局，被誉为某省“资本市场第一镇”[①]。D村由7个行政村合并而来，共有2925户，7823人。D村经营500万元以上企业的户数有50余家，另外个体私营户有890家。2009年D村的工业产值为363566万元，农业产值仅为426万元。

二、G镇农民信访概况与特点

G镇信访办从2013年4月初开始制作“信访维稳工作简报”，在当月总结前一个月全镇信访维稳的基本情况。表4-1是笔者根据2013年3月至10月份的简报制作的信访统计表。从表4-1可知，G镇信访呈稳步小幅增长态势，9月份暴涨与临近“十一”有关。10个月信访总量为852件，月均85.2件。若按每月30日计算，则日均信访量接近3件。按照信访维稳办的记录方式，当件信访无论次数每月只记录为1件。而根据笔者的调查，上访者每月不止上访一次，而是隔三岔五就去，有的上访者则是每天或隔一天都到镇上。在G镇干部中流行这么一句话：“中国信访在某省，某省信访在某市，某市信访在某县，某县信访在G镇。”足见G镇的信访量已在高位上稳定运行很久。从初访和重访的比重来看，重访占总量的68.4%，说明G镇信访案件复杂、信访积案多，也表明当地上访老户多。同时初访也差不多占了1/3，几乎每天会有1件初访案件发生，这意味着G镇在经济社会发展中积累了诸多矛盾。

表4-1　2013年3—10月G镇信访统计(件)

月份	涉土		涉环保		涉村干部		涉综合执法		涉政府部门		总量	
	初访	重访	初访	重访	初访	重访	初访	重访	初访	重访	初访	重访
3	17	25	5	10	0	11	0	8	4	6	26	60
4	19	27	6	12	0	11	0	9	4	6	29	65
5	19	29	6	11	2	15	1	8	2	6	30	69
6	22	30	4	12	2	12	1	8	3	6	32	68

① 资料来源于2013年1月G镇第七届人代会政府工作报告。

续表

月份	涉土		涉环保		涉村干部		涉综合执法		涉政府部门		总量	
	初访	重访	初访	重访	初访	重访	初访	重访	初访	重访	初访	重访
7	23	31	6	13	1	12	0	9	2	6	32	71
8	23	33	7	13	3	15	0	8	1	6	34	75
9	34	43	10	16	3	18	0	12	6	8	53	97
10	22	35	6	14	2	13	0	9	3	7	33	78
总量	179	253	50	101	13	107	2	71	25	51	269	583
	432		151		120		73		76		852	
比例/	21.0	29.7	5.9	11.9	1.5	12.6	0.2	8.3	2.9	6.0	31.6	68.4
(%)	50.7		17.8		14.1		8.5		8.9		100	

从信访类型来看,G镇涉土的信访占信访总量的50.7%,其中初访占21.0%,重访占29.7%,初访率、重访率都比较高,每天约出现1.5件涉土类信访。涉土类信访主要涉及宅基地分配、征地拆迁安置、征地款发放、违建、集体建设用地滥用(或买卖)等。这是G镇工商业发展后,宅基地和土地成为稀缺资源后涉及土地利益再分配的信访。这类信访突破了当地利益再分配中的矛盾性与复杂性。涉环保类信访所占比例也达到了17.8%,十个月共出现151件此类信访,即每两天就有一件。G镇是“五金之乡”,金属污染严重,涉环保类的信访多应属正常,但问题是G镇大部分农民与五金行业有关,即与污染有关,那么是谁告谁呢?实地调查发现,主要是下层农民告上层农民。信访量排第三的是涉村干部类信访,占总量的14.1%,主要事由涉及村务账目、村干部贪腐、村干部卖地、村干部违章建房、集体资产等,是针对在任村干部的信访。此类上访主要是针对村干部不正当行使权力和村庄利益再分配不公的。其他信访涉及的是综合执法部门和政府其他部门,包括城管、工商、纪委、涉农和法院等,涉及的是公民权益的问题。

根据笔者调查,G镇农民上访还有以下显著特点。

1.维权和模糊维权多。维权是农民权益被乡村组织、干部或其他人侵害后，农民上访维护自己的正当权益的行为，这类上访占 1/3 以上。更多的上访是农民权益没有直接受到侵害，而是农民在村庄利益再分配过程中遭受到了不公平，比如分配宅基地、征地款等，以索要宅基地或更多征地款为由上访，或者反映村干部和村庄利益分配问题。这些属于模糊维权，而支撑这些上访的是底层农民的怨恨情绪。与此相关，集体访和非利益直接相关者的上访较多。

2. 上访者皆属于底层农民。上层农民没有上访的，即便是派性上访，上层农民也是通过收买底层农民去上访，不会直接上访。上访农民也不是属于最底层的，他们家庭的年收入水平在 5 万至 15 万，他们感受到来自上层农民的被剥夺感最强烈，也希望在村庄利益再分配中分一杯羹。最底层的贫弱家庭年收入在 2 万至 5 万，他们的收入水平难以支撑漫长的上访之路，尤其是进京上访，同时他们属于村庄中最边缘的群体，离上层农民太远，被剥夺感不太强烈，他们容易认命，也容易被“摆平理顺”。

3. 40 多岁至 70 岁的人居多。尤其是以 50 多岁的人为主，个别超过 70 岁。之所以多是这个年龄段的人在上访，源于去等级化之后农村的分化从他们这一代人开始，分化之后他们之间的比较也就最激烈，阶层怨恨也主要集中在他们这一代底层农民身上。到了下一辈人，也就是“80 后”，在他们的成长过程中，农村新的等级逐渐形成，“农二代”与“富二代”的起点不再平等，前者也就不会再跟后者比较，怨恨也就难以再生产。

4. 女性上访者比较多。根据笔者参加的三次县委书记“下访”的统计来看，“下访”当日，到镇上上访的有 100 人左右，超过 80％的是四五十岁的农村妇女。笔者调查的进京上访的农民中，也有三到四成是女性访民。这可能与上访的机会成本有关系。上访本身需要耗费时间成本。当地工业发达，男子的务工机会多，上访的机会成本比较高。相对来说农村妇女的机会成本比较低，由她们来上访就比较划算。还可能与农村妇女在日常生活中感受到的“怨恨”最强烈有关。因为妇女介入村庄生活较彻底，在村内喜欢谈论家长里短和与人攀比，也就更容易感受生存性压力和被剥夺感。

第四节 阶层怨恨的孳生与表达:分化、比较与生存性压力

一、经济分化与社会分层

G 镇的发展最早得益于社队五金企业培养了大批管理、技术和销售人员,到 1980 年后这批人员从集体企业中脱离出来开始搞个体经营和跑供销,以铜加工为主的家庭作坊蓬勃发展起来。到 20 世纪 90 年代,由于铜加工业在市场上走俏,加上沿海优惠的政策条件和发育较早的市场环境,一些家庭作坊开始突破土地、技术、人才、信息、资金等瓶颈,向中小企业发展,少数向高端科技产业突破,逐渐形成了一条完整的产业链。同时,形成了信息市场、物流市场、融资市场、营销市场、技术市场、技工市场等服务和管理体系,发展了诸如汽配、水暖、制冷、房地产、酒店、餐饮等配套产业。G 镇大部分农民脱离了农业生产,在工商行业就业,纯务农户剩下不到 1/10,形成了多元的职业分化。不同职业的经济收入差距很大,农户之间在经济上出现了巨大的分化,年收入从一两万元到数百万元、上千万元不等(见表 4-2)。

表 4-2 G 镇农村阶层分化情况

<table>
<tr><th>社会分层</th><th>经济分化</th><th>职业分化</th><th colspan="2">占总户数/(%)</th><th>农户年净收入/元</th></tr>
<tr><td rowspan="2">上层农民</td><td>富豪农民</td><td>中上规模企业主</td><td>2.5</td><td rowspan="2">10.0</td><td>≥200 万</td></tr>
<tr><td>富裕农民</td><td>中等规模企业主</td><td>7.5</td><td>50 万～200 万</td></tr>
<tr><td>中间农民</td><td>中等农民</td><td>小规模企业主,个体工商户,家庭作坊主,技术管理人员</td><td colspan="2">30.0</td><td>20 万～50 万</td></tr>
</table>

续表

社会分层	经济分化	职业分化	占总户数/(%)		农户年净收入/元
底层农民	普通农民	工厂普工，农村文化技术人员，半工半耕户	50.0	60.0	5 万～15 万
	贫弱农民	半工半耕户，纯务农户，老弱病残家庭	10.0		2 万～5 万

在职业分化和经济分化的基础上，2000 年以后 G 镇农村开始出现社会分层，阶层界限凸显，阶层区隔形成。韦伯将社会资源划分为收入、权力和声望三类，并依据对这三类资源的占有情况进行阶层划分。在 G 镇，占有较丰厚经济资源的农民形成交织联系的各类圈子，他们不仅通过“组团贿选”的方式占据着村庄政治权力资源，还垄断着村庄社会文化和价值评价标准，拥有较高的社会声望(罗兴佐，2015)。因此，从经济分层入手对 G 镇农民进行社会分层，可以很好地掌握当地阶层分化的情况。如表 4-2 所示，从经济分化角度，可以将 G 镇农民划分为富豪农民、富裕农民、中等农民、普通农民和贫弱农民等 5 类，而在收入、权力和声望等的占有上，富豪农民和富裕农民类同，普通农民和贫弱农民差不多。所以，G 镇农民可以划分为上层农民、中间农民和底层农民三个阶层。

1. 上层农民。该阶层包括富豪农民和富裕农民，占农户的 10.0%左右。这批农民是最早从社队企业分离出来兴办私人企业的，他们一般在社队企业担任过厂长、经理、技术人员、供销人员等。他们最早是搞家庭作坊和跑供销的，到 2000 年以后，他们的经营早已超越了家庭作坊的模式，进行现代企业化管理和运营，多数企业进入了工业园区。富豪农民的企业属于较大规模的企业,年产值多数在千万元左右,有的达到了数亿元[①],年净收入在200万元以上,少数超过千万元,资产积累数千万元或上亿元[②]。富裕农民的企业较富豪农民的小,属于中等规模,年产值在500万~1000万元,年收入在50万~200万元。富裕农民除了在豪车数量上没有富豪农民多,其消费水平与后者差不多。二者有着紧密的经济、社会和政治联系。上层农民的主要社会关系网络在村庄之外,他们的消费水平对其他阶层农民有引领和导向作用。村里的正职村干部一般是富豪农民,其他村组干部和村民代表多是由富裕农民担任。

2. 中间农民。该阶层由村庄里的中等收入群体组成,主要包括小规模企业主、家庭作坊主、个体工商户和技术管理人员等,他们的年收入在20万~50万元,属于农村的"有钱有闲"阶层。这个群体占农户的30.0%左右。小规模企业是G镇五金企业规模小但数量庞大的一个群体,其企业一般有两三条生产线或四台自动化机械,雇用的人员一般在数人到一二十人。其厂房没有进工业园区,一般设在违章建筑里。家庭作坊是以农户住房为基础的夫妻店,夫妻二人操作机械,只在订单多时才雇人。家庭作坊的年收入一般在二十几万元,足可支撑一个家庭的体面生活。个体工商户是指那些在村里或镇上开店营业的农户。技术管理人员则是在当地规模企业从事技术或管理的人,他们的年收入一般在20万~30万元。中间农民所从事的行业服务或对接上层农民的企业[③],因此与上层农民社会关系紧密,在村庄选举中充当上层农民的拉票者和跑腿者。

3. 底层农民。普通农民和贫弱农民构成了G镇的底层,接近60.0%。这些家庭主要从事打工和农业生产活动,家庭收入低且老弱病

---

① G镇有6家本地上市公司,其老总都是农民企业家,但是他们已走出村庄,不与村庄发生实质性关系,所以不在本章的分析范围内。

② 例如,S村村主任付国伟在20世纪七八十年代为社队企业跑供销,1989年开始自己跑业务,积攒了十几万元。1994年开始办家庭工厂,以后每年工厂的销售量和设备都快速增加。到2013年7月份,他的工厂已拥有几十名工人,年净收入数百万。

③ 小规模企业、家庭作坊和个体工商店面实际上从事的是五金产业的下游产业或服务行业,专为上游企业即上层农民的企业服务,而技术管理人员则直接为上层农民的企业服务。

残多[①]。在G镇，本地农民一般到工业园区的企业务工，不在本村小企业或家庭作坊里务工。务工的月工资一般在2000～4000元。务农主要以种植供应市场的蔬菜为主，少量种植水稻。底层农民家庭还要在务工务农之外的闲暇时间接一些手工活。普通农民的家庭收入在5万～15万元，勉强能够应付家庭生活和完成劳动力再生产[②]。而贫弱农民一年的收入则要低于5万元，经济条件差，属于村庄的边缘群体。

二、阶层比较:谁在比和比什么

现代平等观念模糊了人与人之间的差别，使得人们易于比较、敏感于差别。农村的比较与竞争有个特点，即跟起点相当的人比，也就是跟现在最好的相比。无论现在有多大差距，只要起点是一致的，就得拿到一起来比。G镇现在40多岁到60多岁一代的农民，他们在平等的社会环境中一起长大，他们原来的条件相差无几。分化之后，底层农民整天盯着对方，无法容忍对方超过自己。而上层农民则不断地在追求和扩大差别。

阶层分化之后，在上层农民内部，生活和消费的同质性较高，他们相互比较、竞争的主要是政治地位，包括担任村组干部、村民代表、政协委员、人大代表等。拥有了这些政治符号，在富人圈子中地位就高。上层农民是被比较和模仿的对象，他们的一举一动都成为其他村民的关注焦点。向他们看齐是每个村民暗自立下的目标，如果不能在绝对收入或资产积累上达到，至少也要在生活品位和消费方式上接近，最好看上去一眼难以分辨。中间农民的经济资源与上层农民有差距，但是他们在生活和消费

① 例如，S村40多岁的付中国是典型的贫弱农民。他在G镇一家上市公司当仓库管理员，上的是夜班，一年大概有4万元的收入。为了补贴家用，他还另外打了一份工，每天从早上七点工作到下午五点。老婆打工的收入一个月只有1500元。付中国有心脏病，一个月要用600元的药费，老婆身体也不好，患有胆结石。儿子刚刚大学毕业。夫妻俩为儿子在镇上买房子欠了30多万元的债。

② 例如，S村的付东升是村里的普通农民，已70多岁，还在做小工。两个儿子都在G镇的上市企业打工。儿子和儿媳妇做的都是普通的工作，没有什么技术含量，每月工资在3000元左右。付东升说:“现在老百姓花的钱有，就是做不起大事情。”

上却与上层农民步伐一致。底层农民中的贫弱农民因为差距太大，早已退出了村庄的社会性竞争，跟谁都不比，得过且过地生活。普通农民是一个比下有余、比上严重不足的庞大群体(约占 50.0%)，他们尚还有心气，没有对生活完全丧失信心。他们的比较对象是上层农民。

总之，在 G 镇各阶层之间，中间农民跟上层农民比，有差距但跟得上节奏。贫弱农民自动退出了比较。只有普通农民跟上层农民之间这场悬殊较大的比较，才是具有实质性的比较。竞争标的和比较项目的首要条件是要有“显示度”，其次是要具有普遍性，最后是能够彰显差别。G 镇阶层之间主要的比较项有以下四项。

1. 居住。在 G 镇农村，农民的房屋有四种类型，第一种是小平房，这些房子建于 20 世纪七八十年代，位于老村落里，房子紧挨着，间距很小，有些是瓦房，有些是水泥平房，房子一般有五六十平方米。贫弱农民和老人及超过一半的普通农民住这种房屋。第二种是连排小洋楼，这些房屋多建于 2000 年以后，建在老村落旁的交通道口，一般两到三层，左右紧挨着，门前有巷道。这是普通农民的房子。第三种是三层独栋小别墅，外加单独的厨房和储物间。这些别墅一般是 2005 年之后建的，位于远离老村落的别墅区。别墅区道路宽敞，环境优雅，公共设施齐全。这一般是中间农民和上层农民的房子。部分中间农民在镇上或县市还购置了商品房。第四种是带院落的三层独栋大别墅，一般占地一到两亩。这类别墅有的建在别墅区，有的单门独院。这一般属于富豪农民的房子。上层农民不仅在村里有别墅，在镇上别墅区也有别墅，在市县还有房产①。农民称别墅区为“富人区”，老村落为“穷人区”。可见，在居住上阶层之间有明显的区隔。

2. 消费。消费分层是社会分层的重要标志，也是能力、面子、地位差别的重要象征。上层农民甚至通过炫耀性消费来彰显和强化阶层差别。除奢侈消费为上层农民独享外，G 镇农民主要在汽车、香烟和闲暇等消费

① G 镇各个村(社区)的正职干部在镇上别墅区都有别墅。比如 G 社区的 C 书记就花 600 万元在别墅区买了套别墅，然后花了 600 万元进行装修。

形式上展开竞争。在汽车方面，上层农民一般都有一两辆50万～200万元价位的豪车，富豪农民多则有数辆上百万的豪车[①]。中间农民都拥有汽车，价位在30万～50万元，少数人拥有50万元以上的豪车。贫弱农民没有对汽车的消费需求，少数普通农民拥有10万～20万元价位的汽车，多数因供养乏力而没买车。汽车被认为是当地人生活的“标配”，没有汽车是沦落底层的标志(陈锋，2017)。香烟是交往的媒介物，具有较强的显示度。上层农民至少抽软中华，中间农民则抽软中华和蓝利群，以后者居多，底层农民只能抽几块钱的硬白沙。闲暇消费也是看得见的、差异较大的消费形式。上层农民雇用职业经理人来管理企业，具有较多闲暇时间。他们的休闲方式一般是到市县茶馆喝茶、喝咖啡、垂钓、爬山、打网球、蒸桑拿、国内外旅游、购物等，富豪农民还喜欢结伴乘坐私人飞机前往江西省、安徽省打高尔夫。上层农民的休闲一般是群体性的。中间农民有钱有闲，他们紧跟上层农民的休闲方式，甚至与上层农民一起休闲，包括喝茶、下棋、垂钓和旅游等。底层农民忙于生计，较少有大块闲暇时间，他们休息时一般是看电视、跟人聊天，偶尔在堰塘钓鱼。消费不仅是物质性的，更是人际关系性的，上层农民通过消费建构圈子，并不与底层农民交往[②]。

3. 婚配。在当地，给子女婚配可谓是父母的人生任务。在G镇给儿子结“本地婚”，除了新房、小车要准备，还要十几万的彩礼和近20万的酒席，及数万的金银饰品，一场婚礼办下来花费接近40万元。并且，上层农民还在拉高当地的婚姻成本。昂贵的婚姻成本给底层农民带来了巨大的压力。贫弱农民对“本地婚”望而却步，只能给儿子选择两三万元彩礼的“外地婚”。而“外地婚”是被人瞧不起的(因为“只有没钱才娶外地媳

---

① C村现任村主任是村里的富豪，他在20世纪90年代在外跑供销，2000年开始进行五金加工，现家产过亿，家里有6辆好车，其中包括奔驰、保时捷(卡宴)、奥迪(TT)等。

② 例如，D村的钱宇有十多个曾经一起长大的朋友，但是这些朋友中多数都是以打工为生，钱宇现在很少跟他们往来，最多碰面时打个招呼。钱宇交往的最多的还是村里和镇上的老板，镇上的老板都是做生意认识的，经常晚上一起吃饭、打牌、聊天、泡脚、搓澡、K歌。钱宇还承包了二十亩鱼塘，主要是用于接待朋友垂钓。

妇”)。对于底层农民来说,嫁女儿也是一场煎熬。因为当地嫁女儿比的是谁亏的钱多,亏得越多说明越有能耐。上层农民嫁女儿给上百万至数百万的“压箱钱”,以及名车、房产、金条、名画等豪华嫁妆。有的富豪农民嫁女儿要亏上千万元。而底层农民则基本上亏不起、不敢亏,嫁妆也极为普通。上层农民用“撒钱”的方式为当地婚配市场制定规则,给底层农民带来的是压力和出局的危险——人生任务都差点完不成,争其他的有什么用呢。

4. 人情。在农村,有人情才有关系,人情越多,关系网络越广。人情比较主要是在酒席和礼金上。上层农民因为在生意圈、政府圈中的朋友多、关系广,他们所办的酒席规模大,普遍在60～200桌,有的富豪农民还办过三四百桌的酒席①。他们办的酒席非常高档,为的是与自己的财富、地位相称,通过办高档次的酒席来展示自己的财富和实力。上层农民的酒席已超过5000元/桌,酒桌上摆的都是软中华、茅台酒及上等红酒,菜肴以鲍鱼、海蟹和海龙虾为主,其中香烟是每人一包,一桌香烟就要700多元,海龙虾一盘是600元。上层农民办一次酒席一般要花费30万～100万元。这个档次的酒席成为当地通行规则,底层农民办酒席也要达到这个要求。但是底层农民承担不起这个档次的酒席,为了节省开支,他们要么不办或者少办酒席,要么缩小酒席规模,即不请那么多客人。普通农民请客控制在20桌以内,贫弱农民则低至几桌。无论是少办(不办)酒席,还是缩小规模,都意味着社会关系的减少。在人情礼金上,上层农民已将它拉到了一次人情1000元起步,只要能够拉扯上一点关系的都去上人情,以扩大关系网络。底层农民对此难以承受,于是他们便减少与他人的人情往来(“可走可不走的人情不走了,不得不去的才走”),尤其是与上层农民的人情往来。上层农民一年送出去的人情礼金在10万元以上,中间农民是3万～5万元,底层农民则在1万元左右,低则几千元。可见,

① 陈锋调查的一个案例:2015年某村企业家、商会会长李庆的儿子结婚,他在自己家的工厂摆宴席,办了三天六顿酒席,每顿都是六七十桌,花了100多万元(陈锋,2016)。

通过扩大或缩小人情往来，上层农民的社会关系网络在不断扩大，底层农民的关系圈则急剧紧缩。

以上是主要的比较项，其他还有诸如小孩上学、生病就医、老人养老、个人气质、信仰形式等，每一种比较对于底层农民而言都如芒刺在背。

三、阶层怨恨的孳生：熟人社会、富人在村与生存性压力

以上比较在村庄时刻都在赤裸裸地发生。这些比较对于上层农民而言是一次次展示与炫耀，对于底层农民来说却是屡屡求同的失败。这些失败给底层农民带来了巨大的生存性压力。这种压力直接来自上层农民，无处不在，整个村庄成为一个压力场，只要踏进村庄，这种压力就会扑面而来。底层农民害怕与上层农民打交道，在交往中表现出过度的自卑或自尊。C村的郭某，65岁，退休小学教师，现常住在安徽省的女儿家。我们调查期间正好遇到他回家，访谈时他说在女儿家待着舒服，回到家就有压力，他非常坦率地谈到跟上层农民的交往。

不瞒你说，跟他们在一起有压力。听到他们的声音都心里打鼓，更不用说见到他们。人家一谈起事情就赶紧躲开，不想听。听了心里就不好受，人家肯定是比你好的。以前跟你一样，甚至比你还差些，现在人家在天上，你在地下。见到他们你还好意思当作没事？人都是要面子的，还不如躲得远远的。眼不见心不烦。还是到安徽去住得舒服。

面对这种压抑、紧张的氛围，底层农民透不过气来，恨不得赶紧逃离村庄。但是对于多数底层农民来说，村庄作为熟人社会，除非搬离，否则不可逃逸。之所以如此，一是源于村庄信息的透明性和对称性。在村庄里每一个人都是“透明人”，相互知根知底和共享信息。无论谁拥有什么、做了什么都会暴露在村庄里。对于底层农民来说，只要待在村庄里，就无法把自己封闭起来，也不能对来自上层农民的信息视而不见。二是源于村庄互动的在场性。现代城市社会的阶层关系是非在场和匿名的，人们可以从关系中退出。但村庄里的阶层互动是在场的、面对面的，阶层关系

是具象可见的，压力直接从对方身上来。三是源于村庄价值观的共享性。村庄的价值观不是多元的，人们共享一套价值观，只有达到它的要求，才能获得承认。村庄价值观由强势群体制定和引领，弱势群体无法提出对立的价值观。

对于底层农民来说，不幸和致命的是上层农民还留在村里。其结果一是双方的交互关系不可避免。由于底层农民敏感于自身的落后，即便上层农民随意的一句话、一个动作，底层农民都会以为是“显摆”或“嘲讽”，因而倍感压力。二是村庄的社会评价标准由上层农民制定，他们的价值目标成为村庄比较的价值目标。底层农民无法对上层农民实施“断头术”，即提出新的价值目标或否定上层农民的价值目标，除非自甘处于边缘和堕落。但是，因为差距太大，底层农民达不到上层农民的价值目标和社会评价标准，遂压力无以名状。假若上层农民搬出村庄，那么底层农民比较的对象就是中间农民，追逐的是中间农民的价值目标和评价标准，这是相对容易达成的，压力和焦虑会较小。

质言之，熟人社会没有退出机制，且上层农民在村，底层农民就不能规避与上层农民的互动，就得直面由互动带来的生存性压力，主要包括以下三个方面。

1. 暴露“无能”和“虚弱”。得到同一价值体系内的人的赞赏，是人们的重要价值目标。在村庄里，村民都希望得到其他村民的认可，而认可的条件是有本事、有能耐。在起始阶段，底层农民与上层农民的资源禀赋是一样的，而如今却差别甚巨，自然是源于个人能力问题（懒惰、愚蠢、无能、堕落等）。上层农民在村，正好映衬和暴露了底层农民的“无能”与“虚弱”。在比较中，双方的关系越近、起点越一致，现在若与对方的差距越大，那么“无能感”和“虚弱感”就越强烈。如果兄弟、堂兄弟分处不同阶层中，那么处于底层的农民在面对自己的兄弟、堂兄弟时，这种体验最深刻。

案例一。郭大和郭二，皆 50 岁左右，是 S 村一母同胞的兄弟，结婚后先后跟父母分家。郭大为人勤奋，善钻研和交际。他从 20 世纪 80 年代起跑供销，赚了第一桶金，20 世纪 90 年代末在家办五金企业。很快通过人脉关系做大做强。目前年净收入为 500 万元。郭二则一直是村里的泥瓦匠，偶尔到工厂干点杂活，年收入在 6 万元左右。郭大评价他“没有上进心，干活也不卖力，得过且过”。兄弟俩现在基本上没有往来，郭大嫁女儿摆了 200 桌宴席，郭二也没有去。除了没有日常交往和付不起人情，郭二对调查者说：“我去了，那些资本家怎么看我？说‘嘿，他们俩是一个母亲生的’。”

2. 丧失面子和尊严。得到他人尊重是人的基本需求，农民最需要的是得到村里人的尊重。但是在 G 镇一带，市场经济高度发达，经济理性侵入了人们日常生活的每一个角落，对有面子的评判标准不再是德高望重、道德高尚、会为人处世、儿子多有出息等，而是“有钱”。有钱的人才有面子，因为只有“有钱”，才有社会地位、才能获得政治符号、才可以高消费、才能建立宽广的社会关系，这些是构成体面和尊严的条件。底层农民没有钱，没有社会关系，怎么努力都难以“翻身”，因而被上层农民看不起，得不到他们的尊重。甚至有上层农民公开诋毁底层农民“懒惰”“愚蠢”“不可救药”“自作孽不可活”，并故意不与他们打交道，以免降低“身份”。

案例二。C 村的冯某莉常年上访且没有收入来源，她老公在一家五金公司上班，因人没有多大能力，工资收入微薄，一家人挤在四五十平方米的房子里，三个子女皆三十多岁尚未成家。冯某莉的老公因被他人看不起，没人跟他交往，他自己也从不主动跟人打招呼、说话，心理压力很大，得了抑郁症。

3. 难觅成就感和价值感。成就感和价值感就是获得社会的承认，使个体感到人生有意义、有价值。在现代社会，原子化的个体无法自我实现，只有在跟他人的价值比较当中才能认识自身和获得价值感。在 G 镇，这种价值比较并没有给底层农民带来自我满足，相反，通过比较发现自己被主流价值目标甩得老远。如此，无论怎么努力，也达不到成功的标准，得不到主流价值认可。他们就觉得人生是灰暗的，活着没什么意思。更重要的是，他们发觉，不仅自己达不到这些要求，甚至子女也达不到，因为他们的子女都在打工或是工薪阶层。由于得不到社会承认，许多底层农民丧失了追求更美好生活、圆满人生的动力。

四、阶层怨恨的表达

底层农民在与上层农民的比较中深受伤害，他们整天生活在极度压抑的氛围中，承受着沉重的生存性压力，久之便对上层农民生出负性的情绪：羡慕、嫉妒、仇恨、阴恶、恶意、报复感等。这些情绪都是因为自身“无能”而针对上层农民的反应性情绪。这是阶层怨恨的初始阶段，主要表现为以下三个方面。

1. 怨恨批评。在社会结构性限制下，底层农民会感觉他们的失败是一种无以改变的“宿命”，在多数农民那里也就不会产生切实改变这种状况的力量，进而只能导致缺乏任何积极目标的不分青红皂白的批评（成伯清，2009）。它表现为底层农民对上层农民及村干部的行为皆持否定和怀疑的心态，无论什么行为都从负面加以评判；他们把自己定位在“弱势群体”的道德制高点上，道德评价高于事实本身，只要是底层农民跟上层农民及村干部发生冲突，无一例外是后者的问题；表现出典型的“怨妇”心态，把农村社会描述得一片黑暗，认为底层农民有的只是血泪史，甚至抱怨农村这四十年一直在倒退。怨恨批评没有特定的目标和诉求，更没有确凿的证据，乃至是道听途说、以讹传讹和漫天想象，但却言之凿凿、怨气冲天。怨恨批评虽能一时宣泄不满，但它产生的是消极气氛，难以促发积极行动，只能使人沉浸于更愤懑的氛围里。

2. 怨恨解释。它是怨恨批评的另外一种形式，表现为底层农民对上层农民及村干部行为的反向认知和解释。只要涉及上层农民及村干部的事情或行为，无论对错、得当与否、好坏，皆往坏处想、往负面理解。主要表现在以下几个方面。

(1)本该赞美的却否定。譬如村干部执行系列惠民政策,对底层农民生活的改善有好处,而后者却认为这是富人在"拿公家的钱、卖私人的乖",搞政绩工程收买人心。

(2)本该支持的却反对。工业园或企业落地本村对当地经济社会发展、增加就业、提高农民收入都有好处,但底层农民却极力反对。他们主观地认为这是"富人在圈地"。基层政府在农村的许多工程建设,农民也想象其中会有腐败现象,而不予以支持。

(3)本该理解的却嘲笑。2013 年 3 月后,G 镇许多中小企业因为贷不到款而纷纷破产,这原本是可以理解乃至同情的事情,底层农民却认为这是上层农民的报应。

(4)对于针对上层农民及村干部的行为,有些不应提倡和要杜绝的,底层农民却予以理解、钦佩和赞赏。2013 年 7 月我们正在 G 镇调查时,正好发生了"冀中星首都机场爆炸案",当被问及此事时,G 镇底层农民对冀中星普遍持同情态度,对其行为表示理解。有些老上访户称他们也可能做出同样的事情。同样,他们也推崇暗地破坏工厂设备、往别墅区抛撒垃圾、给村干部制造麻烦等行为。

3. 怨恨想象。怨恨内含着报复冲动,但怨恨主体因自身的软弱无能,没法实施对被比较对象的报复行动,只能转化为报复想象。在 G 镇农村,怨恨想象包括三个方面。其一,既然无法否定上层农民的价值目标,就否定上层农民致富行为的正当性。底层农民把上层农民赚的第一桶金归结为"投机倒把"和"送礼行贿",把企业的发展和升级归结为"官商勾结""偷税漏税"和"倒卖土地",把上层农民竞选村干部斥之为"为了捞更多的钱"。其二,制造上层农民和村干部的谣言。底层农民在村庄中制造上层农民和村干部勾结起来非法卖地圈地、贪污腐败、行贿受贿及乱搞男女关系的谣言,这些谣言虽不至于引起上级政府的查处,但也容易使谣言对象陷入舆论漩涡。其三,对上层农民进行污名化和标签化。污名化是一个群体强加在另一个群体身上的刻板印象，贴标签是其具体策略。底层农民在谈到上层农民和村干部时，习惯于将“混子”“黑老大”“蹲过监狱的”“砍过人的”等标签安在他们头上，以示不屑。怨恨想象在实质上是底层农民针对上层农民的话语权抗争。上述想象意在贬低上层农民的“能力”和矮化他们的形象，为自己的“无能”辩护，建构自身的合法性，拉平与上层农民的心理距离和社会地位，实现想象中的平等诉求。

第五节　阶层怨恨的累积与归因：资源垄断、社会排斥与阶层固化

在怨恨的初始阶段，底层农民因为上层农民的存在而感受到生存性压力，产生对上层农民的不满、愤懑和仇恨情绪。但并未对上层农民采取报复行动，一是源于底层农民自身的无能，二是还没有对怨恨进行归因。如果底层农民对怨恨给予内向归因，即认为是自身原因导致了落后及不能采取改变措施，那么怨恨主体会“认命”“死心”及不再有“非分之想”，怨恨情绪会逐渐消失。外向归因的条件是，上层农民采取了确切的对底层农民不利的措施，而底层农民意识到这正是自己无法翻身的缘故。

一、上层农民对资源的垄断和总体性占有

上层农民在获得了企业经营的成功之后，便利用经济上的优势和人脉关系，着手全面垄断镇域范围内的优质资源，将这些资源集于一身，进行总体性占有。这对底层农民的发展和改变落后状况极为不利，直接促成了阶层怨恨的外向归因。上层农民的资源垄断涉及以下四个方面。

1. 垄断市场经济资源。经过几十年的发展，G 镇单纯的五金加工发展成为以五金加工为依托的高中低端完整的产业链和上中下游完整的产业集群。G 镇不同的企业处在不同的位置和端点，与其他企业相互依存、有机组合。每个企业或行业跟相互咬合的齿轮一样，缺一不可。正因为如此，G 镇处在低端、下游的企业和行业已达到饱和的程度，唯高端、上游

的还在突破。但一般农民只能在低端、下游创业。所以，在 2005 年之前当地农民若没有创业成功，之后就不会再有成功的可能。即，已经创业成功的农民垄断了低端、下游的企业和行业，占据了相应的市场份额，再加上现在税收、环保、土地、安全生产、贷款等管理越来越严、越来越规范，一个农民再从五金作坊开始创业，已无空间和利润。

2. 垄断社会关系资源。上层农民通过产业关联（贺雪峰、谭林丽，2015）、扩大人情规模、结伴高档消费等方式，不断扩大自己在全镇上层人士中的关系网络，形成大而紧密的圈子。圈子中的人相互提供信息、资金、机会、关系和银行担保等支持。在 G 镇调查时，我们发现上层农民在全镇范围内有着各式各样的兴趣爱好组织和民间社团组织，他们定期举办活动、联络感情。同一个农民加入多个不同的组织。这些组织有自己的 QQ 群和微信群，日常联系相当频繁。而底层农民则既无产业关联，也没能力大规模办酒席，亦难支撑高档消费，所以结交不了上层农民，其社会关系网在缩小，质量在下降。底层农民这样退出富人的交往圈："别人叫你一起去玩，你没他有钱，第一次他请客，第二次又是他请客，第三次你不好意思了，说自己请客。钱一下子就出去了。这个钱对有钱人来说是出得起的，对我来说我花出去心疼①。"即便是兄弟、堂兄弟，只要分属上层和底层，一般也很少有实质性的来往②。上层农民觉得跟穷亲戚交往既没面子又浪费时间。质言之，上层农民相互抱团，垄断了高质量的关系

① 仇叶根据访谈材料整理。

② 例如，D 村的朱虎有两个年龄相仿的叔伯兄弟，一起玩着长大的。但是现在基本上没有来往。朱虎说："我们的生活圈子不同，他们都是在工厂里打工的，每天早上五点就要起来准备上班，晚上很早就睡觉了。而晚上我们的生活才刚刚开始，我们晚上基本都是两三点才睡觉，跟几个叔伯兄弟凑不到一起的。平时主要是跟我的朋友一起交往，有钱的跟有钱的一个圈子，做生意的跟做生意的一个圈子。没有钱的，跟不牢我们，没有钱的，家里条件差了，他们要上班，我们两三点才睡觉，他们肯定吃不消。我们出去玩，开销也很大的，他们更吃不消了。像我们一般在一起玩的，都是条件差不多的，我的朋友都是办厂的，都是企业家（谭林丽，2015）。"另一位底层农民也谈到："我堂兄弟将近 20 个，有办厂发展好的，他们变好了，就不来往了。老板做大了，就怕你要他的钱、要他的东西，到他家去吃。"

网络，底层农民则日趋离散化、原子化[①]。

3. 垄断政治权力资源。20 世纪 90 年代末《中华人民共和国村民委员会组织法》正式颁布以后，G 镇于 1999 年正式开始村民委员会选举，村党支部书记的选举程序也逐渐规范。村级选举的推行，为上层农民进入村级政治舞台提供了机遇。2002 年的村两委选举开始有富人参选，2005 年则开始出现两派富人对决的现象，贿选开始普遍化。从 2008 年以后，全镇所有行政村和社区两委干部都是富人当选，完成了对老一辈政治精英的替代。至此，上层农民通过“组团选举”[②]和“巨资贿选”[③]的方式参与村级选举，将底层农民彻底排除在参与选举和被选上的可能性之外。村民形象地称：“现在当村干部的都是有钱人，没有钱当不了村干部，没有钱的话你参加竞选的资格都没有(张建雷，2014)。”上层农民垄断了村级政治权力，包括村支书、村主任、村两委、小组长、村民代表等(见表 4-3)。

表 4-3　D 村 2011 年换届选举后两委班子成员

姓名	性别	年龄/岁	职务	职业	年净收入/元	阶层隶属
陈环宇	男	57	村支书	五金企业	200 多万	上层富豪农民
孟青	女	50	村主任	五金企业	100 多万	上层富裕农民

① 例如，S 村在工厂打工的李芳家是典型的底层农民家庭。她说在本村人中只与四户邻居关系比较好，都是平时合得来、能聊到一起去的。跟其他的邻居没有接触。李芳说：“邻居也有不经常接触的，都是大门一关，自己顾自己，自己都有自己的安排。”她说的“关系好”的意思是平常有接触，并有人情往来。而在村庄中，除了自己的亲戚和这四户关系好的，李芳家跟其他家基本没有往来，更没有人情往来。李芳和丈夫都在工厂里打工，每天早上很早就要出去，晚上五点以后回来，吃过晚饭，看会儿电视就睡觉了，也很少有跟人接触的机会。

② “组团选举”就是派系在选举前将包括村支书、村主任等职务的人选都安排好，并组建竞选指挥部，下设智囊团、宣传、情报、后勤和拉票等部门，以充分调动和集中资源进行选举，确保胜选。

③ H 村 2011 年的村委会选举十分激烈。竞选时，候选人、时任村主任的朱海向村民许诺，只要投他一张票，就可以得到 1800 元。随后，候选人徐根便宣称他每张票给 5000 元，并连夜运钱到村里派发。见状，朱海也不示弱，放言也每张票发 5000 元。徐根进一步加码，声称朱海若每张票发 5000 元，他就每张票发 10000 元。最终朱海无力派发每张票 5000 元，以 1046 票落选。徐根则以 2047 票当选。据说此次选举徐根花了 1200 万元，一时轰动全镇。事后，下台的朱海收买上访户状告徐根的别墅是违章建筑，镇政府派人查实并拆除了那座花了 1500 万元修建的别墅。村里人戏称，徐根为了当村主任，共花了 2700 万元。

续表

姓名	性别	年龄/岁	职务	职业	年净收入/元	阶层隶属
陈亮亮	男	60	支委	水暖企业	近 100 万	上层富裕农民
蔡国庆	男	61	支委	五金企业	近 100 万	上层富裕农民
程成文	男	39	支委	汽配企业	100 多万	上层富裕农民
陈元	男	48	支委	五金企业	300 多万	上层富豪农民
钱均	男	44	村委	五金企业	70 多万	上层富裕农民
陈琦	男	48	村委	水暖企业	50 多万	上层富裕农民
陈峰	男	59	村委	房屋出租	100 多万	上层富裕农民
陈俊	男	47	村委	物流公司	近 100 万	上层富裕农民
蔡侃	男	49	村委	五金企业	60 多万	上层富裕农民
陈玲	男	46	村委	汽配企业	70 多万	上层富裕农民
李军	男	44	村委	五金企业	60 多万	上层富裕农民
车丽丽	女	46	妇女主任	五金企业	40 多万	中间农民

注：此表由杜姣依据访谈材料制作，已依照学术惯例使用化名。

4. 垄断文化价值资源。文化价值涉及人们对生活方式、行为规范、思维方式、个人气质、社会评价、人生目标、社会秩序等方面的合理性和正当性的定义与输出。文化价值具有公共性和规范性，它使得处在同一价值体系下的人的行为有预期、有规范和有目标，亦能使浸润其中的人有动力、有方向，有成就感和价值感。农村传统的文化价值是大众型的，能够让多数人符合和达到它的标准，从而获得普遍认可和承认。但是，在上层农民主导的消费文化的侵袭下，大众型文化价值解体，消费文化取得了唯一的合理性。而能够达到其要求的只有上层农民和中间农民，大部分底层农民在其中只能感受到失败和挫折。上层农民垄断文化价值资源，实质上是对底层农民的文化霸权和价值剥夺。

二、资源垄断的社会后果：社会排斥、阶层固化与怨恨归因

上层农民对资源的总体性占有，形成“赢者通吃”的局面，把底层农民排除在资源共享之外。这是一种总体性社会排斥：在市场资源上，上层农

民占据所有的资源和空间，底层农民已不再可能创业成功成为新的富人；在社会关系上，底层农民无力构筑和维系与上层农民的关系，上层农民的资源他们无法利用；在政治权力资源上，底层农民没有资源参与村庄选举，又不能成为上层农民的同盟军，因此无法参与村庄利益的再分配过程，不能实现利益均沾；在文化价值上，底层农民丧失了规范和价值目标的定义权，无法在文化上获得他人的承认。上层的总体性占有，剥夺了底层农民可能成功的一切因素，否则下层农民或许可以因占有某种资源而获得成功。譬如，底层农民可以通过选举占据政治权力资源，而获得丰厚的村庄再分配利益。

上层农民对资源的总体性占有造成的另一个后果是，农村出现了显著的阶层固化和阶层内部的自我复制。一方面，上层农民占有了所有的优质资源，并利用这些资源使自己做得更大更强，编织更广阔、更稳固的社会关系网络，牢牢地占据着上层的位置。另一方面，底层农民没有任何资源可以利用，只能在底层苦苦挣扎，无论怎么努力，也无法实现阶层地位的跃升。上层农民和底层农民之间的区隔越来越深，阶层交往的障碍越来越大，阶层流动越来越难，阶层结构和阶层关系都出现了实质性的固化(印子，2015)。

在上述基础上，上层农民开始有规划、有目的地培养他们的子女，首先是让他们的子女接受最好的基础教育和高等教育①，培养他们各方面的能力和素质；其次是待子女求学归来后让子女在自己的公司、分公司独当一面；再次是在上层农民的子女中逐渐形成了一个庞大的、高质量和高认同的社会关系网络，当地称这个群体为“创二代”。上层农民希望通过良好教育、高起点和高质量关系网来实现精英的自我复制②。与此形成

① 上层农民对子女的教育十分重视，千方百计地将他们送到最好的学校，在国内考不上名牌高校，就送到国外。笔者访谈过的上层农民，有数个向笔者打听我所在的985高校能不能花钱进去读，可以的话花再多的钱都可以，并希望我从中牵线搭桥。

② 与“泥腿子”上岸的父辈不同，“创二代”在学历、气质、谈吐、消费、涵养、综合素质等方面都表现出十足的“贵族气质”。

鲜明对比的是，底层农民多数无法给他们的子女提供良好的教育和高起点，他们的子女多数只有初高中文化，在本地企业打工，工资不高，上升空间也不大。“望子成龙”“寄希望于子女”，在底层农民看来“就是一个笑话”。因此，底层农民通过代际流动实现阶层上升几无可能，底层农民的代际循环渐成现实。

至此，底层农民愈发无力、无助和无望，他们逐渐意识到自己之所以落后和不能翻身，不是自己无能和不努力，而是上层农民的资源垄断和机会剥夺。这样，阶层怨恨作为结构性怨恨完成了外向归因，底层农民对上层农民的怨恨不断积聚，报复感和报复冲动愈发强烈。正如社会学家特纳所言，社会阶层由权力、财富和社会声望共同决定，若这三种资源被垄断在一小部分人手中，其他人被排除在外，便会产生社会紧张和不满，这部分被排除在外的人会减弱对掌握资源的人的合法性认同。当社会阶层之间的流动性越来越弱，几近“阶层固化”时，不满就会聚集起来，怨恨也就不断强化和升级，那些处于社会底层的人不愿意接受既有的社会体系，冲突与结构性变迁就有可能发生(特纳，2011)。

第六节　阶层怨恨的动员与溢出：底层上访、社会压制与政商合谋

一、村庄资源分配不公、怨恨唤起与底层上访

在上层农民总体性占有资源，尤其是垄断村庄政治权力资源的情况下，在G镇形成了以村庄权力为中心，以上层农民为主导的村庄公共利益再分配结构。在该结构中，上层农民结成分利集团，瓜分村庄利益，将底层农民排除在利益再分配之外。底层农民由此产生了极大的不公平感，触发了底层农民的上访。底层上访既是为了打破不公平的利益再分配结构，也是底层怨恨情绪的宣泄口。

在G镇,村庄公共资源包括村集体土地、宅基地指标和地块、鱼塘、山林、村集体收入、重大项目等影响大、规模大的利益项目,还包括诸如小区管护、工程监管、道路清洁、低保名额等小规模的利益项目。参与村庄利益再分配的主体包括四类人。一是村组干部,他们是上层农民的代表,直接掌握着利益再分配权力。村庄重大利益首先分配给他们,尤其是村支书和村主任,他们分配到最重大的利益。二是上层农民,他们是村庄重大利益的分享者。他们可能是村庄派系的核心成员,当其中一派上台之后,派系分肥总是首先轮到他们。有的上层农民跟两个派系都有关系,哪一派上台都有他们的好处。还有的上层农民直接霸占公共资源。三是中间农民,他们通过派系成员的身份获得再分配份额,主要是中小利益。四是少部分底层农民,他们或是上层农民的亲戚,或是在选举中为派系拉票、跑腿的,为此分到一些小利益。绝大部分底层农民被排除在利益再分配之外(见表4-4)。

表4-4　G镇近年部分村庄利益再分配举例

项目名称	利益类型	承担者或受益人	受益人所属阶层
修建村委会大楼及院落	300万元,重大利益	村支书及其朋友赵权东	上层农民
村集体50亩鱼塘承包权	重大利益	村主任的哥哥,从未交过承包费和水电费	上层农民
10亩工业用地指标	400万~600万元	村主任只支付了68.2万元	上层农民
村集体100亩荒山承包权	重大利益	村委委员朱华民以极低价格承包50年	上层农民
村集体收入(拍卖宅基地20亩所得)	1630万元,重大利益	村支书和村主任,2011年换届时大部分收入不知去向	上层农民

续表

项目名称	利益类型	承担者或受益人	受益人所属阶层
2008—2011 年宅基地指标以 5 万元/个出售	重大利益	支持新任书记竞选的人	上层农民
村民免交水电费,由村里垫付	重大利益	办企业、工厂者,承包鱼塘者	上层农民
147 亩水田的种植大户补贴	中等利益	村主任堂哥,实际只承包了 92 亩	中间农民
村农贸市场,内有摊位 80 个,店面 27 家	170 万元年收入	以 60 万/年租给村干部的朋友陈东,租期 8 年	上层农民

注:此表由张建雷、谭林丽根据调查材料制作,已依照学术惯例使用化名。

上层农民瓜分村庄公共资源的方式有以下五种。

(1)直接通过权力获得资源。由于村级权力监督机制不完善,村干部花极小代价就可将重大项目、集体土地和宅基地等资源收入囊中。

(2)通过乡村干部的关系获得资源。像宅基地这样的稀缺资源,镇上掌握指标,村里分配指标,如果与镇、村皆有关系,就可以决定这些资源的流向。

(3)制定利己性资源分配政策。比如,G 镇农民对宅基地的争夺很激烈,上层把它当作一种资源,下层则有建房居住需求。由于资源有限,各村便通过竞拍的方式分配。这种看似公平的做法,将一亩宅基地拍到高达三四十万元,实质上是对上层农民有利,排斥底层农民受益①。

① S 村的付中国和老婆在镇上打工,工资收入不高,加起来不到 5000 元。他的儿子刚刚大学毕业,要想结婚就要有房子。他们家的宅基地是爷爷留下来的,不到 60 平方米。但是村里的宅基地一个要 30 万元,他们家根本买不起,买了之后也建不起房子。原来的房子面积太小没法原拆原建,建了姑娘也不会来。最后,付中国向自己的兄弟姐妹借了 30 万元,加上自己攒的 25 万元,在镇上买了一套商品房。为了还债,付中国一个人既上白班又值夜班。

(4)制定普惠式资源分配政策。S村2008年新的村主任上台后，宣布免去村民的水电费，由村里垫付。这项普惠政策恰恰对上层农民更有利，因为他们办工厂、企业水电消耗量大，而底层农民生活用水用电较少（前者一个月水费数千上万元，后者只要二三十元）。

(5)直接霸占村庄资源。如承包或霸占村集体山林、鱼塘、店铺、耕地等不交租金，开店、办厂不交水电费，村干部为了选票和照顾关系睁只眼闭只眼。

在上层农民把持的村庄利益再分配结构中，底层农民直接感受到利益受损和公平观被挑战，唤起了他们长期的、潜伏的对上层农民的怨恨感，使阶层怨恨急剧膨胀，报复行动呼之欲出。村庄资源分配不公充当了从结构性怨恨到怨恨唤起的激发因素，尤其是涉及重大利益的分配是怨恨唤起的"触发性事件"。怨恨唤起的程度与底层农民的不公平感强度成正比。唤起程度越高，报复行动就规模越大、越激烈。

但是，在既定的村庄利益再分配结构中，底层农民既无办法撬动结构，以嵌入其中分得一杯羹，其报复行动诸如谩骂、造谣、偷盗、耍泼、破坏基础设施、纵火烧厂房、做钉子户等，也很快被权力压制。唯有诉诸国家的力量，才可能打破这层结构。底层农民寄希望于上访来伸张他们的利益、公平诉求和解决背后的情绪问题。2008年上层农民全面掌控村庄政治权力之后，疯狂地掠夺和瓜分了村庄公共资源，底层农民借机绝地反击，兴起了一场持续高位运行的上访潮。就打破村庄利益再分配结构而言，G镇的上访主要涉及如下几方面。

1. 索要宅基地的上访。G镇的土地和宅基地使用在2000年后收紧，宅基地指标数量逐年减少。700多户的C村2008—2011年三年才分配了1个指标。即便户数一两千的村，指标也不过是每年两三个。但农村对宅基地的需求量却很大。底层农民对宅基地的需求是刚性的，他们要改变阴暗狭窄（40～60平方米）的居住环境和为儿子结婚建新房。上层农民使用手段将宅基地占为己有，村干部把宅基地当资源与人交换。底层农民在申请宅基地无望后，通过上访索要宅基地，策略一是状告村干部未给自己分配宅基地，二是状告村干部及其他上层农民多占宅基地或宅基地超标。希望通过告村干部违章，给村干部压力，迫使他们分宅基地给自己。但因指标太稀缺，真正上访成功的属少数。

案例三。S村的伍浪是个木工，妻子在工厂上班，家庭年收入为5万元左右。2010年翻建房屋时，因邻居举报，拆建一半后被迫停工。随后寄居在弟弟家，便向村里申请宅基地。当时村里许诺给他分配宅基地，但等到宅基地指标下来后，村干部却将该指标分配给村里其他人。2011年伍浪开始上访，状告村干部不给他分配指标。镇里协调要求村里分给他一个指标，但因村里指标太少，村主任一直拖着不签字。伍浪一气之下于2012年辞掉工作，一门心思上访，从镇里一直上访到北京。

案例四。S村的朱红，在工厂里做保安，月工资为2000多元，家庭经济状况不好。因与父母挤在几十平方米的房子里太拥挤，便在外租房子住。前几年他为了建房子，给了时任书记的朱迪2.5万元，希望他帮忙弄块宅基地。但朱迪收了钱却并没有分宅基地给他。朱红一气之下就上访告朱迪。

2.针对征地拆迁的上访。G镇是全国小城镇试点镇，建设用地指标多，征地拆迁量大。征地拆迁是对土地增值收益的再分配过程，会有激烈的利益博弈。上层农民通过村庄权力运作获取巨大增值收益，底层农民被排除在外，自然觉得不公平，遂通过上访参与利益博弈。包括：状告征地拆迁不公开、征地款项不发放；状告乡村干部低征高卖，索要更多补偿；反对征地拆迁，底层老年人把土地当命根子，他们上访反对征地，更多的人纯粹是为了出气，或不让上层农民因征地拆迁得利；也有些人利用征地拆迁上访谋利（谭林丽，2015）。每一次征地拆迁都会有大批底层农民上访上告，其中有些人会持续上访而成为上访老户。

案例五。前几年S村陆续有4000多亩土地被征用，村民认为没有得到相应的补偿，部分农民开始组织上访。从2011年9月开始，S村有4

批总计近30人去北京上访，理由主要有三点：一是补偿款太低，二是派出所滥用警力，三是村支书私自卖地，镇政府在其他村给他10亩地收买他。第一批有9人，都是五六十岁的中老年人，被市公安局截回，4人写保证书后才放出来，其余的被关了几天才放出来。由于身体和费用原因，其中8人不再上访。第二批有5人，从北京回来后，1人被市公安局关了十几个小时，受惊吓不敢再上访，2人外出务工，1人村里给了宅基地指标后息访，剩下1人借口工作忙也不再上访。第三批有5人，2012年5月打算去北京，还没成行，其中3人就被亲戚劝回，另2人因经费问题没去成。第四批有4人，2012年11月打算去北京，其中3人被村里收买，只剩下67岁的于英继续上访。2013年于英带人去了3次北京，之后镇政府不再允许她在镇上开店的儿子续租店面。该年7月，她已再次号召了六七个妇女随时准备前往北京。于英对笔者说："有钱人心太黑，老百姓没活路。"村里多次允诺解决宅基地问题让她停止，但她也没动心。

3. 针对集体资源流失的上访。村庄集体资源如山林、堰塘、店面、农贸市场、集体建设用地等，是典型的公共资源，所有人的眼睛都盯着它们，一旦被个人私吞，最容易引起不平和公愤。所以，在上层农民肆意瓜分集体资源的时候，底层农民也不示弱，他们纷纷上访，除了想从中分一杯羹，更多的是表达不满。

案例六。D村有块面积为15亩的集体建设用地，10年前租给外村一企业家办工厂，2013年5月这家工厂倒闭，村里收回土地。该年6月份，村里突然有传言说这块地被村支书低价私吞了。许多人私下议论，十分不满。于是有些村民去村里询问此事，得知该地块确实已经转让给了村支书和他镇上的一个生意伙伴。后来，一些人从侧面了解到，村里是以每年1000元/亩的低廉价格转让的，且转让时间为30年。另外，村里在转让时没有召开村民代表会议，也没有村民代表的签字。随后，50多岁、在村里开店的朱国伟等10人认为这是村支书私吞集体资产，到镇上反映情况。到笔者2013年7月份调查的时候他已经往返北京两回了。问他为什么上访。他回答说，就是觉得看不惯，有钱人太贪心，连公家的一点财产都不放过。在朱国伟等人上访之际，另有其他底层农民也针对此事在组织集体上访。

4. 针对村干部的上访。除上述三类上访牵涉村干部外，底层农民还有大量针对村干部的上访行为，上访名目包括村务账目不清、贪污腐败、私自卖地、作风问题等。针对村干部的上访一般与其他事情牵扯在一起，意在把村干部告倒以解决其他问题。

案例七。陈丽君是G镇有名的上访老户，被G镇人称为上访群体的"十三金钗"之一。2005年，村委会没有通过村民代表会议就把村集体的田卖给镇里，但村民没有拿到征地款。陈丽君认为村主任私自卖地，涉嫌贪污，便开始上访。2007年，陈丽君家的房子失火，派出所没有查出结果，陈丽君认为是村主任勾结派出所对她进行报复，便开始去北京上访。从2008年到现在，有空时每月去一趟北京上访，忙时就去镇里、市里上访。陈丽君的诉求是把村主任判刑，调查房屋被烧原因，要政府赔偿这么多年没有种田的损失和上访的费用。

二、底层上访的怨恨动员机制

底层农民的怨恨感被唤起之后，在底层就会想象出一个与上层农民对立的"我们"群体。上层农民对底层农民的压制和排斥越强，就越会强化"我们"与上层农民的对立，这种对立关系越强，"我们"的怨恨感就越深，怨恨被唤起和聚焦的程度就越高。底层农民的阶层认同因而得到空前强化，底层上访的怨恨动员也就有了可能。怨恨动员包括两个方面：对底层农民的动员和对上访农民的动员。这两个方面都动员起来后，底层上访才有持续性和规模性。

1. 上访农民对底层农民的怨恨动员。首先是上访组织者直接动员底层农民参与上访，集体访一般比个体访要有力量，他们的诉求更容易进入政府的视野，使问题更容易解决。每次动员都会有上十个人直接响应，有的人不直接上访，也会出资出力。被动员起来的人，大部分人没有直接利益诉求。针对某个"触发性事件"，上访农民可能会动员不同人员轮番上访。怨恨动员使上访不断复制，形成上访潮。其次，上访农民把个人的诉求包装成底层的普遍问题，这是典型的"问题化"策略。在底层强大的怨恨氛围中，上访农民若只为个人的问题上访，一是觉得不好意思，是自私的表现，上访行为合法性不足，二是自己的问题太小，不足以引起政府重视。于是上访农民就联合起来反映同一属性的问题，使其诉求具有普遍性。上访农民也就成了"民意代表"，上访的合法性和正当性就要充分得多。另外，在反映自己的诉求时，连带状告上层农民的违规。譬如在上访索要宅基地时，就连带地状告上层农民违规多占宅基地，以形成鲜明对比，把问题归结为上层农民的剥夺，增加了上访的分量。

2. 底层农民对上访农民的怨恨动员。

其一，底层农民的怨恨情绪作为一股力量鼓动和支撑着上访。上访农民是底层农民怨恨的宣泄口，底层农民除非没有了怨恨，否则就不会乐见上访农民停止上访。上访农民，尤其是上访组织者，一旦作为"民意代表"踏上了上访之路，尽管他们觉得经年累月的上访"不是人干的事情"，已经耗费了他们的一切①，却一无所获，感慨"早知如此，当初就不上访了"，但几乎不能中途停歇下来。因为他们只要停歇下来，隔了几天没去上访，底层农民就会认为他们是"拿了村里的好处""被政府收买了""当了老百姓的叛徒"等，进而对他们予以疏远、没有好脸色甚至进行人格侮辱。不怀好意的人甚至故意挑逗他们："怎么这两天没去上访?"为此，上访农民只能硬着头皮继续上访，例行公事地每天或隔一两天到镇里去晃一下，

① 上访10年的蒋有成说："上访这么多年，经济损失很大，三十几万花下去。现在借了好几万高利贷去上访，上访的成本很大的。高利贷借了2万，利息加起来有4万了，现在都花完了。2005年开始上访时，就停止生产经营活动了，老婆现在给人家打工填补生活，以前儿子读书，女儿也拿出钱来的，现在儿子也工作了。女儿从20多岁就去上海打工了，女儿说这样告下去，把家都搞砸了，什么时候是个头啊。儿子也这么说。"

再忙一个星期也要去一次，或者一个季度上一次北京。

其二，底层农民的问题被不断地塞进了上访者的问题口袋。底层农民借上访者的行动反映问题，使得上访所反映的问题越来越多、越来越复杂，问题滚雪球似的增加，解决了一个问题却留下了更多的问题。这意味着上访永无止境。

其三，上访农民之间相互支持、鼓劲和抱团取暖。在G镇，上访老户之间已经形成了一个紧密的圈子，他们经常一起到北京上访，经常见面、聚会、谈上访的经验和体会。许多上访新人都是他们带出来的。这个圈子不仅包含G镇上的上访户，还有邻镇和地级市的上访户。上访老户圈子是上访者的精神家园，他们相互鼓气、相互支持和相互慰藉。甚至，对于有些上访老户来说，这个圈子中的友谊是支撑他们活下去的唯一理由。因为他们在村子里赖以生活的物质资源、社会关系和亲情友情，都已被上层农民切割，村庄生活对于他们来说已经回不去了，只能待在上访者圈子中继续上访。上访成了他们必须选择的一种生活方式。

质言之，底层农民的怨恨动员和对上访户的裹挟，使上访户不断卷入上访中，又不断有人成为上访户而无法从中全身而退，回归正常生活。“回不去的村庄，退不出的上访”，是对他们生活的形象概括。

案例八。69岁的上访老户陈丽君说：“如果不告了，人家就说拿了钱了。老伴住院那两个月没有去上访，就有人说我拿钱了，拿了‘后手’，有人当面说‘你后手拿饱了，就不去告了’。这些人都喜欢你去告，告翻村主任，如果不告了，就会有话说。拖得久了，就必须去北京，(村主任被)依法追究了责任，我也可以息访了，可以去锻炼身体，去旅游了。出弓没有回头箭，也劝别人不要去上访，当地能解决的就解决掉。过去说打鬼子抗战八年，我‘抗战’十年了。”

案例九。56岁的上访老户蒋有成说：“十来年了，一下子就停下来，别人会怎么看？如果把案子处理下来，人家会看到为了集体的事情，(你)

会得到认同的。如果停下来，以为你收了贿赂，所以停不下来的原因主要是这个。想得到别人的认可，所以倾家荡产也要告下来，这是决心。只要维护正义，这个事情总会有人管，走上这条路就没有台阶可以下了。村里镇里给 100 万 80 万要我息访，也不同意。如果拿了钱就会被告成敲诈。自己性格和别人不一样，性格比较倔，以前也这样想，如果是维护公平正义，任何事情都不怕。现在也坚持这个真理，维护好国家集体的利益就息访。”

三、上层农民对底层上访的压制机制

上层农民的资源体量足够大，能够调动适当的资源对底层上访进行阻击、打压和制衡，迫使他们放弃上访，或不要动上访的心思。据调查，除简单粗暴的暴力、暴力威胁和权力打压外[①]，上层农民对底层上访的压制机制主要包括以下六种。

1.“污名化”机制。该机制反映的是上层农民对底层上访者的单向(命名)权力，意在贬低上访者的社会地位与上访行为的正当性。污名化的策略，一是构建上访诉求的牟利性、无理性，“上访无非是想多捞点钱”，在道德上贬低上访者。二是把上访行为戏剧化、娱乐化，把许多上访斥之为好玩、无聊、“例行公事”，把每天都到镇上上访戏谑为“上班”。三是污蔑上访者是得了红眼病、见不得人家好、想把人家搞垮的阴谋家。四是把

① G 镇三一寨村的陈国强是著名上访老户，50 多岁。在 2005 年之前属于村庄的上层农民，在成都开厂数年。但工厂因故被人霸占，在成都本地打官司输了后，一贫如洗，开始进京上访。按照属地管理，应由 G 镇和三一寨村去接陈国强。由于他的事情比较复杂，多年来一直未能满意解决，他也就一直去北京上访，从而使得当地基层干部十分厌烦。村里面便试图阻止其上访，阻止方式之一是收买人告他的房子违章。政府的意见是只要他不再上访，就不拆除违章部分。但他执意要上访，政府果真把他多建的那部分房子给拆了。但因施工人员失误，多拆了他数平方米没违章的部分。从此，陈国强的上访不仅与之前的官司有关，还状告镇村强拆了自己合法的房子。之后每到国家大会、节庆前夕他就去北京上访。有年国庆前，在打算去北京上访的前一天傍晚，他在家门口被几个黑衣蒙面人绑架，数天后放回。他怀疑是村干部为阻止他上访指使人干的。此事成了他继续上访的又一事由。

上访者建构成不正常的一群人，打入社会另册。如G镇上访群体中有所谓“十三金钗”的说法，是全镇最著名的十三名女性上访老户。加这个标签，不是因为她们漂亮，而是因为她们难缠、精悍、泼辣、见利忘义等。大家一听到“十三金钗”不是觉得滑稽，就是认为是个麻烦。

案例十。陈文茜，女，50多岁，“十三金钗”之一，因公路拆迁造成新宅基地未妥善分配而持续上访10年。她几乎每天都要去找书记、镇长，“来得比书记早，走得比镇长晚”。镇机关几乎所有人都认识她，主要干部见了她就躲，怕一被缠住就是半天。陈文茜每年要到北京上访五六次，几乎是隔一个月就要去一次，笔者第一次跟她访谈时，是她从北京被接回来的第二天。

案例十一。蔡鲍，“十三金钗”之首，40多岁，作风凶悍闻名全镇。笔者有次在镇信访办跟曾主任访谈，她进来后见办公桌上有份“信访维稳工作简报”，抓起就走，被曾主任制止，遂与曾主任扭打在一起。她经常对那些下台村干部或上访者说：“只要给我钱，我替你到北京上访。”她因维权上访而逐渐成为上访老户，并以代理上访为生，镇上很多上访老户都是她给带进京的。

2.社会关系切割机制。调查发现，除上访群体以外，底层访民几乎没有其他紧密的社会关系，他们“没有”兄弟、姐妹、娘家和朋友。不是他们原本就没有，而是上层农民切割、肢解了他们的既有关系。上层农民动员各种资源和关系，首先动员访民的朋友去做他们的工作，如果做通了，朋友和访民都将得到一些利益，该朋友就可能进入上层农民的朋友圈；做不通工作，该朋友就得果断地断绝与访民的一切关系，否则，上层农民就会找各种机会对该朋友进行修理，结果是跟访民一样将失去一切关系和资源。接着是动员访民的至亲来做工作，主要包括叔伯、兄弟、姐妹、侄辈、娘家人等，他们以亲情、利益等为纽带来做工作。做不通的结果照样是要断绝与访民的关系。断绝亲情关系比断绝朋友关系对访民来说更要命——许多底层农民的关系圈已缩紧至至亲之外别无关系。所以不少访民在至亲的劝说下不再上访，而未能听劝的访民，则识趣地不再与至亲往来。

案例十二。S村的蒋有成上访了上十年，最开始的几年他的两个哥哥跟他断绝了关系，在村里见了面也不说话，逢年过节没有交集。前几年，嫁在外村、和他关系一向很好的姐姐来家里劝说他不要再上访了。他停止上访了半年时间，之后再度上访，他姐姐一家遂与他停止往来。2010年左右，他老婆娘家人也与他家断绝了关系。2013年7月我们在他家跟他访谈了数次，其间他的亲侄子、侄女两家人到他家来做客，他告诉我们这是来“做说客的”，他说“他们来说也没用”，因此对侄子、侄女很冷淡。我们当时感叹他们的叔侄关系很快就要走到头了，而这个关系是他最后的亲戚关系。

3. 子女婚姻阻隔机制。在G镇，一旦一个家庭有成员进入上访道路，并成为上访老户，那么，除非是他们的子女在其上访之前已结婚成家，否则，他们的子女在镇域范围内难以成婚。上层农民通过三种途径阻隔上访户的子女成婚，一是上层农民的子女不与底层农民的子女结婚，当地婚姻讲究门当户对、强强联合。S村村支书的女儿就嫁给了当地一家上市公司老总的儿子。二是通过“污名化”使得上访户在当地声誉不佳，人们不会跟一个“不务正业”“得罪了政府”“没有前途”“没有社会关系”“生活在最底层”的上访老户结成亲家。三是在说媒、谈婚论嫁时，双方都要到对方村里询问情况，而被询问的人一般是“有头有脸的人”（上层农民），他们会将上访户描绘得极其恶劣，把对方给吓回去。为子女成婚在当地是父母的人生任务，很多上访户在子女成年后退出了上访；也有些上访户称等子女结婚后会继续上访；还有些底层农民一想到子女还没结婚，就放弃了上访的念头；较多上访老户在继续上访和子女成婚间纠结，一纠结子女就错过了最好的结婚年龄。

案例十三。冯某莉的两个女儿、一个儿子都读了大学，三人都长得比较端正。冯某莉称大女儿长得尤其漂亮，2013 年已经 36 岁了，在一家上市企业上班，一直未婚。以前人家说了很多媒，但是对方到村里来一问，听说是上访户，转身就走了。后来大女儿干脆就不让人做媒了，以单身支持母亲上访，说等母亲上访成功后，她才谈婚论嫁。儿子是 1981 年出生的，笔者去冯家访谈时，他正好下班回家。问他为什么三十多岁还不结婚，他反问说："我妈都这个样子，怎么结婚？"

案例十四。蔡武成有一儿一女，皆为大学生，儿子 31 岁，女儿 28 岁，在当地都算大龄青年，还没结婚。女儿本来跟当地一个中等农民企业家的儿子在大学里谈的恋爱，回来要结婚的时候，男方家庭听说她父亲是十几年的上访户，就没有同意婚事。女儿为此郁闷了好几年，后来虽然有人介绍，但都没成。女儿为此对父亲心生不满，在多次劝父亲不要上访无果后，与父亲断绝关系。儿子也因父亲的缘故至今未婚，一开始他比较支持父亲上访，但是后来也渐有意见。蔡武成现在的愿望就是儿子女儿在外地找朋友结婚，没有面子总比单身好。

4. 工作机会阻断机制。对于底层农民来说，上访还会威胁到全家人的生计来源。在 G 镇，全镇范围的农民企业家是一个"资本-利益-权力"的关系共同体，他们相互借用对方的关系和资源。对于访民来说，上访虽然得罪的只是本村的上层农民(村干部)，不料却是得罪了全镇的农民企业家。上层农民利用企业家的关系网对上访农民做工作或进行制裁。如果工作做不通，上访者在全镇范围内便无法在正规企业就业①，他的配偶和子女也可能因此受到牵连。C 村村主任对笔者透露说："对付一般的上访户要找准他的致命弱点，比如他儿子在某家好企业上班，就打电话让企业老总派人去做工作。做不了，就直接开除。"一个上访老户在感慨上层农民的能量时说："你不知道哪一天你儿子媳妇突然就失业了，在整个镇

① 上市公司除外，上层农民的社会关系网和能量还不足以调动上市公司老总的资源。下同。

上都找不到工作。”蒋有成的儿子就因父亲常年上访而被企业辞退，不得不远走上海。同时，上访者还因名声不好，与政商关系差，一般企业不敢招收。

5. 生活资料断输机制。该机制说的是只要底层农民得罪了上层农民，后者就会使出浑身解数以影响上访者日常生活的方式予以报复，包括断水，断电，不再续租店面、摊位等，使底层农民因生活无以为继而就范。这是对付上访者的常见方式。

案例十五。D村陈水军前几年因村里某富豪农民建别墅强占了他家菜园而上访，村干部出面协调未果。某天晚上他在村街道边的五金作坊莫名其妙地停电了，机械无法作业。找村里电工，电工推托说外出出差了，不知何时回来。第二天，作坊的水也停了，也找不着管理人员。后面连续数天没来水来电，作坊损失很大。后来陈找到村干部，承诺不再上访，同意村干部协调的赔偿方案，才来水来电。

6. 利益收买机制。即通过利益输送的方式诱导上访者息访。主要方式有：一是承诺优先分配宅基地指标，这对多数上访者来说是最大的诱惑；二是给上访者及其家属介绍工厂务工、介绍工程揽事；三是给予政策性扶持，如破格提供低保和其他救济政策扶持；四是直接给钱。但是，得了好处后息访，在底层农民和上访队伍中得不到认可，为人所不齿。上访老户和上访组织者一般难以被收买，上访新手更可能接受好处而息访。

四、政商合谋：怨恨溢出与底层上访的无效循环

在上层农民的围追堵截下，一部分底层农民停止了上访，还有些突破了上层农民的“防控”[①]，到镇、市乃至到北京上访。但是无论越级上访到

① 蒋有成介绍说：“敏感时期去(北京)的话抓得比较严，市政府都把我列入了黑名单，第108位，总共140多人。列入黑名单就会被管控，走到哪里盯到哪里，有时候在家门口盯着，政府把维稳款拨到村里，村里找人盯着。手机信息被监控，公安和电信也参与。有些时候只能把手机都关了，其他也没有什么报复手段，就是玻璃窗被砸，轮胎被戳破。还有，那个上访户陈丽君被管控了两年。”

哪一政府层级，问题最终还得到基层来解决，那么必然要遭遇基层政商合谋编织的“权力-利益”的结构之网。政商合谋指的是基层政府与上层农民基于共同的利益而达成一致行动。基层政商之所以能够达成“合谋”，与双方利益的实现都高度依赖对方有关。

1. 上层农民对基层政府的高度依赖。首先，上层农民与基层政府及其官员保持着密切联系，包括私人关系、利益输送，这能够彰显上层农民的政治地位。竞选村干部就是建构与基层政府联系的重要方式。上层农民如果与基层政府关系密切，他们在富人圈子中就非常有“势力”。D村的村支书说：“在我们这里，亿万富翁没什么，太多了。但是如果你还是村支书，你就可以直接去敲镇委书记、县委书记的大门。”C村的村主任在富人圈子里常吹嘘“我跟（镇委）书记是‘铁哥们’”。其次，上层农民发展自己的企业依赖于基层政府。与基层政府保持良好的关系，能够影响政府的政策导向和资源分配方向，涉及工程项目、税收优惠、银行贷款、工商业用地、宅基地指标、企业转型升级的政策扶持等。上层农民花巨资贿选，不是为了服务人民群众，而是把担任村干部、镇人大代表、政协委员等，当作一种“经营投资”。最后，上层农民与基层政府保持良好关系，能够很好地保护自己的企业。即在税收、工商、环保、质检、消防、安全生产等方面，可以通过关系打通关节，税收可以减免或少报税，可以在工商、环保、质检、安全生产等未达标的情况下继续生产，而不受“干扰”。

2. 基层政府对上层农民的高度依赖。一是在国家急速推进城镇化的背景下，基层政府需要上层农民来担任村干部。因为像村庄改造、集体土地经营增值、农房拆建、在景观上融入城市小区及大量村内市政工程建设等，不仅需要耗费大量的时间和精力，还需要有大量运转资金、人力资本、技能等投入，而只有上层农民才有这些资源。二是在国家向农村输入大量公共资源的情况下，基层政府要使这些资源“安全”地落地，就得由有正规的商业形式、有合乎财物管理程序的制度、有相应资质、有预算决算能力的公司来承接。这样的公司只有上层农民有。三是在推进城镇化、开展各项工作过程中会出现大量的钉子户，如果不能顺利地拔掉“钉子”，就可能加大治理成本或使政策失败。在村庄中，只有上层农民有足够的动员能力来治理钉子户。

综上，基层政府与上层农民是相互借用、相互依赖的关系。其结果是，一方面，上层农民要对基层政府言听计从，不折不扣地执行基层政府的决定和政策①，包括一些会损害农民利益并引发上访的政策。另一方面，基层政府要向上层农民给予政策倾斜和输入资源，对他们在村庄中瓜分公共资源的情况睁只眼闭只眼。即是说，只有基层政府与上层农民采取一致行动，才符合双方的利益。基层政商实现“合谋”，在基层编织了一张巨大的“权力-利益”的结构之网。

案例十六。在G镇最能体现政商合谋的事情是征地。镇里要到村里征用土地作为工业用地，要得到村干部的积极支持，尤其要村支书、村主任拍板签字。同时，征地要处理村庄内部复杂的利益矛盾和钉子户问题。如果村干部卖力，这些问题就好处理，征地就相对容易。那么，如何调动村干部的积极性？G镇的普遍做法是，在A村和B村征地，就给两村的主要干部承诺，在A村所征土地给B村干部划拨几亩到十几亩，在B村给A村干部划拨差不多的土地。一般以定向招标的形式由村干部低价(40万元/亩)买入，村干部自己用或高价(100万～150万元/亩)卖出。在丰厚的利益面前，村干部拼了命也会把土地按时按量地征下来。这正是征地中引起老百姓不平而上访的重要原因。

在对待底层上访问题上，由于政商合谋现象的存在，基层政府站在了上层农民的立场，对上访农民实行忽悠、恐吓和打压的政策，其方式包括拖延、引诱违法、关黑屋子、关进派出所、送进学习班、送入精神病院等，几乎所有上访老户都被公安部门关押过数天到数月不等，有的上访农民因而退出上访。上访问题在基层得不到解决，上访农民只能越级到更高层级部门乃至中央上访。这就是为什么G镇重复访占比高达68.4%的原

① 否则，一旦得罪基层政府，它就会立即把政府相关部门派往上层农民的企业，包括工商、税收、质检、消防、国土、安全生产等，一查一个准，很快就会把企业给搞垮。

因，也是G镇农民只要上访，就必然发展为越级访和进京访的原因。甚至，进京访成了G镇底层农民唯一的救济渠道。

即便进京上访，问题也还得回到基层来解决，农民就还要面临基层政商合谋编织的“权力-利益”的结构之网，问题依然得不到解决。到更高层级部门上访，农民就不再只是状告上层农民和村干部，而是将基层政府一起告，因为他们觉得是官商勾结使得他们的问题得不到解决。于是他们就得寻找基层官员的过错，使得上访事由不断加码。上访事由越多，问题就越得不到解决；越是得不到解决，就越得上访。而只要上访就要回来跟基层官员打交道，就会继续遭遇挫折和发现更多基层官员的问题，那么继续上访的理由就更加充分。最终结果是，只要基层政商合谋存在，上访就得遭遇“权力-利益”的结构之网，上访所反映的问题就难以解决，底层上访就只能周而复始地无效循环。在这个过程中，底层的怨恨情绪会从对上层农民的怨恨溢出为对基层政府的怨恨，结果是底层农民的报复行动指向了基层政府。

第七节 结语

本章从阶层怨恨的视角，对底层农民上访的发生、过程及发展给出了一个长链条解释。链条的逻辑起始是农民在人格和起点上的平等意识，这是中国革命和现代性进村的正面遗产。它使得每一个农民对村庄里一丁点的不平等都难以容忍，谁都不甘落后于他人，造成了中国农村激烈的你争我赶、力争上游的攀比和竞争局面。它在带来农村社会变化和发展的同时，也给农民带来了压力和焦虑。在中国东部地区，农民分化程度高，底层农民和上层农民之间的界限和隔阂明显。在面对面的比较和较量中，底层农民深感与上层农民差距甚大，无法追赶，这给他们带来了无能感和虚弱感。因村庄熟人社会是不可逃逸的，底层农民必须面对上层农民，甚至生活在他们的阴影中，过得压抑和憋屈，生存性压力巨大。底层农民对上层农民的怨恨也由此产生。

链条的第二环是怨恨归因。上层农民利用他们在经济上的地位和优势来垄断与总体性占有镇域内的优质资源,对底层农民构成实质性的排斥。这种排斥是总体性的,底层农民因一无所有而导致只能在底层自我循环,上层农民则利用垄断的资源进行精英的自我复制。底层农民与上层农民的鸿沟越拉越大。底层农民逐渐意识到自己的不利处境并非源于自身的无能,而是上层农民的资源剥夺。至此,底层农民的怨恨实现外向归因,从个体怨恨上升为真正的阶层怨恨。

链条的第三环即怨恨唤起和动员。上层农民通过巨资贿选垄断村庄政治权力后,主导着村庄再分配权力,疯狂地掠夺和瓜分村庄公共资源,并将底层农民彻底排除在再分配之外。底层农民由此产生了极大的不公平感和被剥夺感,触发了怨恨报复行动,即上访。链条的最后一环是底层上访遭遇政商合谋,上访归于失败,怨恨溢出。

阶层怨恨是一种结构性怨恨,它是不合理的阶层关系的产物。底层上访是在既有阶层关系结构的约束下,底层农民的最后救济渠道,它内含着底层农民的正义诉求,是底层农民的尊严政治。底层农民既是借上访来打破不合理的、不公平的阶层关系结构和村庄利益再分配结构,也是通过上访来宣泄怨恨,以在村庄中获得承认和尊严。这说明,上访既是底层农民与上层农民互动的结果,也是他们互动的过程。

在东部地区,底层农民与上层农民之间的关系是一种冲突性关系。底层上访是阶层冲突剧烈的表现。因此,要处理好东部地区的农民上访问题,首先要调节底层农民与上层农民的阶层关系,变冲突、敌视的关系为互相帮携的关系。其次要打破上层农民对村庄资源的总体性占有,尤其要杜绝村级选举中的贿选现象,让底层农民平等参与选举和自由表达意志,同时上层农民适当开放市场经济机会,给予底层农民更多发展的空间和机会,实现发展成果的阶层共享。在文化价值上,要摒弃上层农民主导的消费主义价值观,树立新型的各阶层都能够达成的价值目标。再次,要严格规范村庄公共资源的分配方式，做到程序公平和实质公平并举，使村庄各阶层平等参与村庄利益再分配，消除底层农民的不公平感。最后，要打破基层政商合谋的格局，构建基层新型政商关系，维护底层农民的合法权益。

第五章 农民分化、代际剥削与农村老年人自杀

在农村资源稀缺条件的制约下，由于农村阶层一定程度的分化，不同阶层之间、同一阶层内部家庭之间的社会性竞争非常激烈，村庄内部各个阶层都有强烈的地位焦虑与地位恐慌，生怕自己在竞争中处于劣势，被村庄社会甩出去，而处于中、下阶层农民的地位焦虑尤甚。

本章的讨论对象主要是底层农民，包括他们与其他农民群体的竞争关系及后果。底层农民是许多社会问题的转嫁对象，而他们却没有能力将转嫁到自己身上的问题再转移出去，只能自己承受。具体来说，农民分化后的相互竞争是社会问题转嫁到底层农民身上的重要机制，而底层农民则主要将这些问题转移给老年人，其后果是造成农村老年人的自杀。所以，本章通过对农村老年人自杀问题的探讨，来论述社会问题是如何一步步地转移到底层农民身上的，底层农民又是如何应对和消化这些无法再转移出去的问题的。

第一节　问题意识

一、问题意识与研究主题

从资源重新积聚的角度来看，孙立平(2002a)认为20世纪90年代中期以后中国社会伴随贫富悬殊的两极分化出现了一个底层社会。这一底层社会由三个群体构成：一是束缚在土地上的农民，二是进入城市的农民工，三是城市里以下岗失业者为主体的贫困阶层。随着国家救扶措施的不断完善，城市下岗群体基本实现了再就业，但城乡二元结构却长期得不到改变，农民及农民工成为中国底层社会的主体。因此，中国底层社会的绝大部分问题与代价，通过城乡二元结构与资源积聚机制，主要被农村承担下来了。底层社会的最大特点是“断裂”，以及社会结构固化、资源匮乏和高度生存竞争倒逼下的“底层沦陷”。“底层社会”及相关分析出现后，理论界对此颇有议论，许多社会问题被归结为底层社会问题(裴宜理、阎小骏，2008)。农民自杀就是其中之一。

自费立鹏等揭示了当代中国的自杀状况以来，中国自杀状况已经成为海内外相关专家关注的热点问题(吴飞，2007)。一些研究将当前农村老年人、妇女和农民工的自杀归结为底层问题(于德清，2010；肖锋，

2006)。他们认为20世纪90年代中期以来，中国各阶层的经济、社会地位差别急速拉开，贫富分化速度加快，各阶层的个人机会已经存在显著差异。尤其是近些年，贫富差距急剧加大，底层向上流动的渠道基本被阻塞。从集体时代的机会相对均等中走过来的中国底层群体，对平等的追求和富裕的渴望仍十分强烈。这与生存生态不断恶化的底层现实形成鲜明对比(孙立平，2008)，于是在底层便出现了要么认命、要么自杀的情况。

笔者赞同从底层社会的角度去分析农民自杀，尤其是近10年农村老年人的自杀。但是，该视角将农民自杀归结为底层问题过于笼统，没有从经验层面将农民自杀的内在机制解剖出来，即没有追问以下问题：农民自杀如何与底层社会相关？底层社会的自杀是如何展开的？自杀是在所有底层群体中均衡分布，还是不平衡发生？

已有研究表明，农村社会已非均质，而是分化成了不同的社会阶层，各阶层在职业、收入、利益关系、关系网络、政治社会态度等方面都有显著差异(陆学艺，2002)。也有研究发现，近年来农民自杀主要集中在农村老年人身上，该群体的自杀数量有持续增长的趋势。景军等人通过将1987年与2009年的全国性数据加以比较，发现农村自杀率下降的比例是3.05/100000，其中农村妇女自杀率下降的比率则高达3.84/100000，从而总体上拉低了农村自杀率(景军、吴学雅、张杰，2010)。陈柏峰(2009b)对湖北省京山县农村的调查发现，农村妇女的自杀率从20世纪80年代前期的179.8/100000下降到37.5/100000，而老年人的自杀率则从20世纪80年代前期的132.2/100000上升至702.5/100000。刘燕舞(2011a)通过对几个区域的数据整理表明，20世纪80年代农村年轻人的自杀人数占总自杀人数的59.31%，老年人的自杀则只占24%，而2000年以后的10年里，年轻人的自杀人数只占总自杀人数的8.92%，老年人的自杀人数却占了79.19%。

本研究通过对中部地区8个村庄近30年中老年人自杀现象的分析，力图论证农村老年人自杀作为底层问题是如何被建构起来的。研究认为，被农村承担下来的底层社会的绝大部分问题与代价，正是通过农村社会的阶层分化与竞争机制，被分配到了农村的某个（些）阶层上。同时，农村社会又通过家庭内部的代际分工与剥削机制，将被分配到某个（些）阶层的底层问题，一定程度上转嫁到了这个（些）阶层的老年人身上。农村老年人自杀则通过底层的去道德化机制被合理化与正常化。中国底层社会的问题在一定意义上通过牺牲农村老年人而得以解决和消化，这是近年来农村自杀主要集中在老年人群体的根源。

二、研究综述与路径选择

农村老年人的高自杀率一直是社会关注的焦点（中华人民共和国卫生部，2004）。既有研究主要从两条不同的路径展开分析：一是伦理分析，二是结构分析。

伦理分析的理论前提是对传统中国社会“伦理本位”的判断（梁漱溟，1987），强调传统农村的孝道对老年人自杀的遏制效应。随着现代生活节奏的加快、竞争的激烈、对自我价值实现理念的重视、对经济利益的过分追逐等，使得养老的“机会成本”（包括时间、金钱等）急剧上升，从而导致传统孝文化难以维系，老年人得不到赡养或遭受虐待，是导致老年人自杀的重要原因（颜廷健，2003）。刘燕舞（2011b）认为，自杀向来就与道德联系在一起，当前农村的道德衰败是导致老年人自杀的重要原因。当前农村道德衰败的表征，是家庭关系正在经历一个由伦理型关系向契约型关系转换的过程，它使老年人无法适应，老年人基于伦理的观念与子女基于权利的行为之间存在巨大冲突，从而引发老年人的自杀行为。伦理分析看到了农村孝道式微的现实，在一定程度上把握了农村社会变迁的脉搏，具有一定的解释力。但该分析有道德泛化的嫌疑，价值判断过于浓厚，对道德变迁的叙述过于粗浅，且对道德变迁与老年人自杀之间的内在联系缺少细致勾勒。老年人自杀作为一种社会行为，有其复杂的社会机制。若不对其机制进行解剖，则难以把握自杀问题的根源，孝道衰败与老年人自杀之间的逻辑联系就会过于粗糙，其解释力度也将降低。

结构分析在批判伦理分析的基础上发展起来，它试图超越伦理分析的价值不中立及表层相关的局限，从客观的家庭结构变动去透析老年人自杀的问题。结构分析认为，传统家庭结构是预防自杀的有力武器，可以提高家庭成员对自杀的免疫力，而新家庭结构则使家庭不再具有从前那种预防自杀的功能（杜尔凯姆，1988），家庭结构变动恰恰是老年人自杀的直接原因。贺雪峰、刘燕舞等对湖北省京山县农村老年人自杀进行的研究发现，在家庭权力关系中，纵向上父亲掌权向儿子掌权的转变导致代际关系失衡，横向上丈夫当家向妻子当家的转变导致夫妻关系失衡，是造成京山县农村老年人“自杀秩序”形成的根源（贺雪峰，2009a；刘燕舞，2009；陈柏峰，2009a）。刘燕舞（2009）还从老年人地位与权力下降使得其在村庄内部得不到救助的角度去理解京山县农村自杀秩序。结构分析从某种意义上说是对导致老年人自杀的直接原因——代际矛盾、家庭纠纷等的抽象提炼，研究者预设家庭矛盾、家庭纠纷是家庭内部结构变动，尤其是家庭权力结构失衡的结果。结构分析的前提预设是家庭结构的变动，强调“变”带来自杀。这一分析方法对 20 世纪八九十年代的老年人自杀最具解释力度，因为这段时期农村家庭结构变动最剧烈，但是 2000 年以后农村家庭结构变动渐趋完成，家庭内部的紧张关系渐趋缓和（王跃生，2010；钟琴，2010），而老年人自杀却逐渐增多，那么单一的结构分析是否还有解释力？

笔者所关注的问题，一是老年人自杀是否均衡地分布在农村不同阶层的农户中？二是孝道衰弱与代际关系变动如何深嵌在老年人自杀的社会机制中？因此，本研究在吸收伦理分析与结构分析成果的基础上，引入阶层分析的视角，从农村阶层分化的角度去探讨老年人自杀问题。关于社会阶层与自杀行为的关系，国外研究颇丰，并都表明二者关系紧密。杜尔凯姆等人的传统观点认为处于底层的人自杀率较低，处于高层的人自杀率较高。但近年来，绝大部分研究都表明，不管按收入，还是按职业划分阶层，社会阶层高低与自杀率高低均呈现负相关，处于社会较低阶层的自杀率高，处于高阶层的自杀率低。Hasselback 等调查了加拿大 261 个人口普查部门，当收入增加 10%，自杀率就减少6.11%。San Diego 对 195 例自杀者进行了调查，发现经济压力是自杀第二重要的危险因素，24%的自杀与经济压力有关。对于这种现象的解释有多种：社会阶层低的人群失业率高，经济压力大，以及精神疾病患者的向下漂移作用等（冯珊珊、肖水源，2005）。我国较少有关于社会阶层与自杀关系的报道，对农村老年人自杀的阶层分析尚未涉足。为此，展开阶层分化对农村老年人自杀影响的研究，确定农村自杀的高危人群、挖掘农民自杀的深层机制具有重大意义。

第二节　分析框架与研究命题

我们在中部农村调查时，一个很强烈的感受是，在中国底层资源稀缺条件的制约下（孙立平，2007），由于农村阶层一定程度的分化，不同阶层之间、同一阶层内部家庭之间的社会性竞争非常激烈，村庄内部各个阶层都有强烈的地位焦虑与地位恐慌，生怕自己在竞争中处于劣势，被村庄社会甩出去，而处于中、下阶层农民的地位焦虑尤甚。这些阶层的农民使出浑身解数释放焦虑，其中一个很重要的途径是家庭内部的代际分工与代际剥削，在这个过程中老年人被利用、被忽略或被遗弃，并在村庄去道德化中最终走向自杀。在一定意义上，老年人自杀是农村阶层分化与高度竞争的结果。在农村社会生活中，阶层分化通过三大机制勾连老年人自杀：一是农民分化与竞争机制，二是代际分工与剥削机制，三是底层的去道德化机制。这也是本章从阶层分化的角度去理解农村老年人自杀的逻辑结构。

一、农民分化与竞争机制

对于农村阶层分化的研究，需要把握以下三个基本方面。

首先是农村阶层分化以家庭为基本单元。当前农村的主要家庭形式是核心家庭，即父母与未婚子女组成的家庭，或仅由夫妻组成的家庭（王跃生，2006），农民以核心家庭而非以个人身份参与农村阶层的分化。老年人因其特殊性，一般依附于其子代的阶层身份和地位。

其次是农村阶层分化在村庄内部展开。除了大规模的定量统计，多数研究都是在村庄内部划分农村阶层和研究农村阶层分化，这与中国村庄的“共同体”性质相关（折晓叶，1996）。虽然村庄较传统时期有很大的开放性，但对多数农民而言，村庄依然是他们生活、生产、休闲以及获得意义与价值的场所，它对成员有着基本的分层与评价标准。因此，多数农民仍主要在村庄内部确认自己的位置，定位自己的身份。

最后是农村阶层分化的程度决定着阶层之间的关系性质。我国农村区域广阔，不同农村的经济发展、开放水平差异很大，农民的分化程度也呈现不平衡性（林炳玉，2005），进而决定着阶层之间关系性质的不同。所谓关系性质，是指各阶层在相互之间的关系中体现各自的特征，不同阶层之间的实质性关系只有在不同阶层的互动中才能发现与解释（仇立平、顾辉，2007）。从已有研究来看，我国农村呈现三种主要的阶层分化水平。其一是东部沿海发达农村地区的高度分化，其上层与底层的贫富差距极大，相互之间构成难以弥合的“区隔”（distinction）（Bourdieu，1984），阶层之间形成对立关系——上层把持村庄政治并对底层构成政治排斥，底层通过弱者的武器、集体上访对抗上层（宋丽娜、田先红，2011）。其二是华北、华南宗族型村庄的低度分化，该类村庄的血缘宗亲观念较强，经济分化并未带来强烈的社会分化，因此其阶层呈现低度分化状态，阶层关系受血缘、亲情的约束而表现为合作关系（徐嘉鸿，2012）。其三是中部农村地区的中度分化，该地区已打破血缘关系的束缚，经济上存在较大分化，但因其上层农户皆已搬出村庄，而留下来的阶层在经济上差距不大，使得其内部家庭间、阶层间形成高度的竞争关系（翟学伟，2011；袁松，2009）。在该地区，因为血缘关系的瓦解，血缘关系不再是平衡经济分化的因素，因此经济上的分化很容易导致社会关系层面的分化。社会关系分化是比较与竞争的前提,并且所有的比较和竞争都是在跟自己最近的人之间发生的。在这些农村地区,随着最上层的富人搬出村外,各阶层农户相互比较的就是留在村庄里的农户,虽然他们的经济水平有差距,但差距不大,所以很容易达到和追上比自己阶层地位高的农户。同样,处在相对较高位置的农户,其经济水平较他人高不了多少,也很容易被他人追赶上,或者稍有不慎就会掉入低层。所以,对于下层农户而言,中上和中层并非高不可攀,他们会通过自己的努力去攀登;而处在相对上层的农户要防止他人轻易超越自己或自己的跌落,也需要不断努力使自己往更高水平跃升。这样,就形成了阶层之间、农户之间你追我赶的激烈竞争态势。反之,如果上层农民没有搬出村庄,还参与村庄的面子竞争,那么各阶层比较的对象就是富人阶层,但是上层农民是高不可攀的,没法与之竞争,因此也就形成不了竞争的态势。

阶层之间的关系实践形塑着村庄的政治社会形态。上层成员始终会力求排斥和剥削下层,而下层成员也会力求穿透上层的界限,或者力求对等级秩序做大的改变,以有利于自身所处的层级。因此,分层体系一般都会突出地表现为争夺或斗争(沃特斯,2000)。在本章所调查的中部农村地区,家庭、阶层之间的关系虽然没有沃特斯所说的那么严重,但其高度的竞争关系必然会形塑其独特的村庄政治社会形态。社会性竞争以家庭为单位,主要围绕着村庄社会的地位与身份展开。这些竞争又必然具有物质方面的特性,涉及财产所有权的差异,或获取物质报酬的渠道方面的差异(沃特斯,2000)。在村庄社会生活层面,这些竞争主要表现在对物质与文化产品的消费上,并已成为各阶层凸显自己的特殊符号。农民消费时所注重的不再是被消费物品本身,他们更看重所消费物品所代表的一种身份符号,对这种物品符号意义上的消费可以给人带来某种愉悦的想象。至少它也提供了让其他人参考一个地位更好的团体,来对你的社会地位做出评定的基础,从而使你拥有了一种摆脱你真正所属的团体而享有精神上的满足与愉悦之感。这种消费行为实际上指向的是其他完全不同的目标,即对个体进行曲折隐喻式表达的目标、通过区别符号来生产价值社会编码的目标(许荣,2007)。

在这种竞争过程中,各阶层注重与其他阶层、家庭的区隔(distinction),或者至少不落后于其他阶层和家庭,主要表现在居地选择、子女上学、休闲及人情上(陈文玲等,2007)。人们通过这些消费上的投资,期待获得预期符号收益(鲍德里亚,2014),即"面子"与"脸上有光",否则就会成为有缺陷的消费者(flawed consumer)(鲍曼,2010)。农村各个阶层毫无例外地踏入了这种区隔的游戏中,不仅攀比,而且刻意制造消费的层级化(李培林、张翼,2010),恰恰反映出各阶层急于在村庄社会展示差异的一种"焦虑":根据与他人的"不差"或"不同"而提供确凿可靠的区隔标志。农村正在迈向这样一个社会:"人人都拼命地表现,期待获得成功,达不到标准心里就不痛快,便产生耻辱感(麦克·蒂兹语,转引自肖锋,2006)。"表明农村各阶层在社会性竞争中,对未来地位提升的渴求与担忧,对未来的不确定性,对地位下降怀有恐慌感与焦虑感,即所谓的地位焦虑。

地位焦虑在不同阶层的农户中有不同的分布。在底层社会资源匮乏、发展空间逼仄与生活空间局促的大环境下,相对而言,拥有更多物质资源、机会资源和社会关系资源的上层农户,其地位焦虑较少,释放焦虑的手段、途径、空间也较多;而处于下层的农户则因各方面资源的缺少,其地位焦虑就会更强烈,释放焦虑的空间有限。于是客观结果是:农村社会性竞争带来的地位焦虑,有向下层农户分配的"集中效应"(威尔逊,2007),下层农户承担了巨大的压力。下层农户因有强烈的地位焦虑,释放焦虑的途径又有限,那么为了释放焦虑、纾解压力,就可能在有限的选择中走极端,其中包括犯罪、从事性工作(申端锋,2007),以及下文要论及的代际分工与代际剥削。

二、代际分工与剥削机制

在以家庭为分化单位的村庄社会,代际分工与代际剥削是农村中下层农户释放焦虑的更为普遍和较能为人们所接受的途径。

在当前农村，传统上比较普遍的“三代家庭”，逐渐被核心家庭形式取代(黄宗智，2011)。这是家庭形式上的变化，但是家庭内核却在很大程度上得以保留，譬如法律上明确规定子代有赡养父辈的义务，家庭养老依然是农村养老的主流；父辈对子代还有强烈的价值期待和情感寄托(贺雪峰，2009a)，“父子一体”牵连着父代家庭与子代家庭。父代与子代被牢牢地捆绑在一起，尤其是当老年人丧失劳动能力、经济不能自主之后，在农村阶层结构中就没有独立的位置，必须依附子代在阶层结构中的地位与身份。这样，老年人就主动或被迫纳入子代的竞争体系，并服从和服务于这个竞争体系。处在农村阶层下层的老年人更可能被纳入子代的竞争体系，主要表现在代际分工与代际剥削上。老年人进入子代的阶层竞争体系，必然切身感受到子代的地位焦虑和竞争压力，并内化为自己的焦虑与压力，从而希望为子代做点什么，“为子女着想”，或者被要求为子代做点什么，以减轻子代的“负担”。代际分工和代际剥削服务于子代的竞争。

代际分工是在传统的家庭性别分工之外发展起来的一种新型家庭分工模式。传统的性别分工是指夫妻之间对家庭事务的责任分配，一般是男主外、女主内，或者说男子负责对外事务和外出务工，妇女在家务农、负责家务劳动、照顾子女和赡养老人等。而随着新一代农民工夫妻皆外出务工成为趋势后，家庭内部就形成了新的分工模式，即中老年父母与年轻夫妻之间的分工：年轻夫妻外出进城务工，老年人在农村务农、看家、饲养牲畜、负责人情以及照看孙辈。这种代际分工使得一个家庭的收入由两部分构成：一是外出务工的收入，约占家庭收入的60%；另一部分是务农的收入，约占家庭收入的40%。对于一个家庭的基本生活及完成劳动力再生产，尤其是参与阶层竞争而言，两部分收入都不可或缺(孙文凯、路江涌、白重恩，2007；贺雪峰、董磊明，2009)。通过代际分工，有劳动能力的老年人为子代增加了财富、减轻了压力。

代际剥削是农村代际关系平衡被打破之后出现的现象。费孝通将中国子代的养老概括为反馈模式，其核心是指抚养与赡养之间的平衡，后者不仅包括经济方面的，还包括生活照料和精神慰藉方面。郭于华进一步认为，中国家庭以“哺育”和“反馈”为表现形式的反馈型代际关系，表明代际关系之间有一种交换的逻辑存在。传统社会中代际传承和亲子间的互动依循这种交换原则，它所包含的既有物质、经济的有形交换，也有情感和象征方面的无形交换。无论是抚育-赡养关系，还是交换关系，代际关系都大致达到了一个平衡，它维系着农村社会的稳定和家庭的延续。但是在近四十年间，农村代际关系却出现了失衡，主要表现为年轻一代在争取尽量多分割家庭财产的同时却不愿意承担养老责任，他们享受了长辈的抚育之恩后并不知感恩，不思回报，而只想谋求个人利益的最大化。这样一种只讲对亲代索取的权利，不讲对亲代回报的义务和责任的代际关系被学者称为代际剥削，其根源在于近四十年市场经济的理性构成对家庭责任的冲击：一是市场机制对家庭机制的摧毁，二是自我中心式的个人主义的发展。这种个人主义是一种不平衡的个人主义，即权利义务失衡的自我中心价值取向，它无视道德规范、乡规民约和法律，无视责任、义务的平衡，导致人们抛弃家庭责任，造成农村家庭的代际紧张和养老困境，传统养老文化迅速流失（阎云翔，2006；贺雪峰，2011a）。

子代的竞争压力加速了农村代际关系向不平衡的剥削式代际关系转变（刘燕舞，2011b）。子代充分利用父代的劳动力，或索取父代创造的财富，或放弃对父代的赡养，以增加自己在阶层竞争中的筹码，或减轻竞争的负担，由此加剧了代际关系的不平衡性。无论父代是否自愿，客观上都构成对父代的剥削事实。代际分工本身是代际剥削的重要形式之一，老年人一直要劳动至丧失劳动能力（贺寨平 2002）。阎云翔（2006）的研究展示了年轻夫妇在结婚前，合谋向男方父母索要高额彩礼以增加婚后小家庭的生活资本，而对老年人的赡养义务却被忘却。贺雪峰（2011d）调查发现，农村婚姻上正在形成男方父母只有在城镇为儿子买房，女方才同意结婚的新传统，而子代在城镇安家后，父母则被遗忘在农村。他认为这是农村代际剥削的新形式。

当老年人失去实质性的剥削价值，即生病和丧失劳动能力后，对老年人的治疗与赡养就成了子代的负担。在高度竞争的体系下，照看、赡养老人会形成很高的机会成本（穆光宗，2002；颜廷健，2003）。或者说，此刻的老年人成了子代参与阶层竞争的累赘，拖累子代，要花掉子代很多的精力、时间、机会以及金钱，使其在竞争中处于劣势。那么，子代为了确保在竞争中获胜，或不被甩出去，在权衡成本与收益之后，就很可能放弃照顾和赡养老人的义务（袁松，2009；杨华、范芳旭，2009）。而老年人自己也会意识到自己成了子代的负担，并为此负疚于子代。在子代与自我的双重压力下，处在农村阶层下层的老年人很可能走向自杀。农村老年人成为底层的阶层竞争的牺牲品，这是最严重的代际剥削。

三、底层的去道德化机制

孙立平（2008）在对“黑砖窑事件”的社会学解释中，认为在生存生态不断恶化的情况下，缺乏资源改善生存状态的底层会出现沦陷和堕落。底层的生存状况决定了底层的道德水平，道德沦陷是底层沦陷的组成部分。在孙立平那里，底层沦陷实际上就是一个将危机、成本、代价等转嫁给其他底层人的过程，而道德的沦陷就是对这个转嫁过程进行的合理化。撇开其价值判断不论，该论点的启示在于：农村社会一旦发生普遍的“转嫁”现象，必然会有个去道德化的合理化过程。下层农户在社会性竞争的压力下，将释放地位焦虑的成本与代价转嫁给农村老年人，以提升或保全自己的阶层位置与身份，这需要有一个重新合理化的过程。

道德总是与一定的阶级、阶层相关。去道德化是指特定阶层的人们摒弃既有的对事物的评价体系与道德标准，搁置对新兴事物的道德评价。去道德化与底层的生存状况密切相关。在农村，对“转嫁”行为的去道德化评价是在总体资源匮乏的背景下，阶层之间、阶层内部家庭之间的高度竞争倒逼的结果。也就是说，除了“转嫁”，下层农户可选择的其他资源和途径非常有限，“转嫁”行为有其必然性，这就有必要对“转嫁”行为进行合理化处理，即建构一套崭新的意识形态来论证该行为的正当性。譬如，宣扬“二十四孝”的目的就在于让人们遗忘下一代，只向上一代负责（唐松波、耿葆贞，2008），这是对“孝”的合理性建构。同样，如今要名正言顺地放弃上一代，也需要意识形态的“包装”，否则就难以心安理得地“放弃”。

去道德化的动力主要有两个：一是村庄共同体的瓦解，二是代际关系的不平衡性。前者意味着村庄信仰、道德和规范具有脆弱性，容易在利益、市场及其他力量的冲击下分崩离析。在老年人自杀的问题上，村庄形成不了整体性的舆论压力和道德氛围，自杀本身甚至丝毫不能成为村庄的公共事件。后者是指在代际关系中年轻人处于强势地位，掌握话语权，中老年人处于弱势地位，他们的意见、情绪和道德观念影响不了年轻人的决策，左右不了村庄的舆论导向。同时，老年人也有不给子代添负担的思想，他们对自杀更多的是往积极的方面去思考，较少考虑道德情绪。这样，掌握资源和权力的年轻人垄断着去道德化的社会机制，从而有助于年轻人对老年人的权力关系不断再生产。一旦对“转嫁”行为给予了去道德化的建构，则反过来会强化这一行为，使它更加普遍、更加令人习以为常，从而成为农户的日常行为。去道德化的结果是村庄“道德的缺席”。

既然“转嫁”行为本身具备了正当性，那么，作为其后果之一的老年人自杀自然就具有了合理性。否则，如果老年人自杀没有合理性，那么就会反过来否定“转嫁”行为本身。农村社会对老年人自杀合理性的建构，是对“转嫁”行为去道德化建构的重要组成部分，也是它的自然延伸。对老年人自杀的合理化建构，在农村会形成一套对老年人自杀去神秘化、正常化的文化秩序（杨华、范芳旭，2009；刘燕舞，2009）。自杀秩序的去道德化建构，对于老年人而言，实质上是在底层社会的阶层行动者合谋的情况下，施加在他们身上的“符号暴力”，即他们并不能领会到这是年轻人的“专断权力”施加的一种暴力，反而认可了这种暴力（布迪厄、华康德，

1998)。

上文通过对农村社会三大机制及其相互关系的逻辑分析,可以清楚地看到,中国底层社会问题是如何一步步地被分配与转嫁,最终通过某个(些)阶层的老年人自杀来承担与化解(见图 5-1)。为此,本章拟提出以下理论命题。

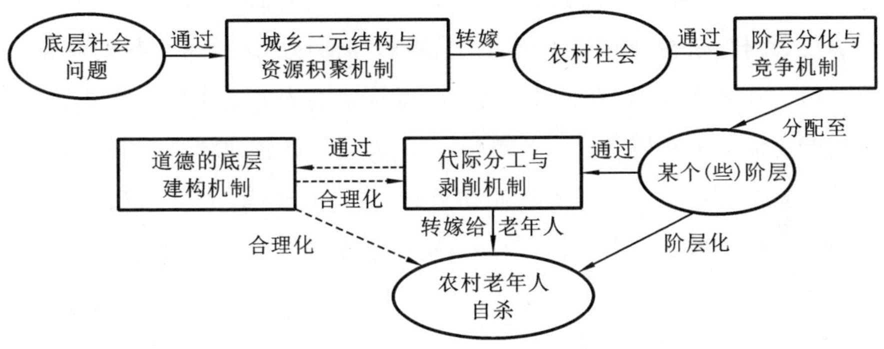

图 5-1　农村老年人自杀作为底层问题的社会建构

(1)农村阶层分化呈中度状态。村庄内部阶层、家庭间的社会性竞争则呈高度状态。

(2)村庄的社会性竞争程度越高,地位焦虑就越强烈,释放焦虑的方式就越极端,处在下层的农户尤其如此。

(3)在以家庭为分化单位的村庄社会,释放焦虑的重要方式是代际分工与代际剥削。

(4)农村老年人自杀是子代通过代际分工与代际剥削释放地位焦虑的表现与结果,并在村庄的去道德化中合理化。

(5)农村老年人自杀是中国底层社会的问题,是通过城乡二元结构与资源积聚机制、阶层分化与竞争机制、代际分工与剥削机制及底层的去道德化机制,最终转嫁至某个(些)阶层的老年人身上的结果。

第三节　农民分化背景下的老年人自杀现象

一、个案村与自杀现象的基本情况

本研究分析的老年人自杀资料，来自笔者及所在团队于2008年、2009年和2012年分批对我国中部某省8个村庄进行的调查，它们分别是房村、蒋村、梭村、邓村、沙村、龚村、新村和信村。去到每个村的调查人员一般为3至5人，调查时间为25至45天。调查方式为半结构式访谈。对每个访谈对象一般访谈一个单位时间，对重点访谈对象采取多次回访。访谈对象主要包括自杀者的家属和近亲、自杀未遂者、有自杀意念者、参与自杀纠纷调解的当事人、熟知自杀事件过程与善后者，以及其他村庄精英和普通村民。

调查显示，8个村庄都是原子化村庄，典型表现是兄弟之间缺少血缘上的认同，村庄内部施行的是现代意义上的普遍主义，而非血缘地缘意义上的特殊主义。这些村庄1980—2009年的总人口数与自杀情况如表5-1所示。8个村庄总计228人自杀，其中老年人自杀145人，占63.6%。就30年的平均自杀率来看，8个村庄总平均自杀率为81.2(单位为十万分之一，下同)，最高的是龚村189.5，最低的为新村26.7。除新村的自杀率接近费立鹏等人推算的27.1外(转引自吴飞，2007)，其余皆超过这个数值，其中龚村和房村平均自杀率分别约是费氏自杀率的7.0倍和4.5倍。这说明田野调查的自杀率要比通过公布的"权威数据"整理出来的自杀率高。另外，由于每个村的自杀个案是访谈出来的，因被访谈者的记忆、时间跨度及隐讳等原因，实际自杀个案要多于调查出来的个案，因此实际自杀率可能要高于表中所列数字。

表 5-1　1980—2009 年 8 个村庄人口与自杀死亡数据①

村庄	房村	蒋村	梭村	邓村	沙村	龚村	新村	信村	总计
总人口/人	1060	1480	1350	1159	1432	510	1374	1000	9365
自杀人数/人	39	30	34	34	40	29	11	11	228
平均自杀率/十万分之一	122.6	67.6	84.0	97.8	93.1	189.5	26.7	36.7	81.2
老年人数量/人	194	266	244	210	258	98	158	183	1611
老年人自杀/人	24	15	21	23	24	21	11	6	145
老年人自杀所占比例/(%)	61.5	50.0	61.8	67.6	60.0	72.4	100.0	54.5	63.6
老年人自杀率/十万分之一	412.4	188.0	286.9	365.1	310.1	714.3	232.1	109.3	300.0

二、农村老年人自杀变化的曲线图

表 5-1 显示，8 个村的老年人自杀占各村总自杀人数的比例皆超过 50%，其中最高的是新村的 100%，其次是龚村的 72.4%，另有 4 个村超过 60%，排最后的分别是蒋村的 50.0%和信村的 54.5%，8 个村的老年人自杀人数占自杀总数的 63.6%。这都说明 8 个村的高自杀率主要是由老年人群体的自杀支撑起来的。从图 5-2 可以清晰地看出，无论是总计还是各村平均计，老年人群体自杀率都要比平均自杀率高出许多，这说明老年人群体是农村自杀的高危群体。

① 本表及本书后文各表中的人口构成比重采用三组数据的平均值：一是调查 8 个村在 1981 年分田到户时的数据，二是 1990 年全国人口普查时 8 个村所在地区人口构成的数据，三是 2008 年调查的实际数据。由于江汉平原的总体人口在外流，生育率下降，虽然生育基数较大，但人口保持相对平衡，调查的三组数据相差不大。因此，可以认为 30 年中 8 个村的人口结构变动不大。

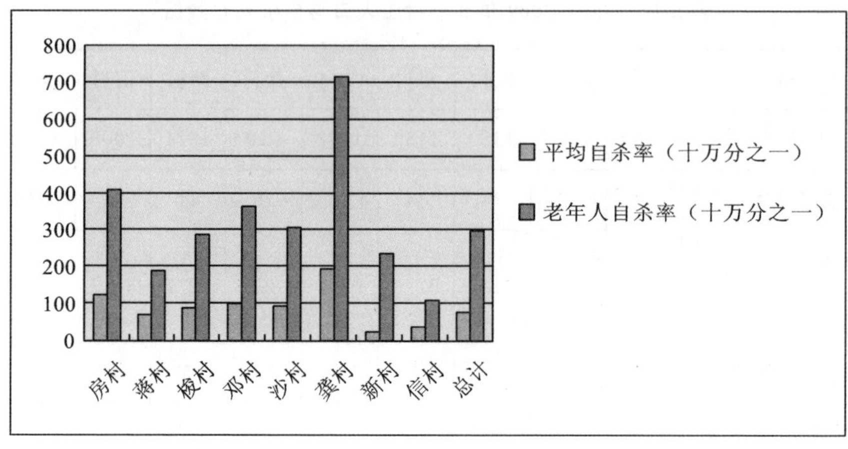

图 5-2　1980—2009 年平均自杀率与老年人自杀率

与农村其他群体的自杀情况比较，更能看出老年人自杀的基本状况。在本章中，笔者将老年人定义为 55 岁以上的群体，其他两个自杀群体分别是 18～54 岁的男性和女性。从表 5-2 的数据与图 5-3、图 5-4 的曲线来看，有四点值得注意：一是中青年妇女的自杀率与自杀比重有显著下降趋势，2005 年以后已低于费立鹏推算的自杀率，这与妇女在家庭中的地位提高和人口流动相关；二是中青年男子的自杀率虽在某些时段上有起伏，但基本上保持在比较低的水平上，对整个自杀比重影响不大；三是老年人的自杀率与自杀比重呈持续增长势头，近年来的增速尤其迅猛，并支撑着

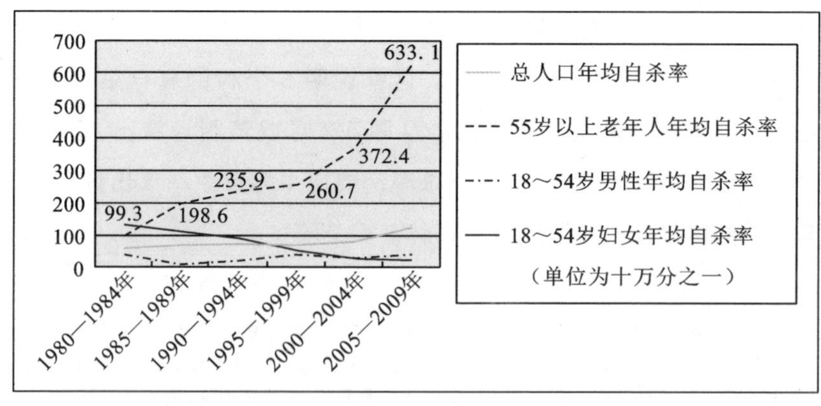

图 5-3　8 个村庄三类群体 5 年段自杀曲线

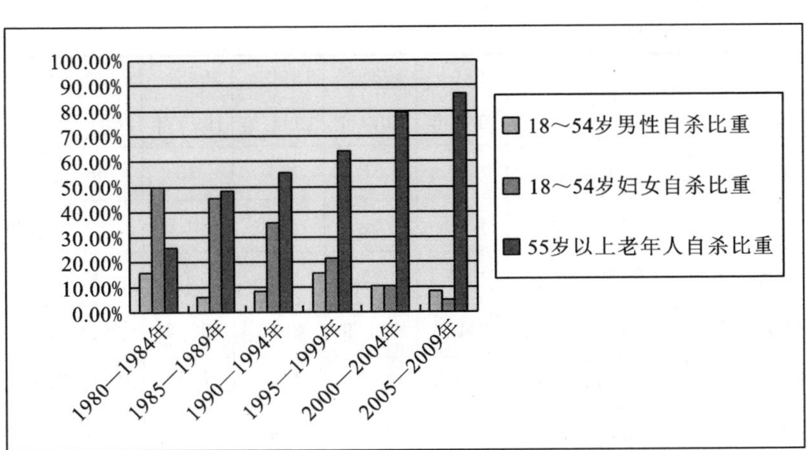

图 5-4 8 个村庄三类群体 5 年段自杀比重

农村整体自杀率的增长；四是中青年妇女与老年人两个群体的自杀率与自杀比重呈反方向发展，这与中青年妇女与老年人在核心家庭中的作用与地位的此消彼长有关。

表 5-2 自杀死亡在 8 个村庄不同人群的分布(5 年段)①

	年份	1980—1984 年	1985—1989 年	1990—1994 年	1995—1999 年	2000—2004 年	2005—2009 年
总计，人口数 9365	自杀人数	31	33	34	33	38	59
	年均自杀率	62.2	70.5	72.6	70.5	81.2	126.0
18～54 岁男性人口数 2703，28.86％	自杀人数	5	2	3	5	4	5
	人群年均自杀率	37.0	14.8	22.2	37.0	29.6	37.0
	人群自杀比重	16.1％	6.1％	8.8％	15.2％	10.5％	8.5％

① 人群自杀率是某一类人群中自杀的总数与这类人群的总人数的比，若同时对每一年求平均数，得出的是年均自杀率。以老年人 1980—1984 年的 5 年段自杀率计算为例，该 5 年段老年人自杀有 8 例，因此，老年人自杀的 5 年段自杀率为[8/(1611×5)]×100000/100000＝99.3/100000。其他人群自杀率的计算方法类似。人群自杀比重是指某一时期内某一类人群的自杀人数占同时期内总自杀人数的比重。以该 5 年段老年人自杀的人群比重计算为例，这一阶段自杀人数为 31，老年人自杀有 8 人，则老年人的自杀人群比重为(8/31)×100％＝25.8％。其他人群自杀比重的计算方法与此类似。

续表

总计，人口数 9365	年份	1980—1984 年	1985—1989 年	1990—1994 年	1995—1999 年	2000—2004 年	2005—2009 年
	自杀人数	31	33	34	33	38	59
	年均自杀率	62.2	70.5	72.6	70.5	81.2	126.0
18～54 岁妇女人口数 2682，28.64%	自杀人数	18	15	12	7	4	3
	人群年均自杀率	134.2	111.9	89.5	52.2	29.8	22.4
	人群自杀比重	58.1%	45.5%	35.3%	21.2%	10.5%	5.1%
55 岁以上老年人，人口数 1611，17.31%	自杀人数	8	16	19	21	30	51
	人群年均自杀率	99.3	198.6	235.9	260.7	372.4	633.1
	人群自杀比重	25.8%	48.5%	55.9%	63.6%	78.9%	86.4%

三、农村老年人自杀的阶层分布

根据实地调查，研究将村庄的农户划分为四个阶层：上层农民、中上农民、中等农民与底层农民。由于老年人的阶层位置是依附其子代而获得的，因此根据子代阶层位置的差异，以及被访谈对象的普遍认定，可以将 145 例自杀老人划分在不同的阶层。

如表 5-3 所示，145 例自杀老年人中，98 例属于底层农民，占了自杀人数的 68%。27 例属于中等农民，占 19%，17 例属于中上农民，占 12%。属于上层农民的老年人自杀较少，仅有 3 例，占 2%。这 3 个老年人之所以被划分在上层农民阶层，是因为他们有一个或两个儿子属于上层农民，而另有一个或多个儿子属于其他阶层，因此从严格意义上说他们并不能完全划归在上层农民。另外，30 年中各阶层老年人群体的自杀率，从上层到下层呈增高的态势，上层农民的自杀率最低，为 123.5（单位为十万分之一，下同），底层农民的自杀率最高，达 336.1。图 5-5 的曲线更清晰地表明，自杀比例与自杀率皆与老年人所属阶层的高低呈负相关，即老年人的子代家庭所属阶层越低，老年人自杀人数越多或越容易自杀；子代家庭所属阶层越高，老年人自杀人数越少或越不倾向于自杀。这表明，农村

老年人自杀是个阶层问题，而非简单的孝道衰败问题。

表 5-3　老年人自杀的阶层分布情况(30 年)

所属阶层	上层农民	中上农民	中等农民	底层农民
老年人数量/个	81	243	324	972
老年人自杀/例	3	17	27	98
老年人自杀比例/(%)	2	12	19	67
老年人自杀率/十万分之一	123.5	233.2	277.8	336.1

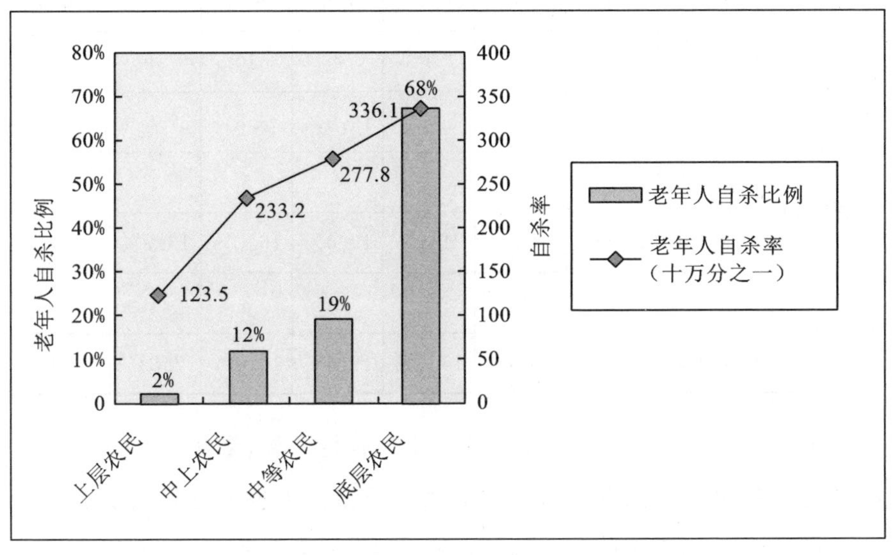

图 5-5　老年人自杀比例和自杀率的阶层分布

四、农村老年人自杀的诱因及变化

调查发现，30 年中，中部 8 个村庄老年人自杀的诱因主要有 5 大类，分别是代际矛盾、孤独无助、病痛难熬、子代不养以及不添负担。如表 5-4 所示，代际矛盾是老年人自杀的最主要原因，有 36 例老年人的自杀由此引发，孤独无助与子代不养都占 34 例，不添负担占 23 例，病痛难熬占 18 例。

表 5-4　8 个村庄老年人自杀诱因

自杀诱因	5 年段	1980—1984 年	1985—1989 年	1990—1994 年	1995—1999 年	2000—2004 年	2005—2009 年	合计
	总计	8	16	19	21	30	51	145
代际矛盾	自杀人数	6	10	9	5	3	3	36
	自杀比重	75%	62.5%	47.4%	23.8%	10%	5.9%	24.8%
孤独无助	自杀人数	0	1	2	4	9	18	34
	自杀比重	0	6.3%	10.5%	19.05%	30%	35.3%	23.5%
子代不养	自杀人数	0	0	1	4	10	19	34
	自杀比重	0	0	5.3%	19.0%	33.3%	37.3%	23.4%
不添负担	自杀人数	1	2	4	4	5	7	23
	自杀比重	12.5%	12.5%	21.1%	19.0%	16.7%	13.7%	15.9%
病痛难熬	自杀人数	1	3	3	4	3	4	18
	自杀比重	12.5%	18.8%	15.8%	19.0%	10.0%	7.8%	12.4%

代际矛盾是指家庭内部的亲子矛盾和婆媳矛盾，老年人与儿子或媳妇因家庭事务或摩擦、龃龉而发生矛盾。该诱因引发的自杀情况往往比较激烈，老年人对子代怀有满腹的负面情绪，自杀是老年人“一气之下”的结果。“有气”说明老年人对子代还怀有强烈的伦理与价值期待，自杀是其期待没有满足的激愤行为。如图 5-6 所示，这类自杀主要集中在 20 世纪八九十年代，2000 年之后减少。

孤独无助是指老年人精神上空虚寂寞、生活上不方便。因该原因诱发自杀的都是单过的老年人，往往发生在其老伴去世后。如图 5-6 所示，该类自杀在 20 世纪 80 年代中期才零星出现，到 2000 年后直线上升，从 20 世纪 90 年代后期的 4 例，迅速飙升到近 5 年的 18 例。这说明“老年未亡人”在 2000 年以后越发孤独无助，子代对老年人精神和生活上的照料

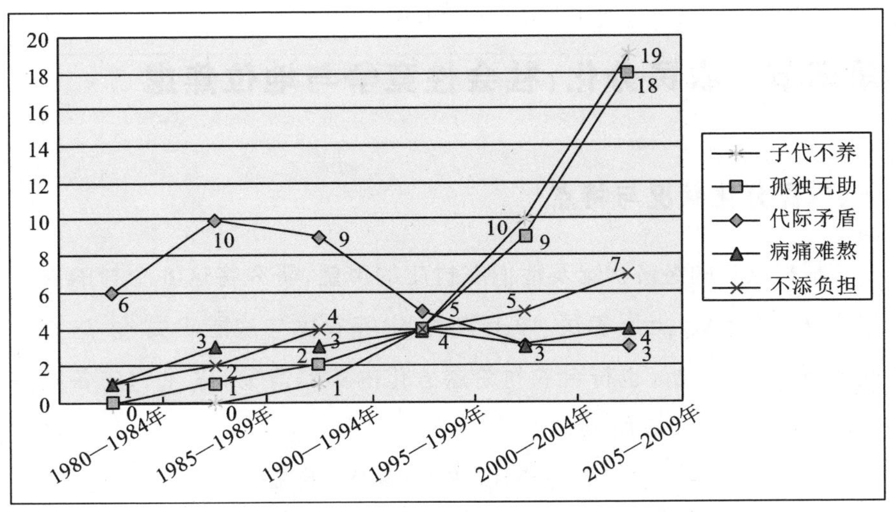

图 5-6 老年人自杀诱因变化曲线图

越来越缺少。

子代不养是指子代在物质生活上对老年人供养不足或不及时，使老年人的生活处于绝对贫困状态从而绝望自杀。此类自杀出现在 20 世纪 90 年代初，2000 年后迅猛增长，成为引发老年人自杀的最重要因素。

不添负担是指老年人对子代有着强烈的情感寄托，在意识到自己成了子代的负担之后，通过自杀以减轻子代的负担。这类利他型老年人自杀，在 20 世纪 80 年代初已零星出现，20 世纪 90 年代前后 5 年都保持在 4 例，2000—2004 年上升至 5 例，最近数年有 7 例。一方面，这表明老年人不给子代添负担的观念一直存在；另一方面，也表明最近数年农村子代的经济压力有增加趋势。

病痛难熬是指老年人因为经受不住自身病痛的折磨，而选择对自己有利的自杀行为。此类自杀均衡地保持在每 5 年 3 例或 4 例，较少波动。

综上，除病痛难熬外，其他 4 个诱因皆与代际关系有关。

第四节　农民分化:社会性竞争与地位焦虑

一、农民分化状况与特点①

根据农户的经济状况及他们在村庄的声望,研究将这 8 个村的农户划分为 4 个等级:上层农民、中上农民、中等农民与底层农民②。这种分类既便于理论分析,也符合农村阶层分化的实际情况。8 个村庄各农民群体的状况如表 5-5 所示。

表 5-5　8 个村庄各农民群体的状况③

分化状况	上层农民	中上农民	中等农民	底层农民
人口比例	约 3%	约 15%	20%～25%	约 60%
年收入	10 万元以上	3 万～4 万元	2 万～3 万元	1.5 万～2 万元
存款	100 万元以上	10 万元左右	5 万元左右	2 万元以下
耕种土地/亩	0	2～3	15～25	7～15
收入方式	外出经商	经营副业;请人耕种 2～3 亩土地	子媳务工收入 1.5 万元,父母耕田收入 1 万～2 万元	耕种土地,打小工,经营小副业,或举家外出务工
居住地	县市或省会	60%的人居住在镇上,40%的人居住在村里	村里,少数人在镇里	村里
家庭结构	全家迁出	全家在镇上或村里	子媳在外,父母在家	上需养老,下需养小,或举家务工

上层农民是农村中收入最高的阶层,约占农村总人口的 3%。他们

① 本节的论述得益于与刘燕舞的讨论。

② 由于该地区处于长江中游冲刷平原,土地肥沃,人均耕地在 2 亩左右,因而较少有贫弱阶层。

③ 本表以 2008 年的数据为准。

的年收入在10万元以上,存款超过100万元。这批人在20世纪80年代末和20世纪90年代初外出经商,不再从事农业,在外经营养殖、贩运、加工、办厂、服装等行业。他们已经完全脱离了农村,全家定居在市县或省会城市,有的甚至在沿海城市买了房子。他们中有人会在年节时回来看望在农村的亲戚,因此村庄里的人偶尔会感觉到他们的存在。对于在村村民来说,上层农民的人回村时若趾高气扬,他们也会当这种人不存在,互相都不会搭理。房村就有两户这样的富裕户,他们走起路来“脚后跟着地”(趾高气扬),在村的人就不理他们。村民说:“你再有钱,这地球还照样转,没有什么了不起的。”这说明上层农民并不参与村庄社会生活与价值生产,也不是参照标准。

中上农民的收入水平要远逊于上层农民,他们的年收入在3万～4万元,存款在10万元左右,约占农村人口的15%。他们中有近40%的农户住在村里,60%的农户住在镇上。后者有一半是1995—1997年农业税费最重时为逃脱税费而搬到镇上的,其余是近年搬出去的。属于中上农民的农户基本上脱离了农业生产,他们从事的行业主要是交通运输、农业机械租借、个体经营等。20世纪90年代末因逃避税费搬到镇上的农户,在2003年确权确地中只保留了2～3亩口粮田,他们请人代耕。其他中上农民也耕种较少土地,其他土地按市场价格流转出去。中上农民对村庄生活的介入都较深,参与村庄的价值生产和人情来往。

中等农民属于农村中的半工半耕户,居住在农村。这样的家庭一般父子都年富力强,父子年龄结构大约是父50～55岁和子30～35岁,家庭分工是子女外出务工,父母在家种地,家庭刚性支出较小。这样父亲耕种15～25亩土地,年收入为1万～2万元;儿子和媳妇则外出务工,或者没有结婚的子女在外打工,一年可获得1万元以上的收入,一个家庭的总收入在2万～3万元,家庭存款在5万元左右。他们与中上农民的年收入差距不超过2万元。中等农民占农村人口的20%～25%。

底层农民属于农村中经济收入最低、家庭负担较重的农户。这些农户耕种的土地在7～15亩，主要收入靠土地。农闲时到镇上的工厂、砖厂、建筑工地当小工，家里搞点小规模养殖，如喂几头猪，养二三十只鸡鸭，平时还到河沟里去抓黄鳝和打鱼虾贩卖。他们中有一部分人举家外出务工。底层农民的年收入在1.5万～2万元。他们的家庭结构是上有丧失或部分丧失劳动能力的老人，下有正在读书的小孩，家庭收入完全靠中间一代人支撑，家庭的刚性支出较大，存款在2万元以下。这类农户基本占到农村人口的60%，是村里的主体人群。

通过以上的叙述，可归纳出8个村庄阶层分化的两大特点。

1. 阶层界限明确，但没有固化。阶层界限以经济状况为基准，且不同经济状况的农户，在居住地上有明确的分布。因此，居住空间是阶层划分与阶层关系最明显的区隔，受访农民容易以此将自己与其他农户划分在不同的阶层。尽管阶层间有区隔标准，但阶层并没有固化，农民有向上层流动的机会与动力，如中等农民通过努力可以在镇上买房子，进入中上农民的行列。向下流动也并非不可能，如中上农民在城镇的生意遭受挫折，就可能沦落为底层农民。正因为没有固化，阶层间的竞争与流动才成为可能。

2. 阶层呈中度分化状态，阶层关系呈高度竞争状态。除上层农民以外，其他三个阶层的年收入都不多，相差在2万元左右。上层农民的收入水平虽然独占鳌头，但他们早已脱离农村，严格意义上说并不参与农村的阶层竞争。仅就后三个阶层而言，它们相互之间的差距不大，因此相对于阶层差距大的高度分化而言，这些村庄的阶层分化呈中度状态。也正因如此，阶层之间、阶层内部家庭之间就可以在一个较低水平线上相互比较——这一竞争标准并非遥不可及，因此便呈高度竞争状态。

二、"比着过日子":社会性竞争与地位焦虑

对于村庄里的农民而言,上层农民不是"面对面"的群体(费孝通,1998),因而不是竞争的对象。中等农民与中上农民的竞争很激烈。对于属于中等农民的农户来说,他们绝对不甘心落后于中上农民,因为他们的起点最接近:他们的土地占有量、最初的资本、关系网络以及个人能力被认为相差无几。中等农民会努力使自己成为中上农民,并且,要跃升为中上农民,也不是遥不可及。即便他们认为自己比不上中上农民,也会努力让下一代比中上农民的下一代强。底层农民与中等农民的差距最近,并且常年在村庄里面对面打交道,事事都向中等农民靠拢。而且,底层农民即便一时没有达到中等农民的水平,随着时间推移,如随着子女长大外出务工,而自己则在家种好 7～15 亩地,还经营其他副业,基本上也可以达到中等农民的水平。对于处于较高阶层的中上农民和中等农民来说,除了继续努力攀升、警惕被人轻易赶上,还要努力防止掉入下层。这样,每个阶层都"勒紧裤带"参与竞争。

既然是竞争,就不能"锦衣夜行"。展示自己地位、身份的最直接的方式,是日常生活中的消费行为,以此彰显经济能力,宣示与其他阶层尤其是中下层的差异。在消费已成为身份符号的时代,农村各阶层的社会性竞争也锁定在一些给人感觉刺激最大的项目消费上,如居住地与房屋的选择、子女就读学校的选择、娱乐休闲方式的选择,以及耐用消费品的选择(见表 5-6)。就目前各阶层的消费情况来看,中上农民主要选择在城镇建房或买房,将子女送进县城中小学,并安排专人照看,经常在镇上的茶室喝茶或者邀人垂钓,家庭拥有相对齐全的耐用消费品。中等农民力图在城镇买房,至少也得在村里建楼房,尽量将子女送到镇上或县城中小学就读,休闲方式主要是在村茶室喝茶以及打麻将,耐用消费品有彩电、冰箱、洗衣机等,少数家庭有空调。底层农民在村里建楼房,子女一般在村小学或镇上的中小学读书,因为缺少休闲时间而偶尔打打麻将,家里耐用

消费品较少，但至少会购置彩电、甩干机，少数家庭有冰箱。在攀比的压力下，大部分家庭都已配备了摩托车。

表 5-6　各阶层的社会性竞争

农民阶层	上层农民	中上农民	中等农民	底层农民
居住地与房屋	在县市或省会买房	在城镇买房	在城镇买房、在村里建房	在村里建房
子女就学	县市或省会中小学	县城中小学	镇上或县城中小学	村里或镇中小学
娱乐休闲	高级娱乐场所	镇茶室；垂钓	村茶室；打麻将	偶尔打麻将
耐用消费品	各样齐全	彩电、冰箱、洗衣机、空调，少数有热水器	彩电、冰箱、洗衣机，少数有空调	彩电、甩干机，少数有冰箱

对耐用消费品、教育、居住地等方面的投资，是农村阶层“区隔”的一种表现，更是对阶层身份的消费符号编码，它为每个阶层提供了一个明确奋斗的“标的”，不在一定期限内俘获“标的”，就会产生被区隔的“耻辱感”。村民陈某对笔者这样讲述阶层间的竞争。

都是一个湾的，总不能过得太差吧？大家都是比着过日子。田地都差不多，人家喜事办得热热闹闹，房子搞得漂漂亮亮的，家具、电器什么都有，自己家里却搞得乱糟糟的，都是个人，怎么能够比别人差呢？我们夫妻两个不争气，自己又生病，没有办法……我们隔壁那家，你们看房子盖得可漂亮……（陈某，40 多岁，夫妻两人都患有腰椎病，不能负重）（袁松，2009）

下面这个案例比较典型。

晏京狗，房村五组人，家离公路较远，家里有 5 口人，2 个女儿、1 个儿子，女儿都已出嫁，儿子未结婚，现在种有 8 亩多田，住的是两层楼房。农业税费负担重的时候，他没出去打工，主要是因为老婆身体不好，她以前得过胆结石，动过手术，现在还在吃药。晏京狗除了种田，还会打散工，一年可挣1万多块钱。他所在的五组有15户，已有13户在镇上买房或在公路边建房。他说："大家房子都往路边转，街上转，全都要赶时髦，自己也不能落后。"晏京狗于2009年花12万元在镇上买房，已支付10万元，还欠2万元。问他为什么要买房，他说："其实不应该买，不过本组的人都发疯，不买不行。一是怕儿子说，别人都买，你不买不行，二是以防万一，怕到时候街上没好位置，房子又涨价。现在大队提倡到路边住，我住的这房子一分钱都不投（资）了，因为都往路边住，都往街上搬，儿子也到街上住，把钱投资到这个屋，也是浪费。没钱也要赶时髦。别人有，你没有就不行。'肚中饥饿人不知，破衣烂袄有人欺'，哪怕别人吃好的我吃差的，也要凑钱买屋。现在家庭经济条件一般，跟不上形势，压力很大，人也吃亏，不过尽管赶不来，也要拼命赶，哪怕吃点亏，如果现在不赶，越拖越远。"晏京狗会打麻将，但农闲的时候一般不打麻将，一是怕耽误工，二是怕输钱，他只会在走亲戚时偶尔打下麻将。他老婆也会打麻将，但他不让老婆打，主要是怕输钱。晏京狗还没有买插秧机，大家都用插秧机，他也打算这两年买一台，他买冰箱、洗衣机也是为了赶时髦，别人买了，他就买，总之，一定不要比别人差。

阶层之间的竞争使得每个阶层都承受着竞争的压力，而压力最大的是实行"赶超战略"的中等农民和底层农民。底层农民的竞争压力最集中，因为他们的家庭收入较低，而家庭的刚性支出较大，再要"赶超"，压力确实大。比如，在中上农民有能力将子女送到县城上学的情况下，中等农民、底层农民为了不使自己的子女输在起点上，也要努力将子女送入县城，这无疑徒增了他们的支出。压力再大，也不可能退出阶层间的竞争体系，成为不要"面子""脸面"的人，于是拼命地往中上农民"制造"的符号标杆上靠。而中上农民则要不断地制造"标杆"，以证明自己，或不被赶超。从表5-6耐用消费品的阶层持有差距中，可以看到这种"标杆"的效应，农村的摩托车、彩电肇始于中上农民，时下已经普及；洗衣机、空调、冰箱正在中等农民中普及，可以想见不久便会占据底层农民的居住空间。然而多数家庭的洗衣机都派不上用场，而是装着满满的稻谷，可见消费作为

“身份符号”的意义有多重。

在这个高度竞争的体系中，每个人都胆战心惊地生活着，如坐针毡，生怕赶不上人家，落在人家后面，或者稍有不慎，就会掉入下层，被人讥笑。一旦在竞争中被甩出去，在这个阶层结构中就没有了一席之地，在村里就没有面子、地位和说话的分量，得不到他人的尊重，甚至为他人鄙视，被人背后嘲笑为“侏儒”等。说明高度竞争的阶层体系实质上是一个有高度地位焦虑的体系。下面是如今属于中上农民的张女士对前几年焦虑的叙述。

前几年条件不好，还要引（照顾）两个孩子，出去打工挣的钱回来给小孩买奶粉，吃饭连油都舍不得吃。什么都赶不上人家，老公没本事，我脾气坏得很，有点什么就跟他吵。那时候孩子小、离得近、没人引，什么都难，干点活，孩子缠着，干不成活，自己个性强就生自己的气。与邻居家比，人家在镇上买了房子，我家在村里还住老屋，就觉得丢脸，不敢请人家上屋里坐。心里急得很，就生气。生自己的气、生老公没本事的气，跟老公吵架，吵得全队人都知道。生气就气出病来，没有人知道我的心……（张女士，34岁，现已在镇上买房、开小卖部）

“巧妇难为无米之炊”，对竞争成败最敏感的是家庭妇女，最先有地位焦虑的也是她们，她们将这种焦虑归结为丈夫的没本事，公婆没有带孩子、没有为他们付出等。所以处在底层农民阶层的农户的家庭矛盾较其他阶层多。为了获得成功，这些家庭中的所有人都被拉入这个竞争体系。人们除了不断奋斗，还很看重家庭一丝一毫的得失，因为这些得失对低水平线上的高度竞争的成败很关键。处在这种竞争“场域”（field）中的人在生活上被社会性地建构了锱铢必较、斤斤计较、精打细算的“惯习”（habitus），表现为“能剥削就剥削”“能占便宜就占便宜”的下意识而持久的思维、知觉和行动（李春玲、吕鹏，2008）。兄弟家庭之间也不例外，甚至竞争更猛烈。因为兄弟之间的起点最平等，一旦后天处于不同的阶层，或有些许地位上的差异，落后者就会更被人瞧不起。因此在对待老人上，能少承担责任就少承担，能多占对方便宜就多占，能多剥削老人的劳动就多剥削，能不养老尽量不养，以最大可能地减轻自己竞争路上的担子，或增加竞争筹码。这便是下层农民在养老上经常出现兄弟之间相互计较、相互争执的内在原因。

第五节　老年人自杀：农民群体下的代际关系与焦虑释放

一、高度竞争与代际关系逻辑的转变①

高度竞争要求家庭中每个成员都参与进来，尽其所能贡献自己的力量。老年人被拉进这个竞争体系的原因有二：一是当前农村的养老模式还是家庭养老，老人需要子代养老送终；二是老年人对子代有较强的情感寄托和“恩往下流”的思想。比较而言，前者更根本。因此，老年人也切身地感受到了子代家庭的竞争压力和地位焦虑，子代期待或“强迫”老年人为家庭的竞争服务，或者至少不添负担。

这样，老年人在子代的竞争中能不能发挥正面作用（“有没有用”），就成了子代考量代际关系的最基本标准。“有用”即能为子代在竞争中创造财富，或多或少减轻子代的负担，那么代际关系就相对平和，子代对老年人的态度相对较好，关照相对较多。“没用”即不能为子代创造财富，甚至要子代为他付出，从而使子代在竞争中处于劣势，那么代际关系就会变得紧张，子代嫌弃老年人，对老年人态度恶劣，甚至辱骂殴打、不给吃穿和医疗费等。代际关系由传统反馈模式向阶层剥削模式转变。

反馈式代际关系讲究的是抚养与赡养的均衡，赡养是子代对父代抚育的回馈，并认为子女赡养父母不仅包括经济方面，还包括生活照料和精

① 本节的案例主要来自杨华、张世勇、袁松、刘燕舞、欧阳静等人的搜集。

神安慰等方面，子代在父代失去劳动能力时为其提供生活费用，当其生活不能自理时提供照料服务，使之安度晚年（王跃生，2010）。反馈模式更多地带有伦理色彩，其基础是尊卑孝悌的伦理秩序。剥削模式讲究的是父代对子代在竞争上的付出，而不是子代对父代在抚育上的回馈。在这里，父代对子代有着无限的责任，除了将子代养育成人、为其成婚成家，还要为子代的竞争耗尽毕生，否则就换不来子代的送终义务。如果说反馈模式是一种相对平衡的代际关系的话，那么剥削模式则是极度不平衡的代际关系，它以子代的较少付出与对老年人的剥削为基础。

在剥削模式下，老年人既可以是竞争的筹码，也可能成为竞争的负担。子代在如何对待老年人，诸如养老、分家、治病、看护、送终等事项上，总是嵌入一种赤裸裸的利益和物质的"算计"，看怎么做是"划得来"，怎么做是"划不来"，划得来的做，划不来的不做或少做。以下案例就是当地剥削式代际关系的典型。

"我哥哥去年61岁，得了癌症，去治的话要花4万多块钱。他的儿媳妇算着老人治好以后应该还可以活10年，每年种田赚钱也不只4千块钱，加起来要超过4万块钱。给他治病是划得来的事，后来他媳妇就借钱去给他治了。要是我哥哥去年71岁了，治好了也干不了几年活，即便干活也赚不了多少钱。那么，他媳妇肯定不会出一分钱给他治病，他就只有等死了。"（高某，60岁）（袁松，2009）

老年人在剥削式的代际关系下，没有任何的主体性和能动性，他们在子代的"有用""没用"与"划得来""划不来"的算计中，犹如木偶一般任其摆布。可以说，在缺少伦理关怀、丧失父权和经济缺乏独立的条件下，老年人成了子代参与阶层竞争中的一颗"棋子"，有用时用，没用时弃。当然，并非农村所有阶层的代际关系都是剥削式代际关系。笔者对这些村庄中的81名子代属于上层农民的老年人的安置情况进行了详细调查（见表5-7），从中很难看出子代对父辈的算计。除上层农民之外，其余三个阶层的代际关系都有不同程度的算计和剥削，底层农民最高，中等农民和中上农民次之。这说明，上层农民的代际关系反馈性较强，剥削性较弱，代际关系较为平衡，而其余阶层的代际关系更具有剥削性质，反馈性较弱，代际关系失衡较严重。

表 5-7　上层农民老年人安置情况

项目	夫妻俩在家	夫妻俩随儿女在城市	孤老在家		孤老随儿女在城市
			生病请保姆	托人照顾	
人数/人	12	16	8	4	41
百分比/(%)	15	20	10	5	50

二、焦虑的释放：代际分工与代际剥削

农村家庭内部通过代际分工与代际剥削，使老年人服从和服务于子代的社会性竞争，以此释放子代某种程度的地位焦虑。下层农民的竞争压力越大、地位焦虑越大，代际分工就越明显，代际剥削越严重。

代际分工是指家庭内部分工中，拥有劳动能力的老年人留守在农村从事农业及相关生产，年轻人外出务工或做生意。通过代际分工，一个家庭就拥有了两笔收入，一笔是农业及相关副业的收入，一笔是外出务工的收入。就后者而言，一对夫妇外出务工，除掉生活开支、房租、时尚消费、请客吃饭等，一整年下来可净赚 1.5 万～2 万元。而老年人在家耕种土地，一亩地一年可净赚 1200 元左右(见表 5-8)，如果一个家庭有 15 亩左右的土地，那么，其纯收入要超过 1.5 万元。这笔收入一定意义上并不比外出务工收入低。这样下来，一个家庭一年的总收入在 3 万元左右，这是一个中等农民的收入水平(见表 5-5)。老年人在农村，除了耕种，还要给子代照顾小孩、走人情、看家护院以及自我养老，这为子代家庭节省了很大一笔支出。

表 5-8　农村老年人种地的亩均支出与收入

	毛收入	化肥支出	农药支出	种子支出	其他支出	支出合计	纯收入
冬季油菜/元	400 斤/亩×2.5 元/斤 =1000	264(含碳铵、磷肥、复合肥各 100 斤)	16(含防病、防虫和除草)	20	145(含插秧请工、旋耕机耕田、柴油机油钱、抗旱排涝费等)	445	1000－445＝555
夏季杂交稻/元	1100 斤/亩×0.92 元/斤 =1012	89(含碳铵和磷肥各 100 斤,以及打除草剂费用)		24	230(含旋耕机耕田、找临时工帮忙插秧、收割等)	343	1012－343＝669
合计/元	2012	369		44	375	788	1224

注:以 2009 年的物价与工价为准。

“一年难得回来一两次,回来都是吃公家的(指由父母承担生活费用),谁会愿意分家?分家了孩子留给父母养,钱就蛮难算,不分家好多地方能够马虎一点就马虎一点过去了。我们反正尽量每个月寄点钱回来,有时候有点什么困难的话,他们(指父母)那边还能够承受一下。”(李某,29 岁,打工青年)

“我两个儿子,每个儿子又给我生了一个孙子,这两个孙子都是我养大的。大孙子现在已经上大学了,跟我们可亲热。小孙子在念高中,刚才还在向我要钱去买衣服,他奶奶给了 100 块钱他还翘着嘴巴不太愿意,给了 300 块才走。他父母都在广州打工,平时说要寄钱给我,我说不要他们的。我现在还干得动,每年能搞个万把块钱,能够让他们享点福就享点福吧,我也不想他们回报什么。”(王某,村民,68 岁,儿子为底层农民阶层的农民)

可见,老年人在家的收入是子代家庭晋升中等农民阶层至关重要的筹码。排除这笔收入,子代家庭则只能在底层农民阶层徘徊。因此当地的老年人一直要劳动到不能劳动为止,8 个村庄中尚有年近 90 岁的老人通过劳动自食其力。

代际剥削是通过剥削老年人的劳动果实，并放弃对老年人的义务，以增加子代在社会性竞争中的筹码，或者减轻竞争的负担。上述代际分工的形式，本质上是代际剥削。代际剥削最极端的表现与结果，是老年人自杀。总结经验材料分析得出，当前农村代际剥削有以下几种典型形式。

1. 老年人有劳动能力时，直接剥削老年人的劳动成果。当老年人有劳动能力时，子代倾向于推迟分家，老年人单过的诉求难以实现。“会做人的老人不能单过图舒服”，他们得与子代一起生活，这样就能更好地为子代干活，干活赚的钱、积蓄全数交给子代。一旦“身体”被榨干、渐趋丧失劳动能力，老年人就成了子代竞争的包袱。此时，子媳就开始埋怨老人、家庭矛盾顿起或升级，最后逼得老人主动提出分家。所以现在单过的几乎都是缺乏足够劳动能力，只能自己糊口的那一部分老年人（杨华、范芳旭，2009）。跟子代生活在一起，一方面很容易产生家庭矛盾、代际纠纷，这是老年人激愤、绝望自杀的诱因之一；另一方面要劳动到没有劳动能力止，会让很多老年人看不到生活的希望而自杀。

王某，男，86 岁，还有劳动能力，身体很好，有一个儿子。虽然 86 岁了，儿子媳妇仍将他当壮劳力使用。老人自己种田的收入除了供应自己，剩下的全给了儿子。但老人有一个爱好，喜欢喝点小酒，儿子媳妇因此感到很不满，认为都 86 岁的人了，应该将喝酒的钱也给他们，因此就经常骂他。2008 年农历正月初一，老人喝酒后遭儿子媳妇痛骂，老人无奈之下喝药自杀（刘燕舞，2009）。

张某，75 岁，2006 年自杀身亡。他之前与老伴种了几亩口粮田，养了几千只鸭子，一年能够收入几千块钱。老人有三个儿子，第一个是原来老婆生的，后两个是现在老婆生的。第一个儿子的家庭条件比较好，他就把钱全部给了后两个儿子。2006 年的时候，老人原来住的房子坍塌了，于是老人就跟老三住，老伴跟老二。同儿子、媳妇住在一起就磨嘴吵架。老人觉得，我所有的钱都给了你们，你们还不孝顺，还跟我扯皮，不甘心，心里想不开，就喝药自杀了。当时是跟老三媳妇吵架，闹得很厉害，三个媳妇去抢他的药瓶子，抢不住，都被他摔到地上（杨华、范芳旭，2009）。

俞开勤，60 多岁，在调查者进村之前刚刚自杀。该老人有三个儿子，老三两口子在外地打工，把小孩留给老人抚养，老二在镇里打工。老人住在大儿子家，每日除了要接送在镇里上学的孙子，老人还要帮大儿子做田里的活和家务事，生活不堪重负。自杀前，老人放牛时和另一位老人说："活得太累，看不到头，不如死了算了。"当晚老人就上吊了。

2. 老年人丧失劳动能力，或得了大病后，子代不予养老、医治，间接剥削老年人。"老人能劳动就是个人，不能劳动就不是个人。"这是当地高度竞争下的普遍共识。老年人此时成了子代纯粹的"负担"，丧失了实质性的剥削价值，代际关系就变得十分紧张，家庭氛围对老年人十分不好，老年人生活得很憋屈。丧失劳动能力的老年人，每年 600 斤的基本口粮都要自己到儿子家要，要看儿子、媳妇的眼色，有时还拿不到口粮。如果有几个儿子，则很可能因子代的相互比较、推诿，谁也不养老。有的子代甚至公开辱骂、虐待老年人，巴不得老年人早点死。很多老年人受不了精神和肉体上的折磨而绝望地自杀。

李义忠的二叔和二妈，2007 年一起喝农药自杀，死时皆已 70 多岁。他们只有一个儿子，儿子的家庭在村庄中处于中上等水平，老两口一直是单独生活。老太太得了腰椎间盘突出，不能走路，坐在椅子上腰也不能直起来，一直由老伴照顾，自杀前这样生活了 5 年，媳妇从来不登门。老太太没有得病之前，两人尚可以自食其力，而老太太病倒之后，老伴也不能劳动了，生活每况愈下。就是在这种情况下，儿子、媳妇也没有照顾。最后发展到老人吃饭都成问题。老人便商量着一起喝农药自杀。因为老太太生活不便，老爷子要看着老太太死在自己前面，便喝得比较少，没有立即死亡。老太太死后，儿子忙着给老太太办理丧事，知道老爷子也是决心要死，就没有采取治疗措施。第二天，老太太出殡时，老爷子也死了。受访人李义忠说，这个叔伯兄弟盼望着自己的父母赶快死，死了之后埋了也就算了。

贺某和张某也是一对夫妻，女性老人张某2002年自杀，贺某则在3年后自杀，自杀时都是60多岁。老人有两个儿子、两个姑娘。两个儿子在养老上闹意见，分配不过来，最后“拈砣”（抓阄），老太太归大儿子养老送终，老头归小儿子管。但两个儿子都不养老人，还破口骂老人，老人气不过。小儿子性格更加古怪，不仅不管老人，骂老人，还经常动手打老人，村里人都晓得这些事。受访人分析说，老人千辛万苦将儿子养大，操心得很，媳妇也娶了，屋也做了，老人还给儿（子）们引孩子、做事，儿（子）们还骂还打，老人就生气，气不过就自杀。

老年人生病，若是伤风感冒等小病还好说，挨挨就过去了，或老年人自己花点钱医治，关键是大病，即治疗费用超过3000元的病。医疗费用在3000元以内，由诸子分摊，如果超过3000元，子代就不会花钱给老年人治病。一个媳妇谈起此事时，对调查人员坦诚：“要三四千的话，我们也拿不出，反正人总是要死的，年纪到了，治疗也没这个必要，治得好也增加了子女的负担，治不好子女们也难服侍。”这便是说，为老年人治大病，一来是增加子女的负担，二来是徒增子女服侍的时间与精力。前者是看得见的白花花的“银子”，一旦支出，就减缩了子代家庭参与竞争的资本，压缩了显示身份、地位的符号消费；后者耗费的是机会成本，子代可以用这些时间与精力去创造足以增加竞争砝码的财富。得了大病的老年人只能等死。许多老年人得了病之后，怕子代不医治、没人照顾、活受罪，就提前自杀了。

李义忠的大妈在2002年上吊自杀，死时不到70岁。老人的丈夫去世多年，她有三个儿子，大儿子没有结婚时就死了，二儿子的老婆已经死了30多年，现在没有老婆，家庭经济状况非常差。三儿子经济条件较好，属于中上水平。老伴死后，老太太一直单过。二儿子的生活自顾不暇，一直在外面飘荡，照顾不到老太太身上来。小儿子虽然家庭条件较好，但对自己不冷不热，晚年的生活非常凄凉。自杀之前得了小病，远没有到生活不能自理的程度。受访人李义忠认为,老太太之所以自杀是恐怕自己将来没有人照顾,活受罪,与其没有什么意思地活着,还不如早早死了好。

如表 5-4 所示,因丧失劳动能力、患大病后子代不养而绝望自杀的老年人,占老年人自杀总数的23.4%,并有剧增趋势。

3.老年人空虚无助,子代未予照料,间接剥削老年人。在当地农村,丧失劳动能力但尚能自理的老年人一般都单过,即便与子代名义上没分家,但因子代常年举家外出务工,老年人实质上还是单过。如果老年人的老伴在世,则可以相互照料,相互驱除寂寞,一旦有一方去世,单过的"老年未亡人"便会遭遇精神空虚、生活无助等问题。在是留在家里陪伴老年人,还是将时间、精力花在竞争大业的问题上,明显前者机会成本太大,很可能受拖累而失去赚钱的机会。所以子代会毅然决然地选择后者,将老年人留在家里。如果老年人得病丧失自理能力,需要子代切实地照顾,那么子代会十分愤懑,期待老年人早点死去。邓村受访人坚定地告诉笔者,这样的老人"基本上没有正常死亡的"。

房村原村主任、现年 50 岁的王某身体还很强壮,完全可以出去打工,但他没法出去,因为他家里还有个 80 岁的偏瘫的老母亲。他对笔者说:"(老母亲)说不定哪天就死了,不守着怎么办呢?"所以他毫不忌讳地说,希望自己的母亲死早点,这样他可以趁着还能干活,早点出去打工挣点钱,再拖几年出去也没人要了。

2010 年房村一 60 多岁女性老人自杀。这年老人在家生病,打电话给在广州打工的三个儿子。三个儿子都请假回来了,其中一个说:"我们只请了 7 天假,假期一满,就要回去上班。这七天内,你死也得死,不死也得死。"这样,儿子已经定了老人的后路,老人也就不得不死了。后来,老人便很快自杀了,儿子果然在 7 天之内办理完老人的丧事,然后大家又回去上班[①]。

---

① 这一案例是笔者 2012 年 3 月份与刘瑞、孙新华再到房村访谈时搜集到的。这次调查又发现,从 2008 年 10 月份到 2012 年 3 月份,该村又新增十几例老年人自杀个案。

更有甚者，有一中年男子为了能出去打工，在重病母亲的床边放了一瓶农药，说:“你还是喝药死了吧，你不死我怎么出去打工?”这一句话在当地广为流传(刘燕舞，2009)。事实上，有很多类似的被认为是自杀的老年人死亡个案，老年人重病卧床动弹不得，何来农药? 受访人分析是子代故意放在老年人床边的。老年人死后，子代就可以没有任何后顾之忧地外出打工，即在社会性竞争中轻装上阵。

被子代撇在家里的“老年未亡人”，则很可能因受不了空虚寂寞，以及生活上的无助与不便，而选择自杀。当然，若是能像上层农民那样安置老年人(见表 5-7)，也就不会有老年人的这种自杀现象发生，但这对于其他阶层农户来讲是巨大的负担，因而没有人这么做。如表 5-4 所示，这类自杀占23.4%，近十年有迅速增多的趋势。

新村天山组，某女性老人，60 多岁，独居，2007 年上吊自杀。3 个儿子，大儿子 40 多岁，有一子一女，一家人都在外打工；二儿子也有一子一女，都在上大学，他在家靠杀猪挣钱；小儿子的男孩上高中，夫妻二人在外打工。老太太患有偏风，久治不愈，躺在床上没人照顾。上吊时由于房梁太高，搭不上绳子，老人就把绳子系在了窗框上，但窗户高度不够，老人就将双腿弯起来，可见其求死之决心。老太太上吊后数天才被邻居发现。

新村天山组，某女性老人，70 多岁，2008 年喝农药自杀。老太太有一个儿子，一直跟儿子住在一起，腿有残疾，生活不能自理。这年儿子一家决定出去打工，老太太不大愿意，说:“你们要走的话，我先走。”儿子一家走了以后，老太太果然就喝药自杀了。数天后因尸体发臭才被人发现。

4. 老年人不给子代添负担的心理加重，以自杀来为子代减负，子代间接剥削老年人。身在高度竞争的阶层结构中，老年人切身地感受到子代的“不容易”。随着社会性竞争在最近十年越发激烈，老年人不给子代添负担的心理包袱也越来越重。到老年人重病在身，或者丧失劳动能力后，他们就越来越感觉自己是子代的负担。子代对老年人越好，这块心病就越重。那么此时，为子代减负的唯一道路就是自杀。该类自杀占15.9%，近年有快速增多的趋势。

李海林，60多岁，2006年撞车自杀。李海林的自杀一度成为邓村人热议的话题。李海林只有一个儿子，儿子家庭经济状况属于中等，孙辈在上中学，负担较重。李海林的老伴去世得早，一直是一个人生活。自杀之前一直患有冠心病，儿子还算孝顺，多次为父亲治病。为了看病，花掉了儿子不少钱，但仍久治不愈。老人为此十分心疼，于是产生了自杀的念头。自杀前，他曾跟儿子说过，如果他死在外面某个地方，不要去找他。老人本来想上吊或喝药自杀，他将自己的想法告诉本村组的人，有人开玩笑地给他建议，与其这样，还不如在村子旁的公路上撞车自杀，那样还可以给儿子赚一笔赔偿金。没想到，李海林真的这样做了，他撞的是一辆跑长途客运的大巴车。事后，该大巴所属公司赔了李海林的儿子4万块钱。

第六节　底层的去道德化与农村老年人自杀

一、农民分化与底层的去道德化构建

从上述对老年人自杀的分析来看，代际剥削是老年人自杀的直接原因。因代际剥削导致的老年人自杀数量仍在走高，说明这一现象背后必然存在一种对老年人自杀进行合理化、去问题化处理的机制。这种机制，一方面对代际剥削及老年人自杀进行去道德化的包装，使其成为日常生活中再正常不过的事；另一方面，反过来又强化这种行为，使这种行为源源不断地被制造出来。这种机制便是底层的去道德化机制。

调查时受访者称，在2000年以前，老年人自杀还是个忌讳的问题，对子代的声誉有严重的负面影响。当时农村流传这样的说法，老年人自杀让“儿(子)们一辈子都抬不起头来”。但是，2000年以后，随着农村阶层进一步分化、社会性竞争日趋强烈，代际剥削越来越成为人们释放竞争压力和地位焦虑的手段，老年人自杀越来越普遍，子代在老年人自杀“当天

就抬起头来了”，甚或“从来就没有低下过头”。老年人自杀对子代的负面影响已逐渐消失，说明对老年人自杀的评价已从不正常向正常转变。在农村各阶层中，至少有中上农民、中等农民和底层农民参与了这一去道德化的过程。上层农民较少介入村庄社会生活，同时又有足够的经济实力妥当地安置老年人，因而没有参与这个过程。事实上，他们“最怕老年人照顾不好，毁了他们的名誉，到外头不好做人”，因此他们会尽量将老年人照顾好。下面的案例在上层农民中比较有代表性。

新村的明老汉现年92岁，老伴去世多年。老汉有四个儿子，大儿子死了十一二年了，其他三个儿子都在上海经商，共同成立了废品收购公司，夫妻、儿子都在上海居住。老人身子还硬朗，生活能自理，不愿意跟儿子到城里生活，便在家单过。前几年邻居张某问他：“你儿子、媳妇都不在家，不能动了怎么办?”老头回答说：“你别管我，我会准备好好的，不能动了，就死了。”明老汉的意思是准备农药，到时自我了断。后来老汉的儿子回家，张某就讲了这个事。儿子便骂父亲说：“你要这样子(自杀)，我们就没法做人了。不能这样搞，要不你把我们送到当铺里去？你要钱给你钱，不能动了，我们回来服侍你!”老汉的儿子回上海之前，把手机号码给张某，嘱托他：“老头子没开门，就给我们看下，有事情及时打电话通知我们。”之后，老头跟张某说：“不买农药了，儿子不让，怕毁他们的名声。”

底层的去道德化是处于较低阶层的中上农民、中等农民和底层农民彼此同情性理解的产物，也是他们出于自身利益的默不作声共同制造的“合谋的沉默”(Scott，1990)。去道德化机制之所以能成立，一是参与共谋的各阶层的资源占有量都相对有限，在激烈的社会性竞争中，如何获得更多资源，以及如何减少在其他方面的消耗，是他们的当务之急。二是出现了一切以有利于子代的社会性竞争为主的评判标准。三是子代拥有对老年人的“专断权力”。去道德化以子代群体的单方面认可为准，老年人无法在村庄层面发声，他们的所有行为都是匿名的(郭于华，2008)，包括自杀。

二、底层的去道德化策略

基于上述前提，各阶层使用了以下建构策略。

1.强调子代的为难之处。子代处在高度的社会性竞争中，必然有其难处，底层一般将这个客观因素放大，以冲淡传统上“只要老年人自杀，不问青红皂白，就是儿们不孝”的道德判断，从而建立子代在事件中的“无辜”形象，给子代解套。针对子代不给钱粮、不照顾老年人的行为，新的论证不外乎是：“年轻人也负担重，一家四五口人吃饭，不容易；现在消费又高，什么地方都得花钱，人家有的你不能没有吧，都是一个湾的，看不过去；几个孩子不是上中学，就是上大学，都是正要花钱的时候；不是不给钱不给东西，他们也有苦衷，哪能怪他们不孝呢？自己都顾不了了，把（给）你吃？各方面都谅解他们。”类似的话不仅在中青年人口中出现，老年人也常这么说。

对于子代外出务工造成的老年人因空虚无助而自杀，则更有话头：“老年人不能动了，对下代不利，对自己也不利。得病一两个月，你不能一下死掉，下代总不能整天在你身边，天天给你吃、给你喝，也不能怪下代。他们请不起人来服侍，不出去打工，家里更贫困。”

2.强调老年人“恶”的方面。这主要是针对家庭矛盾导致的老年人自杀，将过错归到老年人身上，给老年人“上套”。受访的中年人一再强调，家庭矛盾“也不只是儿（子）们的问题，老年人也有过错，老人不会做老人，搞得兄弟、妯娌都不和气。”甚至老年人的性格有问题也是死罪：“老年人个性太强，不好，邻里都不喜欢，都巴不得他早点死去，对自己，对子女，都是好事。”这样一“上套”，老年人就“必死”，而且应该死。

3.强调年轻人“善”的方面。在强调老年人“恶”的同时，阶层间还不忘“抬下对方的庄”，从侧面帮子代解脱。受访人在评价有老年人自杀的子代时，总是要额外地强调：“他人很好，与邻里的关系都处得好，人并不坏，他也不想出这个事。”

4.强调老年人自杀的国家责任。调查中,无论是自杀者家属,还是其他人,都宣称老年人自杀不是个人问题,而是社会问题,认为国家不管,以后老年人自杀会越来越多,从而建构了老年人自杀的国家责任。俞开勤自杀的案例中,老人的媳妇就直白地对笔者说:"现在做儿女的家庭经济压力都比较大,照顾老年人力不从心,希望国家能够给老年人一些补助。"受访者埋怨乡村干部对老年人自杀不闻不问,期待"后面二三十年,国家对这个老年人,要想办法,不想办法不行。老了,靠儿子靠不住。国家要把老年人聚集在一起,娱乐娱乐,就和谐了,不然家庭和睦都出现问题。国家政策不改,老了,都要走自杀这条路。"这种责任外挂的叙事方式脱卸了子代的责任。

5.强调老年人的道德境界。老年人在老死、病死之前自杀了,对于子代来说,无疑是减轻阶层竞争负担的"有益之举"。因此,三大阶层最终建构了一套不追究自杀原因,只要是老年人自杀,都是"老年人觉悟提高"的表现的意识形态,即能够意识到自己老了、病了,成了子代的负担了,自杀既是对自己的解脱,更是为了给子代减轻负担,为子代着想。"能够认识到这一层,说明老年人在道德上提升了境界。"有"觉悟"的老人会得到人们的赞赏,成为他人的榜样。没有"觉悟"、贪生怕死的老年人则忍受子代的气,被子代瞧不起。常有媳妇这样谩骂这些"苟活"的老年人:"你怎么还不去死啊,人家都喝药了,你不去喝?"(杨华、范芳旭,2009)也有他人背后指摘这样的老人,说他们只知道自己"享清福",一点都不为子女考虑,给子代平添负担。这样的老年人在子代的"新道德"面前抬不起头。至此,对于老年人而言,自杀本身成了最高的"道德"。

综上,通过给子代解套、责任外挂,给老年人上套、戴光环等建构策略,农村底层三大阶层在彼此同情性的理解中,建构了一套让老年人合情合理、心甘情愿地走向自杀,让子代没有任何心理包袱的道德体系。农村老年人的"自杀秩序"在各阶层共谋的"符号暴力"中得以生成。

第七节 小结与讨论

研究表明，农村老年人自杀问题不是单纯的孝道衰弱问题，更不仅仅是代际关系结构转型中的问题，它是中国底层社会问题的集中反映。本章之所以能揭开老年人自杀背后的复杂机制，得益于阶层分析。本章首先运用阶层分析讨论了农村阶层分化的程度及各阶层的相互影响，这是本研究的基础。阶层分化程度决定了阶层间的相互关系，后者在某种程度上决定着农村的政治社会生态。中部农村阶层的中度分化，决定着阶层间是高度竞争的关系。这种竞争关系不是表现为对资源的赤裸裸的争夺，而是各阶层在资源占有匮乏的条件下展开的社会性竞争。资源占有相对较多的阶层的地位焦虑较轻，而拥有较少资源的阶层，在激烈的竞争中往往有着较重的地位焦虑。

在关注农村各阶层地位焦虑的基础上，本章将阶层分析引向对各阶层如何释放地位焦虑的考察，发现代际分工与代际剥削被农村下层阶层普遍采用。这与下层阶层资源占有的绝对量少，以及获取更多资源的途径的有限性相关。通过代际分工与代际剥削，下层农户将老年人带入了高度的阶层竞争之中。研究发现，阶层地位越低的农户家庭的老年人，介入或被要求介入子代阶层竞争的程度就越高，即代际分工越明显，代际剥削越严重，其代际关系更具剥削性。待老年人失去剥削价值，他对子代的阶层竞争与焦虑释放最有价值的，就只剩下自杀了。这个过程在农村下层阶层间的同情性理解与合谋的沉默中，被重新定义与论证，老年人自杀逐渐合理化。

本研究的阶层分析中隐含了一个很重要的前提，即下层农户资源占有的有限性。这是农村之所以为底层社会的根源。如果中国的资源向农村积聚，农村各阶层占有的资源都很丰富，即便展开激烈的社会性竞争，他们也可以通过多种渠道解决地位焦虑问题，代际分工与代际剥削作为释放焦虑的途径也就不会被使用。各阶层的老年人便可得到妥当的安置，老年人自杀现象就不会普遍出现。然而，事实上中国的资源向城市积聚的现象仍在加剧，因此若要从这方面考虑解决老年人自杀的问题，应着眼长远的政策调整。

本研究还认为，老年人之所以被拉进子代阶层的社会性竞争，并最终被剥削致死，根本原因是农村的养老模式主要仍是家庭养老。只要老年人还主要依托儿子养老送终，无论是出于自愿还是被迫，老年人都必然进入高度竞争的体系中被剥削。反过来，如果能退出或不进入这个竞争体系，也就是养老送终不完全依托儿子，子代也就无法对老年人进行剥削了。因此，要彻底解决农村老年人自杀问题，根本途径是通过制定政策变家庭养老为社会养老。

第六章 中农现象、中间价值与中农群体的社会整合

作为经营中等规模土地、获取中等水平收入的中农阶层，因其独特的社会禀赋和在农村阶层结构中的特殊位置，在各阶层之间扮演着润滑剂、缓冲器和整合力量的角色。

本章要解决的问题是为什么新兴中农群体会成为农村社会整合的内部力量。社会整合是与社会解体、社会解组和社会分化相对应的社会学概念，它是社会的不同要素、部分结成有机整体的过程。具体而言，就是整合主体通过多种方式，在协调和保证各群体利益的基础上，使社会各个部分组合起来，构成一个社会利益共同体(王长江，2004)。随着农村阶层的分化，农村社会结构越来越复杂，它在削弱传统农村整合机制效能的同时，也将各种离心力的因素导入农村，对农村社会的整合提出了新的挑战，增加了整合的难度。在经典的阶层研究中，一般认为"中产阶层"(又称中等农民、中间阶层)是社会整合的力量。调研发现，农村新兴中农阶层因其独特的社会禀赋和结构性位置，在农村阶层结构内部扮演着协调各阶层关系、整合各阶层力量的角色。

第一节　问题意识

黄宗智从近三十年的中国食品消费转型以及相应的新型农业兴起出发，论证了新时期小规模农场具有一定的经济上的优越性。他认为这种农业虽然是小规模的家庭农业，但已是资本与劳动双密集化的农业，它的出现得益于21世纪以来三大历史性变迁的交会：一是从20世纪70年代开始积极实施的生育政策使人口生育率明显下降，到了20世纪90年代终于体现于劳动力自然增长率的下降；二是从20世纪80年代开始的快速城镇化，以及规模惊人的农民工非农就业；三是食物消费转型。正是这三个不同来源的巨大趋势的交会使中国农业在以后几十年中有可能实现去过密化，其道路不是美国式的机械化和规模经济，而是资本-劳动双密集化的小规模园艺业和养殖业。黄宗智有力地论证了"中国隐性农业革命"所带来的小规模家庭农场远比大农场适合中国实际。这也为诸多农村实证研究所证实(王德福，2011)。

黄宗智主要是在农业经济学领域讨论小规模家庭农场的经济学命

题，从农村的实际来看，小规模家庭农场还具有重要的社会学意义。调查发现，随着农地流转的加速，在农村内部形成了新的阶层分化和重构现象，有一部分农户因为转入土地而经营着中等规模的土地，即形成了黄宗智论证的意义上的小规模家庭农场式经营。相比较而言，这部分农户因经营的土地属于中等规模，在村庄中的经济收入水平也属中等，故称“中农阶层”。由于中农阶层独特的社会禀赋，以及在阶层结构中的特殊位置，而在村庄政治社会生活中扮演着极其重要的角色。

在社会分层研究中，城市新兴中产阶层（或称中间阶层）被赋予和寄托了独特的社会价值和功能，即在社会分化加剧、贫富差距日益拉大的社会分层结构中，中产阶层在经济、政治、文化等方面均居于中间状态，其一旦获得合法性地位及社会认同，便有可能发挥该阶层的“中间价值”——预留社会政策调整空间，以缓解上下两层的矛盾冲突。当前，中国多数农村地区的农民群体已不再是铁板一块，他们被分化为职业取向、利益来源、经济收入、关系重心、价值观念和政治态度差异极大的不同阶层（陆学艺，1991），但是农村社会并没有因此而陷入各阶层间矛盾和摩擦的泥淖，而依然保持着相对的安定平稳。那么，在农村是否也有类似于城市新兴中产阶层的阶层存在，它在农村社会是否也扮演着中间阶层的角色，润滑和整合分化的农村各阶层？

从笔者及所在团队在安徽省芜湖市农村的调研来看，根据土地耕种规模及收入水平，可以将当前农民大致划分为上层农民、中上农民、中农阶层、中下农民、贫弱阶层等 5 大理想阶层。其中，“中农阶层”作为农村社会的中等收入群体，在乡村治理和农村政治社会发展中充分发挥了其特有的中间价值——即“中农价值”的作用，成为农村阶层结构中的主导阶层。本章将从社会学意义上阐发“中国隐性农业革命”的命题，着重论述中农阶层的形成过程、社会禀赋、结构性位置和中农价值，笔者认为中农阶层是农村社会中的中间阶层，在农村扮演着释放中农价值的角色。

本章的资料来源于 2010 年 10 月对安徽省新林村的调查。新林村位于安徽省芜湖市繁昌县平铺镇，距县城 25 千米，距芜湖市 15 千米。新林村于 2004 年由原新林村与九塘村合并组成，现辖 25 个村民组，共有 830 户，2748 人，农民人均年收入为 5500 元。全村总面积为 9.7 平方千米，其中耕地有 3200 亩，林地有 1200 亩，属于半山区半圩区。该村于 2008 年进行了土地平整，平整后的土地改分散为集中，形成田成块、渠相通、水利设施齐备的现代农田格局，适宜机械化耕作。新林村所在地区属于北亚热带温润季风气候区，全年气候温和，四季分明，冬夏长、春秋短，雨量适中，无霜期较长，光照充足。年平均气温为 15.3℃，年平均降水量为 1244.1 毫米，年平均日照时数为 2068.3 小时，年均无霜期为 231 天。新林村及周边地区的耕地以种植双季稻为主。20 世纪 80 年代中期后，新林村农民开始外出务工。据 2010 年 6 月份的统计，该村流动人口达 645 人，其中多数分布于长三角地区。近年来，随着产业转移，区域经济发展迅速，在芜湖市区、繁昌县打工的人数日趋增加。目前，20～40 岁的青壮年劳动力几乎全部在外打工，务工收入已经成为农民主要的收入来源。

第二节　土地流转与农村阶层重构

从 1984 年中央一号文件提出鼓励土地使用权向种田能手集中，对转出土地使用权的农户予以适当经济补偿的主张起，国家政策在强调稳定农村土地承包关系的前提下，始终允许和鼓励农户按照依法、自愿、有偿的原则，实现土地使用权、经营权的流转，以既保护农民的权益，又保障土地的合理、有效利用。由于各地农村经济、社会、文化条件的不同，具体实践中，土地流转在时间、规模、原因和方式上有着很大的差异。例如在江汉平原农村，20 世纪 90 年代的土地流转，主要是由于税费负担过重，农民纷纷将土地抛荒，抛荒的土地在村集体的组织下进行了流转(陈柏峰，2009b)。在笔者调查的安徽省芜湖市农村，同样是在 20 世纪 90 年代开始出现土地流转，但并非因为抛荒而被组织流转，而是由于以下两个主要原因导致土地在村社内部自发流转。

一是人口流动。芜湖市农村地处长江中下游平原，紧靠上海市、江苏省、浙江省等沿海发达省市，打工带来的人口流动在该地区较早出现。在我们调查的新林村，在20世纪80年代就有一批人前往上述地区谋生，但这批人较少，这可能是由于当时人们的观念还不是很开放。到20世纪90年代尤其是中期以后，新林村开始出现大规模的外出务工、经商潮，接近40%的家庭有外出务工人员，10%的家庭全家出去务工或经商。这在乡村治理上导致的一个结果是，农村义务工(如修渠、平整土地、圩区冬季挑圩)组织成本越来越高。人口流动导致的另外一个结果就是土地开始出现流转。全家外出务工的家庭将所有土地无偿流转给村社其他人耕种，或者田地较多而有外出务工人员的家庭，因为耕种不过来而转出一部分土地。

二是职业分殊。农民可依靠不同于农业生产的方式，且能维持家庭的主要生活，这些不同生活方式的出现就是农民的职业分殊。外出务工本身就是农民职业分殊的最主要表现。新林村在20世纪90年代至少超过10%的农民不再依靠农业维持家庭生活。同时，也出现了其他“离土不离乡”的职业，这与芜湖市的地理条件有关，它能够承接长江三角洲一带的产业转移，不少农民不离开农村就能够就地就业。另外，诸如建筑业、个体工商业、手工业、养殖业、种植业等也在当地兴起，吸纳了大量本地劳动力。这样，职业的分殊又释放了原本被完全束缚在农业上的劳动力，使他们宁愿转出一部分或所有土地而从事其他行业。调查了解到，职业分殊带来的土地流转主要是部分流转，因为人们一般是以兼业的方式在本地就业，不会完全抛弃土地。

这一时期土地流转的主要方式是农户之间的小规模流转，流转一般在一个生产队范围内，或在田地相邻的农户之间，范围不会超出行政村。流转主要是基于姻亲、血缘、人情、面子、朋友等乡土逻辑，而非市场逻辑，没有具体的纸质协议；并且当地土地流转的基本共识是，土地无偿流转，没有严格限定流转期限，但土地的转出方在庄稼收获后随时可以要回土地。这种流转方式的形成，一方面是由于当地土地价值较低，另一方面是由于农民对自己未来职业的预期，一旦在其他方面赚不了生活，尚可回到土地上刨食。

综上所述，20 世纪 90 年代中后期以后，由于人口流动和职业分殊的缘故，农民不仅在利益上开始分化，而且对土地价值的意识也开始分化。在对待土地的问题上，人们开始有机会成本和比较效益的意识，当在土地上的比较效益低、机会成本高时，这部分农民就会放弃或部分放弃对土地的经营，转向效益较高的职业渠道。村社自发的土地流转也就成了必然的现象。人口流动和职业分殊在 2000 年以后以更快的速度发展，由此带来的土地流转频度也更高，对农村社会的影响就更大。

由上可知，农村自发的土地流转是在农户分化之后出现的现象，即首先有农户的分化，如分化出外出经商户、半工半耕户、小农兼业户、举家务工户、纯粹务农户，紧接着才会出现土地流转的社会现象。但从调查的情况来看，农户的分化并不等于农村就形成了稳定的阶层分化，也就是说农户分化之后并没有带来农村阶层的固化，分化的农户变动性依然极强。例如在 20 世纪 90 年代，半工半耕户很可能转身一变就成了小农兼业户，而纯粹务农户也可能随着小孩长大外出务工而成为半工半耕户，举家务工户也可能因为生命周期的缘故而返乡务农，等等。

但是，经过十几年的土地流转实践之后，村社土地不断循环、交错流转，逐渐集中到一部分农户手中，于是在土地耕种上就形成了等级差别——有的农户耕种数十亩土地，有的农户只有三五亩土地，而另一些农户则不再耕种土地。由于土地耕种的差别，尤其是在取消农业税后，农业耕作有了可观的收入，不同农户在农地上的收益差距越来越大，农村阶层分化开始凸现。这便是说，村社自发的土地流转的最终效果是固化了之前农户的分化，影响着农村阶层的重构。那么，1995 年至 2008 年，根据新林村的土地耕种及家庭收入情况，该村农户可以被明确界分出五大阶层（见表 6-1）：上层农民、中上农民、中农阶层、中下农民、贫弱阶层。

表 6-1 农村阶层分化状况

比较项	阶层分化					备注
	上层农民	中上农民	中农阶层	中下农民	贫弱阶层	
土地占有或耕种	1～6 亩，一般均转出	1～3 亩，全部转出	15～40 亩，转入土地	1～3 亩，转出；4～12 亩，自耕	1～3 亩，自耕	土地不断向中农转入
占农户比重	3%～5%	约 10%	15%～20%	45%～55%	10%～12%	中农占的比重适中
年均收入情况	≥2 万元；≥10 万元	≥3 万元	1.5 万～3 万元	0.5 万～1.5 万元	≤5000 元	中农的收入水平呈中等状态
土地流转意愿	希望转出	希望转出	希望转入	举家外出农户希望转出；兼业农户希望转入	希望转入更多土地	中农有意愿转入土地
在村时间	全家在村	全家不在村	全年在村	举家外出务工农户不在村；兼业农户部分时间在村	全年在村	中农构成在村的主体部分

1. 上层农民。上层农民主要包括政治精英、经济精英和知识精英，占农户的 3%～5%，拥有 1～6 亩责任田，一般均流转出去了。经济精英是农村中的富裕农户，他们从 20 世纪八九十年代起，通过经商、开矿、投资办实业及其他门道而拥有了数十万到数百万的年收入，其土地全部转出。这部分人虽然较少，但是作为一个拥有庞大资产的阶层却富含极大的政治意义，因为近四十年来鼓励由富人来担任村干部，以带头致富和带领群众致富，简称"双带"。这种村治现象被热捧为"富人治村"。政治精英主要包括现任村组干部、老村组干部，不耕种土地，年收入在 2 万元以上。

知识精英，在农村主要包括农技员、教育工作者、医务人员、传统文化人（如主持红白事仪式的“老礼生”），这些人耕种较少土地，年收入在 2 万元以上。

2. 中上农民。中上农民主要是指举家外出经商的阶层。他们一般从 20 世纪 90 年代开始到附近城市或沿海城市经商，经过若干年的经营，有一定的家底，年纯收入在 3 万～10 万元，能够在城市安家立足和完成家庭劳动力再生产。这部分农户占农村总户数的 10%左右。中上农民原本有 1～3 亩责任田，均流转出去了。因此他们的主要特点是不耕种土地，将土地完全转出去，其利益关系和社会关系完全在村外，因此他们希望农村土地私有化、能够自由买卖，这样他们就能获得土地的自主控制权。

3. 中农阶层。这部分农民原有 6～8 亩土地，从 20 世纪 90 年代中期开始转入土地，到取消农业税后，其耕种的土地在 15～40 亩。夫妻两个都在家务农，两个劳动力加一台拖拉机，就能将这些田地精耕细作地种好，除了收割要请大型机械，一般不用另请劳动力帮忙。男子利用零星时间在近处务工，收入在 2000～3000 元。他们的家庭收入在 1.5 万～3 万元，这个收入在农村算中等。有了这个收入，家庭生活就比较殷实、从容，孩子的学费、建房子娶媳妇、老人的赡养都不成问题，因此即便冬季农闲时间，男子也不再需要外出务工，而是留在家里享受悠闲的生活。这部分农户可以不再转入更多的土地，而是随着年龄的增长，如 60 岁以后就种不了太多的土地了，便开始转出土地，直到没有劳动能力时将土地完全转出。中农阶层占农户比重的 15%～20%。

4. 中下农民。中下农民包括通常讲的举家外出务工户、两类兼业户和半工半耕户，他们或耕种较少土地（4～12 亩），或不耕种土地，年收入在 0.5 万～1.5 万元，在农村属于中下水平。中下农民占农户的 45%～55%。中下农民由以下三类农户组成。

①举家外出务工户。这类农户家庭人口规模较小，原本有 1～3 亩土

地，完全束缚在耕地上只能维持一家人的基本生活，无法改善生活质量、供养子女读书以及解决老人养老问题。因此这种情况下，一般是夫妻俩都外出务工，将小孩扔给老人管，或者小孩长大一起带去打工。举家外出务工，生活各方面的开销较大，诸如租房屋、水电费、生活费以及其他消费（衣物、请客、逛街购物等），一年到头能够存得下来的收入也就是 0.5 万～1 万元。

②以兼业为辅的Ⅰ兼业农阶层。这类农户耕种 4～5 亩土地，夫妻两个人只能出去一个人，另一个在家。一般是留妇女在家种地、看孩子和照顾老人，男人外出务工。但是男人并不是全年在外，农忙季节他还要回来帮忙，否则妇女干不动农业方面的重活，因此他只有在栽好早稻秧后一个月，双抢后一个月，以及冬季农闲四个月能够外出务工，理论上有六个月的务工时间。但是，如果扣除过年一个月，以及若在工地上务工受天气影响半个月没有事做的话，那么一年只有四个半月的时间在务工。妇女在家务农一般除了生活，收入最多能剩余 3000～4000 元，男子四个月务工收入一般在 5000～8000 元。因此，这样的农户家庭一年的收入不会超过 1.2 万元。这部分农民既不愿意丢地，也种不了更多的地，一般维持原状。但随着年龄的增长，在外务工越来越困难之后，就希望多种地、少外出。

③以兼业为主的Ⅱ兼业农阶层。这类农户原有 6～8 亩的地，再流转入他人 3～4 亩的土地，一般耕种 8～12 亩地。这部分农户与第二种农户很类似，也是妇女在家照顾家庭、土地，男子外出务工。区别是，因为种的田多了，妇女在田地上忙不过来——田亩多了，施肥、打药、灌水等活也就多了，因而男子除了冬季农闲的四个月可以外出务工，其余时间都得留在家里侍候庄稼。除去过年一个月，以及户外务工天气影响半个月，男子一年外出务工的时间满打满算也只有两个半月，收入在 4500 元左右。耕种 8～12 亩的地，能够收入 8000 元左右，因而这部分农户整年的纯收入在 1.2 万～1.5 万元，一般不会超过 1.5 万元。这部分农户希望转入更多的

土地，从而不再外出务工也能有足够的收入。

5. 贫弱阶层。贫弱阶层是农村社会的最底层，耕种 1～5 亩土地，因老弱病残、鳏寡孤独、既缺少技能又缺少劳动力、好吃懒做、家庭学生多等缘故，无法外出务工、经商或兼业，因而他们占有极少的经济资源(年收入在 5000 元以下)，生存空间受到极大限制，又缺少象征性资源，无法增加自己的社会资源。贫弱阶层占农村户数的 10%～12%。

第三节　乡村治理中的“中农现象”

调查发现，新林村农民分化为五个阶层，他们在农村社会中的角色和功能也不一样。中农阶层在农村生产、生活和交往中的地位举足轻重，甚至在乡村治理中出现了所谓的“中农现象”。中农现象指的是中农阶层主动介入或被纳入乡村治理，且由于他们的身影、行为、活动及观念影响着乡村治理的整体面貌，进而形成不同的农村政治社会现象。

一、中农充任部分村组公职

新林村除村两委主要职务是由富裕农户担任外，其他农村公职如关工委主任①、妇联主任、治保主任、监督委员会成员、党小组负责人等，尤其是村民小组长，有一部分由中农阶层充任。2000 年以后，新林村人口流动加剧，税费改革及取消农业税并没有阻挠或减缓这一个进程，反而更多的农民因为摆脱了农业税的羁绊而加入流动潮流，留在农村的中、青壮年越来越少、老弱病残妇幼越来越多，那么这个时候只有中农阶层还全年留在农村。从这点而言，他们就是村组干部的最佳候选人。除了中农阶层，其他阶层都不适合或不愿意担任公职、承担公共事务，如举家外出经商户几乎全年、全家在外赚钱，无时间、也无心担任公职；举家外出务工户、半工半耕户、兼业户、贫弱阶层在村的时间不充裕，也不机动，更何况

① “关工委”是关心下一代工作委员会的简称，农村正在建制这一机构。

他们要为生计奔波，根本没有心思、没有精力去做村民小组长要做的琐事，等等。

如此，在农村人口大量外流、职业越来越脱离农业的情况下，如果没有全职务农的中农阶层留在农村，那么农村的大部分公职就将无人充任。调查发现，在安徽省芜湖市某些村落，由于2008年在对土地进行整治之后，大部分土地强行以“每亩每年400斤稻”流转给少数几个种粮大户，而使得原来在土地上谋食的农户不得不外出务工。这样造成的一个严重后果是原来的中农阶层因为丧失土地而消解，在他们纷纷外出务工之后，村民小组长等职位立马出现了空档——没有了小组长，农村社会的摩擦就没有人去处理、矛盾无法化解在萌芽状态，农村基层组织就无法将国家政策、上级精神贯彻到农村，甚至连开会都没有人通知、农业补贴的存折都发不下去，更何况公共设施的组织建设、维修等。调查期间，当地农村正好在搞“撤村并居”的整村推进工程，凡是由没有流转土地的中农任职小组长的村组的工作都进行得很顺利，基层组织操心得少，而没有村民小组长或小组长外出务工或兼业的村组，则由于小组长专注于自己的事业，对工作三心二意、敷衍塞责，因而无法按时按质完成任务。足见农村公职由中农阶层充任的重要性。

二、中农作为基层组织与农民的中间人

调查发现的另一个现象是，中农阶层常常扮演着农村基层组织与普通农民之间的中间人角色，甚至可以说是国家与农民关系的“接点”。

20世纪90年代末因农民负担过重、基层干部腐败等缘故，干群矛盾恶化，农民对基层干部严重不信任，甚至由此导致对基层组织的认同感缺失；但是基层组织依然是唯一具有合法性的治理农村的政权组织，这一点在农民那里也不会被否认。这样，基层组织在农村治理中的特点就是具有“合法性”但没有“认同感”，有组织农民进行乡村治理的合法性，但农民因为不认同而不予配合、不予合作，使得基层组织的治理绩效大打折扣。

而中农阶层因其禀赋、人格及家族势力等缘故(下文详叙),在农村各阶层,尤其是在中下农民、贫弱阶层中威望甚高,普通农民对他们有着极强的“认同感”,乃至在诸多事务上听令于他们。但是,他们的“缺点”是自1949年以来就被剥夺了“士绅”“会首”“族长”等可直接治理农村的合法性主体身份,尽管他们携带着农民的认同感,但没有合法组织农民、特别是使用暴力对农村进行治理的权力。所以,中农阶层在农村治理中的特点是,有“认同感”而无“合法性”,也就没法单独使农村治理运转起来。

在上述状况的制约下,如果将农村基层组织的“合法性”与中农阶层的“认同感”结合起来,就构成了国家与农民关系的“接点”。由这个“接点”治理,就既具有国家的“合法性”,又有农民的“认同感”,基层组织与农民的关系就可以呈现出良性发展态势,乡村治理则可能在国家权力制约和农民配合下有效地展开。

调查发现,在农民纠纷解决中,如果只有乡村干部在场,则纠纷双方谁都可能不给调解人面子,使调解陷入僵局,若有一两个中农在一旁替村干部说话,纠纷双方就可以看在中农的份上,相互妥协,使矛盾朝着和解的方向发展。再如疏通农村水利设施,村干部在名义上有组织村民出工的权力与合法性,但村民不理会村干部,后者也没办法,而如若村干部与同一村组或水系上的中农一同组织,则中农会利用他在农民中的号召力将农民组织起来。又如,中央和上级政府关于农村的方针政策,村干部亦可利用中农集农民“认同感”于一身的角色贯彻下去。反过来,农民有事找乡村干部,或因为双方之间信任度很低,或普通农民怯于与乡村干部打交道[①],或乡村干部对普通村民有种权力优越感,使得普通农民与乡村干部打交道的成本太高[②],且难以获得满意的收获,而通过中农阶层作为中介与乡村干部接触则既降低了成本,又能满意而归,等等。

总之,因为中农阶层的存在,农村基层组织与农民的互动就有了中间

① 如见到村干部心里就紧张、不会说话、说错话等。

② 包括心理成本、物质成本和时间成本。

人,有了缓冲地带而不直接面对冲突和摩擦;国家与农民关系就有了"接点",国家通过"接点"的治理才有了可能。

三、中农作为农村民主政治参与主体

学界有这样的共识,即除了经济比较发达、土地地租级差比较大、集体经济发展好、矿藏资源比较丰富的行政村,一般农民对农村政治都比较冷漠,表现为不关心农村政治、不积极参与村两委选举、不参加村民代表会议等。但是如果用社会分层的视角去看的话,就会发现农村中既有政治冷漠阶层,也有对农村政治比较关心的阶层。中农阶层就属于后者。

调查了解到,除了农村一般公职是由中农阶层充任,农村中有部分党员、村民代表、老干部也属于中农阶层,这些人本身就属于政治体系的一部分,是农村中的政治活跃分子,他们有着极高的政治热情和政治抱负,希望对农村政治事务的参与既能改变农村面貌,又能实现政治抱负和政治使命。他们积极参与村庄政治的渠道有:一是积极参加或要求召集党内活动,尤其是党组织选举,通过党内民主来实现农村政治民主;二是积极参加或要求召开村委会选举、村民代表会议和村民会议,并在其中扮演积极分子角色;三是利用其特殊的政治身份,向村两委建言或施压,以改变农村政治生态和治理状态;四是通过他们与普通民众的关系,在街头巷尾、茶余饭后宣扬自己的政治主张和政治态度,表达对农村政治的看法,并在一定程度上形成村庄舆论;五是村两委会通过各种方式、活动与他们沟通、交流乃至拉拢、套近乎;等等。

而不在政治体系内的中农,虽然没有在政治体系内的中农那样有着广泛的参与政治的渠道,但他们也在积极参与农村政治。譬如,作为农民利益代言人经常找村干部反映问题;带领农民集体向农村基层组织施压要求解决问题——调查发现,因乡村水利、道路、地方势力欺压百姓等方面问题而导致的农民集体上访,组织者或召集人一般是具有一定威望的中农;中农通过组织村民参加村委会选举、村民代表选举、村民小组长选举而表达自己的政治态度和治理主张，许多不称职的小组长、村委会主任、村民代表都是因为中农带头“造反”而被轰下台的；中农密切关注国家在农村的政策，包括惠农政策、土地制度，并利用国家政策维护农民权益；因为中农阶层与普通村民的良好关系，通过“中间人”角色不仅能够参与村庄政治与治理，而且在一定程度上影响村庄政治与治理；等等。

如此一来，中农阶层就成了农村民主政治的参与和建设的主体，正是因为中农的存在构成了对农村政治精英的监督与牵制，表达了下层农民的政治与治理主张，促成了政治精英与下层农民一定程度上的结合与互动，农村政治的民主方得以可能成为现实。否则，在大多数农民对政治比较冷漠的情况下，农村政治就真的成了政治精英的“独角戏”和“逐利场”。

四、中农是农村建设的主体

调查发现，在农村最主张搞基础设施、公益事业建设并积极投入人财物的，要数中农阶层。因为中农阶层完全以耕种土地为生、主要的活动范围在农村，其主要的利益来源、社会关系完全被限制在土地上、农村里，因而他们最愿意承担建设农村社会的责任。并且，中农阶层在农村生活的时间最长，也最了解农村缺什么、需要什么、怎么建设。

而其他利益来源不在或不完全在土地上，社会关系不在或不完全在农村里的农户，则不仅对农村需要什么不敏感、不甚了解，而且因为不关乎切身利益，而对农村建设不上心、不积极、不主动，遇到要出钱出力的事情就拖沓推诿，或者想搭便车，或者有意阻挠。中农阶层最不可能成为农村建设的“钉子户”，而诸如富裕农户、举家外出经商户则最有可能成为这样的“钉子户”，乃至破坏者，而半工半耕户、兼业户也对农村建设半心半意。

这说明，在当前农村各阶层利益来源和社会关系高度分化的情况下，农村社会的建设主体也发生了剧烈更迭，中农阶层越来越承担着农村建设的重任，其他阶层则逐步推卸了这个责任。

第四节 中农阶层的社会禀赋

既然是中农阶层而不是其他任何阶层在税费改革之后的乡村治理中凸显了重要性，出现“中农现象”，则必定有其区别于其他阶层的独特社会禀赋。在经济学中有生产要素禀赋的概念，指的是经济发展或生产过程中获得某种资源的比较优势。本章受此启发，将社会禀赋定义为一个阶层在既定的政治社会环境中所秉持的较其他阶层具有比较优势的某些属性和特性。从新林村的调研来看，中农阶层有五大基本社会禀赋。

一、主要利益关系在土地上、主要社会关系在农村里

这是决定性因素，它决定了其他所有中农禀赋。相对于上层农民，举家外出经商、务工户，中农阶层的主要利益关系在土地上，兼业户只有部分利益关系在土地上。主要利益关系在土地上，就意味着要生活在农村，其最主要的社会关系在农村；最关心农田水利的基本建设；最关注国家在农村的各项政策与土地制度安排；要与村干部搞好关系，以获得更多政策优惠和国家政策信息；最关心土地本身和保护耕地，在农业耕种上讲求精耕细作以获得最大收成；等等。

中农阶层的主要利益关系在土地上，必然要在农村耕种和生活，这就要求有一个人际和谐、社会安定、充满人情面子的村社——在这里不仅能够度过生活的时间，而且能够获得人生的意义与价值体验，否则也就无法在这里安身立命。所以，中农阶层不仅要经营土地，而且要经营村社。经营村社除了建设农村的外部环境，主要的是营造人文氛围，即搭建农户之间、各阶层之间的良性关系。那么，中农阶层就要同各阶层搞好关系，不仅要主动介入村社事务，与各阶层农户建立良好关系，而且要协调阶层、农户间的关系，扶助下层农户。而主要社会关系不在村社的阶层，则对村社内部农户间、阶层间的关系漠不关心，对任何影响村社关系的事情都容

易采取“事不关己高高挂起”的姿态。

譬如，在当前大量人口外流的农村，中农阶层“留守”农村，与它交往最密切的群体是中下农民和贫弱阶层，而后两个阶层占农村户数的绝大部分(60%左右)，只有交好于他们才能使整个村社关系融洽。因此，中农阶层不仅乐于照顾属于中下农民的举家外出务工户、兼业户中留守在农村的老弱病残妇幼，使外出人员有个稳定的“大后方”；而且对于处于农村最底层的贫弱阶层也照料有加，经常对他们给予救济和帮扶，成为贫弱阶层连接农村阶层政权、争取国家政策优惠的中间人。这样，中农阶层的身边就能够聚拢中下农民、贫弱阶层，获得后两者的认同而拥有所谓的“魅力型权威”，并因此可以“父亲”般地斥责他们，调动他们参与建设村社的热情。

二、经济收入属中等水平，生活较为悠闲、闲暇时间充分

中农阶层耕种15～40亩的土地，年纯收入在1.5万～3万元，尽管在农村属于中等水平，但家庭的基本开支、孩子结婚建房、老人养老等基本能够支付得起，因此家庭生活较为轻松富裕，不会为经济所困所累。中农阶层的这个禀赋，会带来这样一些良好效果：无须再外出务工，不为生计奔波，因而有更多的闲暇时间；无须为钱财发愁，精神和精力都比较充沛，因而行事比较从容自信、有魄力，不瞻前顾后，适合于做村组干部和农民代言人；经济宽松，有外借、资助中下农民和贫弱阶层的能力；等等。

就在村的阶层而言，中下农民和贫弱阶层都为了生计在奔波，农闲时间还要外出务工、兼业，其时间既不闲暇，也不机动。而中农阶层除了务农，不需要外出务工，闲暇时间较多且务农时间本身较为机动，即所谓“甩甩鞭，不荒田”[①]。这样，中农阶层就可以利用大量闲暇时间和精力参与村社交往、走门串户，扶助老弱病残妇幼，以活跃大量人口外流后的农村

① “甩甩鞭，不荒田”，意思是，今天用牛犁一点，明天犁一点，田就不会荒着，而无须死赶忙干。

社区；便于参与农村公共事务以及村庄政治活动，促进农村民主政治发展；务农时间较为机动，适合于担任处理农村棘手、突发性事件，随时调解农户矛盾，随时可能要跑腿、跟群众死磨硬泡的村民小组长；等等。

三、在村时间最长，对农村事务和地方性规范熟稔

相对于其他阶层，中农阶层因为常年在农村务农，对农村社会各方面最为谙熟。这个禀赋使他们往往被安排为村民小组长、村民代表等或者介绍入党，成为农村基层组织与农村社会打交道的中介人、代理人；即便不担任任何职务，乡村干部要进入村民小组办事，也要首先通过他们了解情况；外出务工经商户返回农村，也要到他们那里去打听农村情况；等等。同时，中农阶层对农村地方性规范也最为了解，而且他们也是这些规范的坚定遵守者——这与他们的主要利益关系在土地上、社会关系在农村里密切相关。如此，中农阶层往往是“守旧”“保守”的阶层，是农村传统文化、习俗和道德的主要保持者和践行者。中农阶层恪守了农村地方性规范，便敢于制止不良现象、纠正行为偏差，敢于介入矛盾纠纷和指出乡村干部的不正之风。乃至因为他们道德模范的效应，而成为下层农户的追随对象。

四、拥有高质量的社区关系与超社区关系

拥有质量较高的社区关系和超社区关系，是一个阶层在阶层结构中身份与地位的象征，中农阶层在这两个方面较其他阶层有优势。一方面，它拥有较强的社区关系。因为农村土地自发流转不是按照市场原则进行的，而是深嵌在血缘、亲情和面子之中，租金为零或较少，一般优先转给兄弟、家族成员、好友等。这样，谁的上述关系多，谁转入的土地就多，而这些关系在农村社会往往会转化为“势力”，即人多势众。因而中农阶层一般都是由关系资源比较丰富的人群构成。因为这些关系资源，中农阶层就可以依仗该力量影响农村政治生态、改变政治格局，并成为各政治力量

拉拢的对象;亦可以仰赖该力量对抗乡村混混对下层农民的欺辱,保护村社;等等。

另一方面,中农阶层拥有质量较好的超社区关系网络。现代性进入农村后,农村社会也逐渐开放与活跃起来,超出村社的关系网络对于农户的生产、生活和交往变得尤为重要。中农阶层的超社区关系网络的建立,一是与他们拥有较多在外工作、经商、定居于城市的亲朋好友有关系,二是因为耕种较多的土地,他们必须与超社区的农业生产资料供应商、粮食收购商、农村信用社等发生实质性往来,并努力建构实质关系。而农村中下农民、贫弱阶层在超社区关系网络方面缺少社会资源,但是并不等于他们不需要这些社会资源,恰恰是缺少才更弥足珍贵。因此,中农阶层拥有的这些关系资源,就成了他们在农村的重要社会资本,可以利用它们为中下农民、贫弱阶层等农户提供资金、信息和其他关系资源支持,给下层农民带来福利,并因此获得中下农民、贫弱阶层的追随与认同,也形成对他们的支配。而诸如政治精英、富裕农户的超社区关系网络也比较广泛,但他们的傲慢、偏见和自以为是,使得这些超社区资源就像他们的财富一样并没有带来阶层间的融合,反而造成了阶层排斥,加剧了阶层间的隔阂。

五、是当前农村政策和土地制度安排的既得利益者

中农阶层是在土地流转过程中生成并稳定成型的,他们是当前土地制度安排、国家惠农政策的最大受益者。农村土地第二轮承包后,农村土地制度逐渐变成了以集体所有制为基础,对农民土地承包权实行物权保护的农地承包权制度。《中华人民共和国土地管理法》和《中华人民共和国农村土地承包法》都有相应规定。中央政策鼓励农民土地使用权和经营权在自愿、有偿的原则下规范流转。这样一种土地制度的安排能够保护占农村多数的中农阶层的利益。而税费改革后的一系列针对种田农户的惠农政策,如农技补贴、良种补贴、农机补贴等,也使得耕种中等规模土

地的中农阶层大受其惠。作为目前制度、政策的受益者，中农阶层最主张保持现有土地制度不变，甚至要求更稳健的土地制度和更惠利的农村政策，诸如农业各项补贴应该向种田户倾斜，积极支持国家的新农村建设战略和治安维稳措施，主张修建更多公共设施(如水利、道路、机耕道、沼气池、饮用水、平整土地)，等等。总之，凡是对农村稳定和发展有利的政策、措施，中农阶层都极力支持和拥护。

第五节　中农阶层的结构性位置

乡村治理中的“中农现象”的出现，除了跟中农阶层特有的社会禀赋有关系，还与它在农村阶层结构中的位置相关。前者主要是从阶层个性的角度阐述中农阶层的特有属性，而中农阶层的结构性位置则是指中农阶层与其他各阶层的相互关系及各阶层在阶层结构中的主次差别。从这个角度探究中农阶层的基本属性，既可以在一个更为立体、多元、动态的层面揭示中农阶层的整体面貌，又可以鲜活地透视中农阶层如何在与其他阶层的互动过程中造就了上述“中农现象”。下文从理想状态上，逐一论述中农阶层与农村贫弱阶层、中下农民、中上农民和上层农民的关系。

一、与贫弱阶层的关系

贫弱阶层因其贫弱和生活方式的巨大差异而受到农村上层农民和中上农民的歧视，后两者极少与贫弱阶层直接发生关系①。中下农民虽然与贫弱阶层在阶层地位、经济资源和象征性资源上较为接近，但其常年或

① 我们在安徽省新林村调查时，发现中上农民及以上阶层的农民甚至不知道他们村社里还有贫弱的阶层，更不清楚村社有因为无人照顾、赡养而自杀的贫弱阶层的老人，等等，上层农民对调查者反映的贫弱阶层状况的反应，就像吃不起饭就喝肉粥的故事一样，让调查者惊叹农村上层农民与贫弱阶层的分裂之严重。

大部分时间在外务工、经商或兼业，二者的接触和交往较少。

唯独与贫弱阶层有密切接触的是中农阶层。贫弱阶层在人际关系、资金、信息、农业技术、超社区关系等方面要仰赖中农阶层，即通过中农阶层获得这些生活、生产和交往所必备的资源。作为人基本需求之一的“交往需求”，贫弱阶层也只能从中农阶层那里获得满足，因为只有中农阶层愿意跟他们交往。贫弱阶层通过中农阶层的中介沟通与政治精英的关系，获得政策性的扶持和照顾，如低保评定，各项补助、救助发放。通过中农阶层的中介搭建与富裕农户、中上农民的关系以获取资金支持，以解人情，生产，子女就学、结婚等燃眉之急。通过中农阶层的中介获得超社区的关系资源，如通过中农阶层的引介和担保，向银行、信用社借贷，向农资、农机和农技公司赊账，乃至就医、子女就学、就业、打官司等，只能依赖中农阶层的关系网络和社会见识，否则贫弱阶层就一筹莫展。中农阶层对贫弱阶层富有极大的同情心，也直接给予贫弱阶层以建议、帮扶和救助等。

正因为如此，贫弱阶层对中农阶层感激甚巨，对中农阶层言听计从，极少唱反调。在农村政治社会活动中，贫弱阶层是中农阶层的“追随者”，后者能够指挥和调动前者。

二、与中下农民的关系

中下农民的经济资源和象征性资源较贫弱阶层稍好，生存有保障，但经济并不富裕，要为家庭生计、开支奔波，超社区的关系网络的质量并不高，与村社内部的上层农民交往甚少。与贫弱阶层一样，中下农民在村社内部的主要结交对象也是中农阶层，他们亦需要从中农阶层那里获得相应的人际关系、资金、信息、农业技术、超社区关系等资源支持。

不同的是，贫弱阶层虽然有求于且得到了中农阶层的很多实惠，但并不受制于中农阶层，假若没有中农阶层，贫弱阶层仍能照常生活。但是，中下农民却要受制于中农阶层，这源于中下农民的阶层“软肋”——中下农民要么举家在外务工，要么夫妻俩有一方在外务工，要么有一段时间在外务工或兼业，总之有人要离家一段时间，那么在这段时间内，一方面，家里的老人、妇女、小孩、病号，还有家庭的房子、财产、土地、人情乃至牲口，托付于谁来照料？另一方面，诸如架电线、修电器、调解纠纷、干重活、拉水泥、建房子、割稻子、斥责坏习惯、找乡村干部办事等，老人、孤儿寡母搞不成这些事，那么需要谁去处理这些事情？这些事情看起来虽然琐碎细小，但对外出人员来说却是“天大的事”，把它们安排妥当了，他们外出的“大后方”就稳当了，就可以安心在外工作。否则后院起火，外出就难以安心，就会遭受重大损失①。

中下农民没有经济实力将这些事务完全交给“万能”的市场去解决，更何况很多事情市场也解决不了。中下农民“交代”的这些事务，只有一天到晚守护着村社(待在农村)、有闲情逸致、有高尚操守、熟稔家户情况(知道哪家需要哪方面的照应)、有时间有能力的人能够妥帖地办好。显然，在农村各阶层中，完全符合这些条件的只有中农阶层——没有人会冒风险把自己的老小托付给经常外出的人照应，更不会死皮赖脸地求助于高高在上、不理农村事务的上层农民。

中农阶层揽下了这些活，给中下农民帮了大忙，这也就成了中下农民与中农阶层建构关系的一个抹不去的“软肋”。从中下农民外出务工、经商或兼业的那一刻起，他们与中农阶层的关系就不是平等的——中下农民依赖中农阶层的照应，中农阶层出于自己的禀赋而予以照应，他们的软肋就被捏在了中农阶层手中，只要不停止“外出”就要受制于中农阶层，唯其马首是瞻。这样，由于中下农民对中农阶层的这种结构性依赖，中农阶层与中下农民就形成了支配与被支配的权力关系。

而在中下农民“外出”之前，这种结构性依赖关系并没有形成，二者之

① 例如，老弱病残妇幼一旦没有人照料、看护，要么会出问题(老人自杀、妻小得病等)，要么外出者返乡耽搁工作，要么外出者将他们也带上，总之都会因外出务工的大后方不稳而造成很大损失。

间不存在支配与被支配的关系。一旦建立了结构性依赖关系，中农阶层的道德优势就被凸显出来，中下农民处于道德的劣势，对中农阶层有抱愧之心，因此二者之间的道德势能就在互动中转变成权力势能，构成权力支配关系。在农村中的具体表现有：每次外出人员返乡都要到某些中农家里去拜访、致谢，更进一步套近乎、拉拢关系；中下农民虽然外出习得了新观念、处事风格和生活习惯，但返乡之后不能改变由中农阶层定义的竞争标准、行为规范和道德准则，还得按照村社本身的逻辑来办事；在农村政治社会事务中听从中农阶层的安排和调动，如在村委会选举中由中农决定投票去向，又如尽管不热心搞农村基础设施建设，但碍于中农阶层的面子还得出钱出物；等等。总之，由于中下农民对中农阶层的结构性依赖，中下农民在农村政治社会事务中最有可能成为中农阶层的"同盟军"。

三、与中上农民的关系

中上农民与农村还有着微弱的关系，且主要是与中农阶层打交道。一是他们的土地流转给了中农阶层，后者向他们支付少量的地租，或象征性地送点农产品，因而中农阶层与他们有交情。二是中上农民的老人可能还留在农村，需要中农阶层照料。中上农民举家外出经商，小孩在城市经商或读书，但可能家里还有老人，不习惯城市生活而需要在农村养老，中上农民无法自己照料，只能托付给中农阶层。三是中上农民若父母故去，每年清明节还得返回农村扫墓祭祖，因而需要中农阶层接待。四是中上农民在农村的亲戚朋友就是中农阶层的——这就是为什么中农阶层有较多土地的原因之一。

中农阶层与中上农民千丝万缕的关系，使得后者无法完全摆脱农村，便可能成为中农阶层最主要的超社区关系之一。通过中农阶层的中介作用，中上农民便能与村社、中下农民发生关联，从而成为惠及中下农民和乡村治理的积极因素。

四、与上层农民的关系

1. 与富裕农户的关系。富裕农户一般居住在农村或附近城镇，与农村中下农民、贫弱阶层几乎无直接来往。但与中农阶层有联系，主要体现在两个方面：一是富裕农户转出土地给中农阶层，这同中上农民与中农阶层在土地上的关系类似；二是鉴于中农阶层与中下农民、贫弱阶层的特殊关系，富裕农户要想在农村政治上有所作为，就得首先笼络中农阶层。富裕农户依然保留着农民身份、不完全脱离农村，一个很重要的原因是他们的抱负不仅在经济上，而且在政治上，他们希望担任村干部，县、乡人大代表、政协委员，以此沟通与国家权力机关的关系。富裕农户的这种政治热情不仅有内在的驱动力，而且被“富人治村”的形势所建构和强化。为此，富裕农户要寻找政治上的群众基础，就必须得到农村多数人的支持，但他们恰恰与占多数的中下农民、贫弱阶层没有深刻交往。为了解决这个矛盾，他们只能通过中农阶层打通与中下农民、贫弱阶层的关系。笼络了中农阶层，就等于占有农村大多数“选票”。出于这些考虑，富裕农户就得结交中农阶层，至少在需要的时候是如此。

2. 与政治精英的关系。中农阶层与政治精英的关系如下：其一，农村政治精英有一部分由中农阶层充任，包括村组干部、党员、村民代表、党小组成员、老干部等，二者有着“剪不断理还乱”的关系；其二，在村干部选举、落实村两委决议、贯彻上级方针政策、调处农户矛盾、了解农村基本情况等方面，村两委都需要得到中农阶层的支持，需要中农阶层去沟通中下农民，做后者的工作、获得后者的拥护；其三，中农阶层的利益关系主要在土地上，因而需要了解国家的农村政策、补助措施以及政策走向，也希望得到基层组织的大力扶持，希望基层组织在农村基础设施上有更多的投入，因此他们必须主动结交农村基层组织。

因此，中农阶层与政治精英天然就是利益相关者。政治精英也就成了中农阶层在农村里的强关系，而这一关系又有利于提升中农阶层在下层农民心目中的地位，反过来强化中农阶层对下层农民的权力支配关系，从而使其作为中间人的角色更为凸显，形成正反馈。正因为如此，政治精英往往也有意建构中农阶层与自己的强关系，以彰显中农阶层“与村干部有关系”的状态，从而凸显、强化中农阶层与下层农民的权力支配关系①。政治精英只要抓住了中农阶层，就等于更有力地抓住了下层农民。

3. 与知识精英的关系。知识精英一般有着较强的正义感、道德优越感和“士人”情结，因而对农村政治、经济和社会事务较为关心，有极大的参政议政、建设农村的热情。但他们无法直接实现自己的抱负，在政治上他们希望有参政议政的平台、希望政治精英采纳自己的建议。在社会层面，他们的很多建设、改造农村的计划，如农村礼仪传统传承、农技推广、卫生观念变革、孝道伦理维护等，都需要由在村时间最长、有一定社会责任感、时间充裕的中农阶层具体贯彻在日常生活中。因而，知识精英在农村主要结交的对象是中农阶层，希望通过影响中农阶层进而影响其他农民。而中农阶层在诸如农业知识、科学技术、医疗卫生、传统礼仪礼节、外界见识等方面又要求助于知识精英，也有结交知识精英的意愿。因此，在农村，中农阶层与知识精英的关系如鱼水般融洽。

第六节　农村社会整合：中农与“中间价值”

当前学界探讨的城市中间阶层，主要是指相对于产生于前工业革命初期的旧中间阶层而言的“新中间阶层”，主要是指从事脑力劳动的职业工作者，具有较高学历，接受过专业化训练，以工资、薪金谋生的被雇用者。按照张宛丽等人的定义，“新中间阶层”概念表述的是在工业化社会结构中的社会地位分配系统上，分布于竞争性较强、市场回报较高、具有

① 比如原来某个中农与村干部没有关系，村干部通过各种方式与他建立关系，如派活给中农干，参加中农的人情往来，经常到中农家去坐坐，帮中农的忙，等等，而一旦“与村干部有关系”了，就会强化中农在下层农民中的地位，从而更有利于调动下层农民。

特定社会影响力的一些不同职业群体，他们在职业收入、权力、声望、教育等社会资源的分配中处于大致相同的社会中等水平，他们是一个异质性的地位群体集合。

研究发现，在中国社会结构转型的具体情境下，新中间阶层具有以下主要社会功能：一是贫富分化及社会利益冲突的缓冲功能，二是社会地位公正获得的示范功能，三是社会主义市场经济及现代性社会价值的行为示范功能。其中，新中间阶层在社会分化加剧、贫富差距日益拉大的社会分层结构中，处在经济、政治、文化等方面的中间状态，能够起到缓解上下阶层间矛盾冲突和安全阀的特殊作用。张宛丽将之定义为“中间价值”。“中间价值”是新中产阶层由于它在社会阶层结构中的独特位置，以及它特有的阶层属性所具有的政治社会功能。

正如上文所述，中农阶层在农村有着完全不同于其他阶层的社会禀赋，它在农村阶层结构中亦处于其他各阶层无法比拟的特殊位置，并彰显出其结构性力量。因此按照“中间价值”理论，中农阶层在农村政治社会中理应扮演独一无二的角色，并释放出独到的价值。为了叙述的一致性，此处称之为“中农价值”。“中农价值”是中农阶层的社会禀赋和结构性位置共同作用于中农阶层本身所释放出来的政治社会功能和价值属性。

一、作为农村各阶层的润滑剂、缓冲器和整合力量的价值

在阶层分化的背景下，农民问题的实质是阶层之间的关系问题，即如何处理好农村各阶层关系、协调各阶层利益是当前农民问题的核心。当前农村利益关系异常复杂、阶层分化十分显著，但却没有出现阶层之间的剧烈冲突，更没有所谓的“阶级矛盾”，其中一个重要原因是中农阶层在各阶层之间扮演着润滑剂、缓冲器和整合力量的角色，它使得分化的农村社会重新整合起来。中农阶层的整合作用，主要表现在以下四个方面。

1. 中农阶层及时调节处理各阶层、各家庭之间的摩擦和纠纷。农村社会分化之后，各阶层间不可避免地会出现摩擦、矛盾与纠纷，如普通农

民与政治精英因后者的腐败、不作为等缘故产生互不信任、工作中的正面冲突;下层农民与上层农民因价值观念、生活习惯以及相互鄙夷等缘故产生矛盾、冲突;知识精英因道德优越感、正义感等秉性与政治精英、上层农民摩擦出各类火花;上层农民因土地流转与转入土地的农户之间产生矛盾;各农户之间日常性的摩擦;农村灰色势力见利忘义,欺占下层农民的利益;等等。中农阶层与各阶层都存在着某种强关系,而且他们本身具有道德优势以及家族势力,因而有能力在各阶层间来往穿梭,从中斡旋,及时解决各类矛盾纠纷及摩擦。

2.中农阶层在一定程度上能够协调各阶层之间的利益关系。农村阶层分化之后,利益关系是各阶层之间最重要的关系,这个关系处理不好就会出大乱子。农村的利益关系问题主要表现为公共利益的分配问题与贫富差距问题。在公共利益分配问题上,中农阶层会极力主张向下面的阶层倾斜,缓和政治精英、上层农民以及灰色势力从中攫取利益的程度,以平衡利益分配。贫富差距是客观存在的问题,无法通过“劫富济贫”达到平衡,但中农阶层可以说服上层人士通过让渡一部分利益的方式,使下层农民也受惠,从而消除上下阶层之间的紧张关系。典型的如,上层农民经商、开矿、搞工程、搞建设等,可通过中农阶层的中介,将业务交给下层农民去做。

3.中农阶层沟通各阶层关系。中农阶层是沟通农村下层与上层的桥梁。下层农民因其经济资源、象征性资源的严重缺失,在社会交往中往往被排斥在上层人士的交往范围之外,无法与后者建立联系以获取相关的经济资源和象征性资源。如果按照这个刚性结构发展,就很可能造成下层农民与上层人士的隔离,以及出现社会资源上的“马太效应”,富者恒富,贫者恒贫。但是因为有中农阶层这个桥梁在,上下就可以交流,下层就有机会借助上层的社会资源上升至上层,形成良性的社会流动。例如,中下农民可以通过中农阶层的中介,达到与政治精英接触以获取救助的目的,或与上层农民发生借贷关系以救急或缴纳子女学费;中下农民可以借助中农阶层的关系，转入上层人士要转出的土地，从而上升至中农阶层；下层农民可以通过中农阶层向政治精英表达政治态度及对农村公共品的需求；而政治精英则可以通过中农阶层的人脉关系，笼络下层农民，博取选票；等等。

4. 中农阶层定义竞争规范，使农村社会竞争保持在一个各阶层都能接受的程度。农民尽管分化成不同的阶层，但是大部分农民依然还共同生活在一个社区内，那么哪个阶层的竞争规范、价值标准会成为整个社区公共的行为准则呢？在大部分农村地区是中农阶层的行为准则具有公共性。这可能源于它既是农村社会的中间阶层，又是主导阶层。就前者而言，中农阶层在经济上较为宽裕但不是富得流油，因此没有消费的焦虑，却也不会过分消费，由它定义的竞争规范和标准(典型的如办酒席的规模与档次)，半工半耕户能够承受得起，中下农民虽然有难言之隐，但达不到也不会觉得丢太大的脸，而上层人士按中农的标准去做，也不会觉得太掉身价，依然能够获得面子和声誉。就主导阶层而言，中农阶层能够通过行为、力量、德行将自己的规范、价值贯彻到农村社会生活中去。

因此，中农阶层定义的竞争规范和标准，是各个阶层都能够接受，又能体现差别的公平的规范，因而能够整合各个阶层，而不会引发阶层之间的恶性竞争、相互鄙夷，导致社会各阶层的分裂。假设农村社会的规范是由上层农民定义的话，那么广大下层农民根本无法达到标准但又必须参与竞争，因此不能在竞争中获得社会地位、面子和荣耀，会产生人生的失败感和无意义感，并可能将之归结为上层农民的缘故，阶层之间的“气”就此生发出来，就会产生或明或暗的阶层斗争，如暗地里报复上层农民、阻挠他们的发展、破坏他们的声誉等。上层农民定义的社会规范，是对大部分人不公平的行为准则，应尽量避免它上升至村社公共层面。

二、作为党和国家政权在农村的阶层基础的价值

如果说在农村改革之初、农村社会分化较弱的情况下，党和国家政权

在农村的基础是均分土地、所有农民普遍受惠的话，那么在农村社会阶层高度分化、利益高度不一致、人员高度流动的今天，农村中的哪个(些)阶层会是党和国家政权在农村的基础和坚定的支持力量？这是一个急需回答的问题，以便于党和国家的农村政策及时调整。

中农阶层在以下几个方面决定了它是党和国家政权在农村当仁不让的阶层基础：其一，它的主要利益关系与社会关系在农村里，同时又是党和国家现行政策和土地制度的既得利益者，最关心和支持党和国家的农村政策；其二，它的社会禀赋和结构性位置决定了它最适合于承担连接农村基层政权(或国家)与农民关系的重任，扮演国家政权与农民打交道的中间人角色，疏通上下关系，使上传下达和乡村治理成为可能；其三，占农户10%～12%的贫弱阶层是中农阶层的“追随者”，占农户45%～55%的中下农民是中农阶层的“同盟军”，贫弱阶层和中下农民在一定程度上都受中农阶层的支配和调动，因此抓住了中农阶层(占农户的15%～20%)，就等于抓住了农村80%左右的农户，反之政策出错[①]就会丢失这些农户的支持。

三、作为经营小农村社主体的价值

小农村社是农民生产、生活和交往的社区，同时也是生产价值、赋予农民生活以意义的伦理共同体，更是农村人口流动后外出务工经商人员的“大后方”。那么，在农村人财物整体外流的条件下，哪个阶层在经营着小农村社？显然，在农村各阶层中，只有主要利益关系和社会关系在农村的阶层才有责任感来经营小农村社，经过这一裁量，就只剩中农阶层和贫弱阶层了，而后者因为整日奔波于生计，既没有任何禀赋，又没有多少力量来承担超出家庭以外的责任。最后只剩下中农阶层。

一方面，中农阶层维系村社道德、斥责不良行为、调解农户纠纷，帮助

① 比较明显的政策错误是，地方政府强行推进的大规模土地流转，它将中农阶层赶出了农村，从而消解了中农阶层，丧失了阶层基础。

外出人员照应留守的老弱病残妇幼，通过走门串户了解农户情况、活跃村社交往，抵制外来势力对村社的侵害，使村社依然富有浓厚的人情味、道德内涵，令置于其中的人依然能够获得体面的生活、面子和荣耀，也使外出人员能够出得去、也回得来，等等。另一方面，中农阶层是农村基础设施建设的积极倡导者和践行者，这是其基本利益使然，也与它的其他社会禀赋和结构性位置相关——有时间、有精力、有能力出头；能够调动、说服贫弱阶层、中下层农民；有一定制止钉子户、搭便车者的能力；能够游说基层组织、获得富人支持、援引超社区资源；等等。由此，中农阶层不仅经营着农村土地，还经营着小农村社。

第七节　小结与讨论

黄宗智在论述中国新时代的农业从低值的、过密的以粮食为主的生产向资本和劳动双密集化的高值、具有适度规模的苹果和鱼类生产的隐性转化时，提出并回答了新时代的小规模家庭农场应以什么样的形式、方法来与市场打交道的问题，即从生产到加工、运输、销售的“纵向一体化”。黄宗智更倾向于以社会化的、以耕作者的利益为主的合作组织或“公共”批发市场，而非资本主义型、以企业主利润为主的龙头企业。笔者认可黄宗智的选择和“新时代小规模农场具有一定的经济上的优越性”的判断。黄宗智对中国隐性农业革命及小规模家庭农场意义的论证是从农业经济学意义上出发的，但正如上文所论证的，黄宗智提出的命题远超出了农业经济学领域，也在社会学领域具有重要的意义。笔者认为，“中国隐性农业革命”的社会学意义在于，经营小规模家庭农场的“农场主”具有阶层分化与整合的双重效应，也就是说这些“农场主”作为一个独立阶层即中农阶层，而与其他阶层相互区分，同时它又是整合分化了的农村各阶层的一种力量，使村社未因分化而瓦解。

相对于黄宗智的宏观研究，在文中，笔者首先论述了农村土地集中的微观经验，也就是为什么农村会出现小规模家庭农场，其中村社土地的自发流转在此发挥了重要作用。而土地的相对集中所形成的经营中等规模土地、获取中等水平收入的农户，构成了农村中一个稳定的阶层，即中农阶层。这是农村最近二十年新兴的一个阶层。在农村愈发开放、高度分化的情况下，该阶层因其主要利益关系在土地上、社会关系在农村里而拥有其他阶层难以企及的社会禀赋，这些社会禀赋又使其在农村的阶层结构中占据着主导地位。中农阶层的社会禀赋及其在阶层结构中的特殊位置，是中农阶层释放异于其他阶层的中农价值的基础性条件。中农阶层在与乡村治理、农村政治社会事务和其他阶层的交互作用中，释放了中农价值，造成了一系列政治社会效应，即“中农现象”(见图 6-1)。

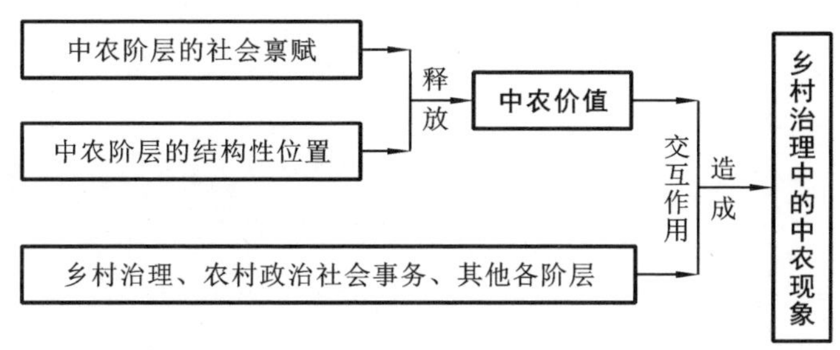

图 6-1　中农阶层与中农现象的逻辑图谱

中农阶层不仅在笔者所调查的中部农村存在，其他调研也表明，它是广大中西部农村普遍存在的社会学现象。可以说，农村新兴中农阶层的发现，将“中国隐性农业革命”带进了社会学阶层研究的经典命题之中，具有深刻的理论意义。

第七章 结论

随着当前农村阶层分化的进一步加剧，农村地区尤其是东部农村也已出现由血缘地缘社会向阶级阶层社会转变的明显迹象，农村阶层关系交互作用的性质和状况是影响农村政治社会想象及政治社会稳定的最重要因素。

本书完成了对农村阶层关系的初步研究。正如任何理论总结都是对经验的部分且简化的概括一样，农村阶层关系的经验远比本书中呈现的要丰富、复杂和立体得多，对它的进一步、更深入的研究，需要有更多的学界同仁共同努力。基于前面各章的分析，本书得出以下基本结论。

结论一，虽然当前农村社会已经分化出利益取向、社会关系、价值观念和政治社会态度迥异的不同群体，不同群体之间的关系对农村社会的影响愈发重要，但是农民分化属于村庄里的分化，它受制于村庄熟人社会和血缘地缘关系，从而迥然不同于城市里的分化和西方社会分层。

结论二，农村阶层关系的性质和状态，还与不同村庄阶层分化的程度有关，阶层分化程度低的村庄，阶层之间更多的是合作关系；阶层分化呈中度状态的村庄，阶层关系表现为竞争关系；阶层分化呈高度状态的村庄，其阶层关系往往是对立关系。随着农村阶层分化的进一步加大，阶层间的利益摩擦逐渐显现化，阶层关系将越来越刚性，互动与协调的难度也会越来越大，阶层矛盾必将越发深刻。

结论三，在中西部地区，农村存在一种去阶层分化的机制，传统的血缘地缘关系在农村不同群体中还发挥着一定的作用，使得它们在一定程度上还能顾及人情面子，群体间关系相对缓和。但是在东部地区，由于农民呈现出中高度分化，上层农民在村庄政治、经济机会、社会关系和文化价值上构成对底层农民的排斥，底层农民与上层农民的关系是一种对抗型的关系，阶层关系肢解和超越血缘地缘关系而成为农村最主要的社会关系。

结论四，在农村各阶层中，新兴中农阶层因其独特的禀赋和价值，能够起到润滑阶层结构、协调阶层利益、整合分化的农村社会的作用。农村社会以新兴中农阶层的价值观念、政治态度为基本行为准则，使得中国在近四十多年，尤其是最近十年的现代化进程中，得以获得一个庞大的“稳定器”。应该以新兴中农阶层的价值观及其行为准则作为调整农村利益结构的基点，这样党和国家的农村政策就有了更多预留和调整的空间。

作为本书的结论部分，本章将对上述基本结论及所提出的问题做进一步的讨论和阐发。

第一节 熟人社会、血缘地缘关系与村庄里的分化

农民的分化是村庄里的分化。村庄将农民的分化置入两重相互作用的结构之中，一重是熟人社会，一重是血缘地缘关系。熟人社会是相较于城市陌生人社会而言的社会结构，血缘地缘关系则是较之于西方个人本位而言的关系模式。受这两重结构的制约和影响，农民的分化有不同于城市居民分化和西方社会分层的独特之处。

一、熟人社会与农民分化

城市里的社会分层是通过数据统计来划分的，研究者除了数据，很难看到具象的阶层结构，更难触摸到真实的阶层互动。城市里的阶层关系或阶层内部关系是匿名的和可以逃逸的，每个人都可以进入或逃离某种阶层关系结构。但是，村庄里的分化与城市里的分化大为不同，因为对于研究者来说，村庄具有结构易得性和逻辑自洽性；对于农民本身来说，村庄社会具有信息对称性、互动在场性和价值共享性。农村阶层分化也就自有其特点。

在村庄里研究阶层分化的最大优势就是可以将分化本身和分化后的阶层互动尽收眼底，每一个结构、每一层关系都看得一清二楚。我们把这个研究特点称为结构易得性。就阶层结构而言，只要调查者深入村庄访谈和观察，不仅可以将阶层结构立体图清晰地划分出来，还可以将村庄里每户农户根据相应指标安插在结构中的不同位置。由此便可以确定处在结构中不同位置的人的思维方式、行为逻辑和行动能力。研究者甚至可以在村庄中观察到不同阶层的居住区隔，显著的如老村落和别墅区，也可以现场观察不同阶层农民的社会交往和消费行为。研究者无法从数据上

把握城市阶层关系互动，但是在村庄里，阶层互动是可见的。首先作为互动主体的阶层双方是可见的，其次是互动双方所凭借的资源、手段及如何调动资源是可见的，再次是双方互动的内容是可见的，最后是互动关系状态本身是可见的。研究者可以从可见的互动中动态地描绘出阶层关系的具体结构和各阶层在阶层关系中扮演什么样的角色。村庄具体的事件可以作为切入口，用来观察阶层关系和阶层互动，因为在事件中，村庄各阶层的交互作用最密集、各阶层的资源和手段被充分地调动起来。譬如，在村级选举中，上层农民、中间农民和底层农民阶层之间的交互关系及各阶层内部关系完全暴露无遗。上层农民几乎都被动员进选举团队，他们蠢蠢欲动，意欲占据村庄公共利益再分配权力。中间农民对上层农民亦步亦趋，一部分人被纳入选举团队做协助工作。下层农民将选票“卖”给上层农民就没有脸红过，他们与上层农民的关系类似陌生人之间的交易关系，而非血缘地缘关系。

逻辑自洽性说的是村庄内部各现象之间具有逻辑相关性，即便没有外部变量的介入，也能够完成逻辑链条的构建。虽然现在的村庄是开放的，外部的市场、资本等因素都已深深嵌入村庄之中，村庄的每一个方面都有外部变量的影子，但是由于村庄在政治、经济、社会和文化价值观上相对封闭独立，外部因素往往会内部化为村庄的一部分，因而村庄各现象之间的逻辑关系具有相对的完整性。具体到村庄里的分化，虽然导致分化的要素包括技术、管理、资本、政策、超社区关系、信息等因素都是外部的，但是阶层之间的关系却是在村庄内部发生的，因而这些外部因素就可以作为资源被纳入阶层互动和阶层竞争之中，从而影响阶层关系。再加上，因为结构易得性，村庄内部的各个现象也是容易观察到的，且与之相关的材料、案例甚为丰富，因而它们之间的逻辑关系也较为容易构建。因此，研究者就可以在村庄内部构建关于农民阶层分化和阶层互动的相对完整的解释链条，而无须跑到村外去做调查、找变量，更无须大量的数据来做论证，从而节省了研究成本。无论是结构易得性，还是逻辑自洽性，对于研究者来说，其功能一言以蔽之就是方便研究，村庄不仅是研究单位，而且是研究方法。

农民之于村庄里的分化较市民之于城市里的分化大不一样，因为城市是陌生人社会，村庄却是熟人社会（贺雪峰，2016）。陌生人社会是相互匿名、看不见的，因而在价值上乃至身体上是可以逃逸的。即便是在同一单位内，如果觉得在单位待着压力太大，一是可以换一个压力小的单位，在身体上逃离单位，二是可以对单位的主流价值予以“断头术”，即不认可其价值观，或提出新的价值观，或认可其他的价值观，这是在价值观和评价体系上对单位的逃离。比如在高校主要以科研论英雄，科研能力弱的人可以在不脱离单位的前提下于其他地方获得承认，比如在教学、炒股、办企业、登山、远足等中得到价值认同。但是熟人社会是不可逃逸的，对于底层农民来说尤其如此。

熟人社会有三个主要特征。一个是信息的对称性，说的是村庄是狭小的空间，农户之间是透明的，彼此知根知底。那么，农民因为清楚自己和其他农户的情况，就会在比较和竞争中对自身进行阶层定位，确认自己在社会分层中的位置和扮演的角色。在调查中，当调查者询问受访对象他们自身或其他村民处在哪个层级时，他们会毫不犹豫地说出自己或他人的位置，且不同受访对象的回答可以相互验证。在村庄里，因为信息的对称性，农民的主观阶层和客观阶层具有高度的一致性。信息的对称性还使得每一个农民都完全暴露在村庄之中，相互之间无法隐藏信息，也无法不接收对方的信息。对于在比较和竞争中落后的底层农民来说，他们既无法将自己封闭起来，不让他人知道自己的底细，也无法包裹自己不受来自上层农民的信息的冲击和刺激。他们因而将自己的落后暴露无遗，倍感压力。这里说的是信息因传递畅通而对称。事实上，村庄信息的对称性还表现在村庄信息的物质可见性。物质是记录和表达信息的重要载体，主要体现在居住、酒席、人情、消费等竞争项目方面。这些物质表达和传递了信息，它们的差异很容易为村民所感知。

熟人社会的第二个特征是互动的在场性。城市社会阶层的互动发生在陌生人之间，因而必定是抽象的和匿名的，人们可以逃逸这种互动。但在熟人社会中，人们的互动是在场的。这个特性源于村庄交往距离短小和信息的对称性。互动的在场性表现在两个方面，一是只要发生互动，互动双方就清楚对方的底细，尤其是对方所拥有的资源禀赋，很清楚怎么跟对方打交道，知道自己出牌之后对方有什么牌可以出。事实上互动结果是结构性的，早已确定。上层农民在跟底层农民打交道的过程中具有天然的优势，因为他们掌握的资源更多，他们知道底层农民的软肋和怎么对付他们。基层政府之所以希望和扶持上层农民担任村干部，原因之一就是利用上层农民的资源治理底层农民中的钉子户。二是互动的面对面。这里的意思是，无论多么不喜欢对方，多么不愿意跟对方交往，只要生活在村庄中，“低头不见抬头见”，就得直面与对方的互动。那么，即便是上层农民对底层农民的排斥和压制，也是在村民的眼皮子底下赤裸裸地发生的，没有丝毫遮掩。对于底层农民而言，他们虽然在上层农民面前有压力，但又不得不跟上层农民打交道，因此压力直接来自上层农民并在交互关系中不断叠加。

熟人社会的第三个特征是价值的共享性。城市社会的价值观是多元的，人们可以服膺不同的价值体系而在其中获得价值感。如果人们在某种价值体系中无法自我实现，他们便可改换门庭，投到其他更容易自我实现的价值体系之下。但是农村的价值体系却是村庄共享的，某种价值体系会成为笼罩性的力量而为村庄多数村民所认可。人们只有达到了该价值体系的标准，才能获得面子、荣耀等社会承认。这个价值体系由谁来制定和引领呢？只有村庄强势群体的价值体系可以成为村庄共享的价值体系，其他群体的价值体系则被否定或舍弃。在东部农村，强势群体就是上层农民，因为他们的经济优势明显，与底层农民拉开了相当大的距离，由他们的炫耀性消费价值观来引领村庄的价值体系，会造成底层农民要达到他们的标准相当困难，进而使底层农民难以在村庄中获得认可。在此时，底层农民无法提出与上层农民相对立的、更容易达成的价值观，只能硬着头皮接受上层农民的价值观。这对于底层农民来说无异于价值剥夺。

正是熟人社会的上述特征，使得人们除非搬出村庄，否则村庄是不可逃逸的，进而也使得阶层分化呈现出独特的景观：比如阶层位置的自我确认中主观阶层与客观阶层的一致性；阶层关系在互动中形成既定模式；底层农民的压力来源于与上层农民的直接互动；上层农民对底层农民的压制和价值剥夺是面对面的；等等。总之，阶层关系是面对面的和无可逃遁的。

二、血缘地缘关系与阶级阶层关系

在对 20 世纪上半叶的中国社会性质的争论中，以梁漱溟、费孝通为代表的一派主张中国社会是伦理社会，与西方意义上的阶级阶层社会有明显的差别。梁漱溟(1987)直接以“伦理本位”来概括中国社会的秩序，费孝通(1998)则认为中国社会是通过“差序格局”来组织的。事实上，“差序格局”是从社会结构意义上来说的，它是人与人之间最基本的结合方式，而“伦理本位”讲的则是社会规范，是人与人之间在社会交往过程中应该遵循的基本准则。二者并不矛盾，恰恰是对社会一体两面的概括，即中国社会的结构是“差序格局”，而结构背后规范人们行为的是伦理，差序格局所呈现出来的是伦理本位的社会。

中国差序格局或伦理本位的社会与西方阶级阶层社会具有本质的区别。从社会结构上来看，差序格局是以个人为中心，根据亲疏远近构建起来一个圈子，这个圈子从自己往外一波波地推，被圈子的波纹所推及的就发生联系，离圈子中心越近的人越亲，越远则越疏；在阶级阶层社会中，社会被划分为不同的层级，不同的人被置于不同的层级之中，在这个层级中每个人都是平等的主体。从人与人的连接方式上来看，在差序格局中，人们主要是通过血缘地缘联系起来，且主要以血缘为主，地缘服从于血缘，血缘地缘的亲疏远近就是关系的亲疏远近；在阶级阶层社会中，人们主要以社会团体、职业团体、趣味团体等方式连接起来，团体组织越紧密，内部成员的关系越亲近。从社会规范上来看,在差序格局的社会中,传统的儒家伦理诸如“三纲五常”是主要的道德规范,正式的法律规范服从于道德规范,且伦理本身具有差序性,即对不同等级中的人有所差异,如所谓“刑不上大夫”;在阶级阶层社会中,人与人之间、团体与团体之间的交往服从具有普遍公共性的国家法,而国家法又是由统治阶级制定的,统治阶级与被统治阶级都要遵守。从等级秩序来看,差序格局所建构的是尊卑、长幼、男女的等差秩序,不同的人在不同的生命阶段中会处在不同的等级结构中;在阶级阶层社会,不同的阶级阶层处在不同的社会等级中,阶层一般是固定的,但人们的阶层地位有上升与下降的流动。中国社会的经验显然与西方阶级阶层社会相差很大。

正是从以上对比中可以看出,传统中国社会是伦理本位的社会,是差序格局的社会,而不是阶级阶层社会。然而,这并不是说传统中国社会就没有阶层分化,它仍有韦伯甚至是马克思所提出的理论中所认为的阶级阶层分化。从韦伯的多元分层理论上来讲,传统中国社会也有收入、文化和权力占有上的差异,也可以按占有量的多少将人们分成不同的等级,不同的阶层有自己独特的生活方式、行为方式、消费模式、交往圈子、社会机会乃至思维方式。同样,从马克思的阶级理论上来讲,传统中国社会也有统治阶级和被统治阶级之分,尤其是在改朝换代的时候表现得最明显,“王侯将相宁有种乎”是底层农民对统治他们的地主及其代表发出的最震撼的斗争宣言。

显然,传统中国社会也有阶级阶层的影子。在20世纪二三十年代的中国社会性质大论战中,左翼学者坚称并不遗余力地论证了中国社会的阶级阶层性质,为共产党领导的工农革命服务(温乐群、黄冬娅,2004)。事实上,中国共产党在其革命历程中,不仅成功唤起了工人阶级的阶级意识和阶级使命感,使其成为登上历史舞台的阶级,更重要的是激发起了农民的阶级意识,使农民意识到自己是一个整体,是受剥削、受压迫的阶级。特别是在土改运动中,“诉苦”成为唤醒农民的阶级意识的重要途径。通过诉苦，农民明白自己遭遇的一切痛苦不是命运使然，也不是自己无能，而是剥削阶级强制安放在自己头上的(郭于华，2011；李里峰，2007)。总之，近代中国的阶级意识是通过外界培育而成的，而不是自发生成的。秦晖、金雁(2010)也曾论证“关中无地主”。

也就是说，传统中国社会有阶级阶层的影子，但不能说是阶级阶层社会。传统中国社会有阶级阶层分化，但阶级阶层结构却不是整个社会结构的主流，它没有主导人们的生活，它最多不过是差序格局下的一条支流。阶级阶层结构并不规范人们的行为，也不是传统上人们认同和行动的单位。尽管有上中下之分，但上中下的阶级阶层仍然是在差序格局的规范下行事，阶级阶层的分化并没有打破差序格局的总体秩序。在社会相对稳定的时期，阶级阶层的界限明显，但阶级阶层之间没有完全固化，它们共享一套话语体系，相互间互动频繁，交流没有障碍，阶层关系相对和谐。差序格局下的纵向等级关系要比阶级阶层分化下的阶层内部关系重要。同时，阶层之间的关系也不是人们处理关系的重点，如何处理好纵向等级关系是重点。总之，传统上主导的社会结构是差序格局，其规范下的血缘和地缘团体才是人们认同与行动的单位。只有到了社会动荡时期，阶级阶层关系才凸显出来，因为阶级阶层关系变得紧张，处理好阶级阶层关系是此时最紧迫的事务。

具体到农村社会，传统的差序格局与阶级阶层社会的关系问题，可以化约为血缘地缘与阶级阶层的关系问题。也就是说，在传统农村社会，通过血缘地缘建构起来的关系，比因为阶级阶层分化而呈现出来的关系——阶层内部关系与阶层关系——要紧密和重要得多。这是熟人社会中差序格局的一般性规则使然：血缘关系越近，关系越重要，也越优先；血缘关系优先于建构性的人情关系；村庄内部“自己人”关系要重于“外人”关系，即重于村庄外部的亲朋关系，等等。在农民分化之后，即便同一层级的农民之间在权力、财富、职业、观念和社会关系等方面都极其相似，而与同族、同村人在这些方面却有很大的差别，在社会交往的亲疏远近上，也得优先考虑血缘地缘关系，在关系需要取舍时尤其如此。假设两个不同姓氏的富人同处村庄的上层，他们有密切的交往，而他们同时又有各自处于下层的兄弟和族人，那么在关系的孰轻孰重上是很明显的——富人与兄弟及族人的关系要比与同一阶层的另一富人的关系要紧密、重要得多；在关系的处理上，富人层级内部的平等关系要让位于不同层级的兄弟、族人的等级关系。

阶层之间的关系也要让位于血缘地缘关系。血缘关系内部讲究的是血亲情谊，地缘关系通过人情来建构人与人之间的关系，它是血缘关系的投射，服从和服务于血缘关系，在交往当中讲究的是人情面子。因此，在同一血缘关系内部，不同层级农民之间的关系要受血缘地缘的约束，也要讲究血亲情谊和人情面子，不能完全按照利益关系、法律关系或陌生人关系来处理。在血缘地缘关系内部，经济条件较好的上层成员有接济、帮扶经济条件不好的下层成员的义务。富裕农民之间可以有紧密的交往，但其内部不能封闭圈层、垄断资源和排斥其他农民，不能打破村庄社会交往的公共规则，尤其是在酒席规模、人情礼单上，不能自定规则，造成恶性竞争和对下层农民的排斥。在土地出租、买卖中，有宗亲先买的传统。在双方发生矛盾纠纷时，处理的方式不是据理抗争，或是不能得理不饶人，而是双方都要讲血亲情谊，相互给面子、卖人情，使紧张关系恢复到原来的秩序状态。即各方以修复和维持社会关系为准则，而非以追究是非对错为正义。

总之，血缘地缘关系是传统农村社会的主导社会关系，由其建构起来的交往原则，是处理传统农村所有社会关系的基本规则。阶层内部关系和阶层关系不是独立存在的社会关系，而是嵌入血缘地缘关系之中的，并受后者的规范和制约。

第二节 中西部农村的中低度分化与去阶层分化机制

在广大中西部农村地区，虽然存在农民分化，有的地方分化还比较大，却没有形成明显的阶层。在这些地区，农民在权力、经济、职业、消费水平和社会关系等方面的分化，并没有带来他们之间在社会交往、休闲方式、社会活动、人情往来、价值观念、行为逻辑等诸多方面的明显区别，更难说得上阶层区隔。那么，为什么广大中西部农村没有出现明显的阶层分化呢？这或许源于中西部农村存在某种去阶层分化的机制。

一、血缘地缘关系：中西部农村去阶层分化的社会基础

农民主要“以血缘地缘关系为关联模式”，是中国农村去阶层分化的社会基础。农村血缘地缘关系受到改革开放后市场经济、人口流动、新观念潮流等诸方面的冲击，由其支撑的差序格局的社会权力结构被摧毁，血缘地缘性的组织活动终止，宗亲内部难有统一的组织行动。尽管如此，在当前广大中西部农村，血缘地缘关系仍然是其人际关联和社会结合的基本方式，血缘地缘的认同较为强烈。在血缘层面，宗族虽然已较少有组织性和等级性了，但宗族成员间共同的“历史感”还具备一定的凝聚力，其内部“自己人”的观念和认同还存在，宗亲还具备一致行动能力。在地缘层面，共同生活于一个村庄、一个地方的农民尚有较强的“当地人”意识，人情构成没有血缘关系的农民之间的主要凝结方式，他们之间通过人情往来建构“自己人”关系。血缘地缘内部的“自己人”关系，是一种互为义务的社会关联，相互之间要提携、帮扶、救济、体谅、宽忍等，在交往中讲究血亲情意和人情面子，讲究做事不走极端、留有余地。在这些血缘地缘关系原则的主导下，农村社会关系相对和谐。

当农村社会分化之后，血缘地缘关系就可以在分化的农民之间起着

沟通、连接和润滑关系的作用，它“中和”农民的分化，消解农民分化的负向影响，使农民相互之间不因权力、财富和超社区关系资源的差距而产生较大的距离和隔阂。血缘地缘关系中“自己人”的认同感和熟人社会的交往规则，使得富裕农民仍然能够与贫穷农民在同一张桌子上吃饭，也令相对落后的农民不因贫富差距而自卑和自我矮化，使不同层级的农民仍能平等交往、自然交流。如果哪个富裕农民在村庄自觉高人一等，看不起其他人，不屑于跟其他农民来往，那么其他农民就会对他给予集体排斥，尤其是当他遇到大事(如婚丧嫁娶)时便没有人帮忙，置其于“社区性死亡”之境。这样，分化之后的农民虽然有层级、位阶之间的分野，却难以形成具有主观认同和客观意识的独立阶层，更没有形成相互隔阂、排斥和对立的阶层关系。分化的层级之间在关系、信息、资源等方面的交流相对畅通，处在不同层级的农民之间更多的是一种既有攀比与竞争，又有互助与合作的关系，使得农村社会既充满活力，又有人情味。

血缘地缘关系在农村去阶层分化的过程中，通过以下两个机制发挥作用：一个是血缘地缘关系超越层级内部关系，一个是层级之间的关系受制于血缘地缘关系。总之，血缘地缘关系仍是广大中西部农村的主导社会关系原则，由其建构起来的交往规则，是处理农村社会关系的基本规则。层级内部关系和层级间的关系不是独立存在的社会关系，而是嵌入血缘地缘关系之中，并受后者规约的。如此，在农民发生分化之后，各层级农民仍处在同一血缘地缘关系之中，并仍按照原来的交往规则行事，不能取消与其他层级农民的关系，从而使得各层级内部无法形成独立的交往规则和行为逻辑，也就无法催生阶层边界和阶层意识，独立的阶层也就成长不起来。

调查还发现，血缘地缘关系对农民分化的中和作用，在不同地区的村庄有所差别。在血缘地缘关系较强的村庄中，对分化的中和力度就较大，层级的边界就不明显，阶层就相对难以形成。而在血缘地缘关系相对弱化的村庄，分化的力量就可能凸显，上层农民就可能摆脱原有关系和规则的束缚,层级的界限就可能明晰,阶层的雏形出现。前一种情况以北方“小亲族”地区和南方“宗族”地区为典型,后一种情况在江浙沿海地区已经愈演愈烈。笔者在江西省、湖南省、广东省等地的宗族型村庄调查时,经常发现:如果一个村庄率先出现一个外出闯荡某行业的成功者,便会带动村庄一大波人外出从事该行业,也获得成功。这就是血缘地缘关系在各层级农民间发挥着润滑、连接作用的结果。

二、半工半耕结构:中西部农村去阶层分化的经济基础

广大中西部农村地区经济分化不显著,进而带来农民阶层分化的不明显,这与该地区农民家庭的半工半耕的收入结构相关。这种收入结构使大部分农民家庭的经济收入保持在农村的中等收入水平上。简单来说,在这些地区,有约5%的农民家庭通过在外经商、办工厂等发家致富,成为村庄里的先富家庭,另有约15%的农民家庭因为老弱病残、家庭负担重、土地较少、没有壮劳动力、无法外出务工经商等缘故,只能耕种少量土地而处于拮据和贫弱状态。而约80%的农民家庭则通过“以代际分工为基础的半工半耕”获得家庭收入,即家庭中青壮劳动力外出务工、经商、兼业,老年人在家务农、照看家庭。

首先,“以代际分工为基础的半工半耕”收入结构增加了农民家庭的经济收入。该结构意味着一个家庭的收入由两部分构成:一是年轻夫妇在外务工、经商或兼业的收入,一般占家庭总收入的60%~70%;二是老年人在家务农的收入,一般占家庭总收入的30%~40%。普遍的情况是,一对年轻夫妇在城市务工(经商、兼业),除去日常开支,一般到年底能够带回家1.5万~3万元,如果不甚节约的家庭,则一般在1.5万元左右。只有少数技术、管理工种才可以超过3万。在家务农的老年人一般在50~70岁,随着农耕机械化程度的提高,耕作的劳动强度大大降低,在重体力活请工的情况下,可以耕种数亩到十几亩的土地,获得几千块钱到一万元的收入。

务工和务农两笔收入加在一起，就可以达到农村中等收入水平(2万～4万元)。有了这笔收入，一个农民家庭若没有大笔开支，生活就会相对宽裕，在保证家庭的基本生活的情况下，尚能有相当的结余用于劳动力再生产、就医上学、建房娶妻、养老送终以及参与村庄的面子竞争。对于一个半工半耕家庭来说，这两笔收入都不可或缺，无论缺了哪一笔，都会使家庭的生活质量下降。

其次，该结构降低了农民家庭的消费支出。农村半工半耕家庭有一个显著特点是，其大部分收入不是用于城市的高消费。在当前农民工工资结构和城乡二元结构的限制下，中国农村95%的年轻夫妇外出务工的目的，不是在城市立足和扩大在城市的消费，而是将大部分务工收入输入农村。这样，一方面农村年轻夫妇务工时就会尽量缩减自己在城里的开支，以带回农村更多的钱。当他们回到农村后，由于农村的物价相对较低，他们在农村的消费开支较城市又要低许多。

另一方面，农村年轻夫妇外出务工，而老年人在家务农并照看孙辈，那么老年人和小孩的生活便在农村展开，这是一种低成本地完成劳动力再生产的方式，仅这一项就为一个农村家庭节省了大量开支。调查发现，如果一对青壮年夫妇外出务工，不带小孩一年可以带回3万元；若他们把小孩也接到城里，那么就得腾出人手来照顾他，送他上幼儿园、小学，以及为他购买城市(婴幼儿)物品等，那么他们年终能带回家的一般不会超过1万元。如果老年人也搬到城里生活，年轻夫妇根本应付不过来。

老年人在家务农，除了能维持自己和小孩的生活，还可以降低其他货币化支出。如，老年人种地本身也是一种休闲，为老年人锻炼身体、活动筋骨提供了方便，也是一种打发时间的方式，“没事就到田里去看看”。老年人自种的瓜果蔬菜大米，自养的鸡鸭鹅猪牛羊等为农家生活提供了丰富的蛋白质、维生素和能量，提高了农村生活和健康的水平，多余的农产品还可以投入市场，赚点零花钱。农家有自建的房屋院落，既宽敞透亮，又方便相互走家串户，交往频繁而不至孤独寂寞。农村烧的柴火来自山上或田埂、河岸上，无须购买，等等。这些都是老年人在家种地带来的隐性收入和福利，这些降低了农民的货币化支出。

综合起来，当前“以代际分工为基础的半工半耕”结构总体上提高了农民家庭的经济收入，增加了农民的社会福利，使得大部分农民家庭能够达到农村中等收入水平。当前农村约 80%的家庭的收入都是通过该结构来获得的，说明广大中西部农村差不多是被一个“比上不足比下有余”的中等收入水平人群所占领。进而说明，这些地区的农民经济上的分化不彻底、不明显。经济是社会分化的基础。也就决定了他们在政治权力、社区关系和超社区关系上的分野不会太大。同时，由于经济上的差距不大，农民不会在经济上撕裂和分割村庄，农民家庭在生活水平、生活方式、消费水平、休闲暇方式、交往群体、劳动时间、作业方式、宗教信仰等方面会有一定的差异和分化，但不会太大，而是总体上保持在相似层面。这是由于一个庞大的中等收入群体的存在，他们相近的生活方式、行为逻辑和思想观念会辐射到整个村庄，成为村庄的主流并影响乃至支配其他人。那么，在村庄内部，约占 5%的富裕农民，尤其是约占 15%的贫弱农户就不会成为一个拥有自己独立观念和行为逻辑的实体，也就无法催生阶层共识和形成阶层意识。

三、上层走出村庄：中西部农村去阶层分化的价值基础

“上层走出村庄”，说的是上层农民的生活面向和价值取向是朝向城市的。村庄不仅是农民赖以生产、生活和社会交往的单元，也是农民的“宗教”。农民通过归属于村庄，在村庄熟人社会中获得认可，由此来体现和体验活着的价值和生命的意义。农民活着的意义归根到底，是为了在村庄中过上体面而有尊严的生活，获得社会声望和地位，得到人们的承认和赞赏。要做到这些，就必须通过个体和家庭的主观努力去达到村庄为他们所设定的要求。那么，这些目标要达成，就必然有个在村庄内部的比较、竞争的过程。这也意味着村庄具有价值生产能力，人们还看重村庄对

个人的评价，在意自己在村庄中的言行举止。在这个意义上，村庄就是农民的“宗教”和终极目的——外出务工累死累活、节衣缩食，为的就是能回到村庄享受受人尊重、有面子的人生。

随着市场经济的发展，村庄体面生活的标准愈发趋向经济消费。只有达到了某种经济消费水准，一个家庭的生活才算体面，才会获得他人的认可。达不到这个消费水准，则会被人“瞧不起”。并且，消费水准会随着最有消费能力群体的引领而不断抬高。当前，最有消费能力的是村庄中占少数的上层农民，最欠缺消费能力的是处于村庄最底层的少数家庭。中等收入层级的消费能力处在中等水平。那么在这种情况下，如果上层农民也参与村庄中的消费竞争，希望在村庄中通过在消费水准上的胜出而获得承认，村庄的社会性竞争规则往往就会参照上层农民而定，因而水平较高，也使得竞争较为激烈。上层农民凭借自己丰厚的经济实力，在村庄中进行炫耀性消费，引领村庄消费竞争的潮流，从而使其能够达到的消费水平成为村庄其他层级农民竞争的“参照系”或“标的”，即他们的成功才算是成功，只有达到他们的水平才算是成功人士，才能获得面子。而其他层级，尤其是最底层农民则因为无论怎么努力，也达不到上层农民制定的成就标准，最终被迫退出竞争，成为被村庄竞争体系甩出来而没有面子和地位的人。但是，在广大中西部地区，真实的情况是，这里的上层农民搬出了村庄，在城市定居。他们不再参与村庄的价值生产，也不介入村庄的面子竞争。

当上层农民搬出村庄后，他们的消费标准无论有多高，都不再是其他层级农民的参照标准。那么，接下来村庄最具消费能力的群体就是广大中等收入者，他们的消费水平会成为村庄新的参照系，农民的竞争开始围绕这个标准展开。这种竞争的目标无非是确保中等收入者的位置，或成为新的中等收入者。这种目标相对较低，在这样的竞争氛围下，只要农民稍加努力，就容易达成，就容易使自己成为村庄的“成功人士”，过上体面、有尊严、有地位甚至有话语权的生活。

如此，每个农民家庭都会积极向上朝着这个目标走。即便是处在最底层的农民，也信心满满，他们认为自己只是暂时达不到中等收入水平，而不是永久达不到，是自己运气不好，而不是命该如此；或者觉得现在没有达到是因为子女还小，负担大，只要子女都长大成人，成了壮劳动力，家庭收入水平很快就上去了，等等。即认定，只要家庭及周遭环境一改变，他们就会成为中等收入者。这样，每个农民在主观上都不会认为自己是底层人，更不会认为其他人高人一等，皆不会在主观上自我排斥，也不会自甘落后和认命。因此，在这些农村地区，就难以形成有形的阶层和主观的阶层排序。

第三节　东部农村的中高度分化与阶层关系形塑机制

一、东部农村阶层关系状况的影响因素

在"村庄里的分化"的基础上，要考察东部发达地区农民分化后不同阶层之间的关系状况问题，还需要把握三个关键因素，分别是"阶层分化的程度""上层农民是否在村"与"上层农民的规模"。

1. 阶层分化的程度。农民分化程度包括低度分化、中度分化和高度分化三个理想的层次，中西部地区农村主要呈现出低度分化状态，而在东部地区农村则以中、高度分化为主，不同程度的分化给村庄带来不同的政治社会后果，同时也催生了不同的阶层关系。在东部中度分化的村庄，上层农民与底层农民的规模都不大，农民以中等收入群体为主。在这些村庄，上层农民不仅规模不大，不能在其内部形成统一的价值观和消费理念，而且他们主要是在村庄外经商、办企业，不在村庄内部竞争资源。由于东部地区工商业发达、经济机会多，农民多在附近城镇的工厂、企业打工，或自己开办家庭作坊、经营商店；中老年人拥有较多的非正规务工机

会，可以自我养老，从而极大地节省了子女养老的资源、减轻了他们的负担，这样就使得东部的农民多为中等收入群体，他们占农户总数的百分之八九十。由于中等收入群体规模较大，他们的消费方式和水平成为村庄的标准，达到他们的标准即能在村庄中获得认可。同时由于他们的标准并不是特别高，即便是底层农民通过努力也能够达到，那么就使得这些村庄的底层农民并没有认命，而是积极创造条件追逐公认的标准，从而使得村民具有积极向上的精神气质，村庄具有活力，也使得村庄中社会性竞争非常激烈。中度分化对传统的血缘地缘关系的影响不大，人们的交往逻辑并没有因分化而有较大的改变。

而在东部高度分化的村庄，上层农民一般是在村庄中通过开作坊、办企业，并不断扩大再生产而获得成功的，他们发家致富之后依然在村庄中竞争资源，也在村庄中获得承认和认可。在这样的村庄，上层农民具有一定的规模，在他们内部形成了具有一致认同的消费方式、水平和价值观，并在村庄中产生了规模效应，而为其他村民所服膺，上层农民成为村庄竞争标准的制定者。中等收入农民虽然占有一定比例，但是他们在经济上不独立于上层农民而是趋附于上层农民，成为它的附庸。由于上层农民制定的成功的标准太高，中等收入农民还勉强能够达到，而底层农民则怎么努力都达不到，于是他们在消费、人情、政治和文化上都受到上层农民的排斥。由于农民在纵向上的高度分化，上层农民形成了自己独特的交往圈子和行为逻辑，且与底层农民相距甚远，从而进一步促使了农民的横向分化，即传统的血缘地缘关系被肢解，改变了村庄的交往规则和行为方式。

2. 上层农民是否在村。东部农村高度分化的前提是上层农民在村，因为上层农民不在村，农民在纵向上的分化就不会太大。上层农民是否在村，对农村阶层关系有不同的影响。上层农民是否在村，有三种不同的表现，一种是上层农民走出村庄，不参与村庄的社会性竞争。这种情况在工业化、城市化进程滞后的中西部农村较为普遍，上层农民通过考学、经商、办企业等方式获得成功，并走出原来的村庄在城市安家立足，他们不再参与村庄的人情往来、面子竞争和价值生产。这种走出村庄属于彻底与村庄脱离关系，他们的出走使得村庄内部不再有高不可及的经济收入水平和消费标杆，农民普遍在中等收入水平上竞争。农民在纵向上分化不大，横向上呈中低度分化状态。村庄内部农民间的关系既是高度竞争的，同时也是在传统血缘地缘关系范畴内交往，受传统交往规则约束的。第二种是上层农民在外竞争资源，但他们仍要参与村庄的社会性竞争和价值生产。这种情况多出现在东部地区的中度分化的村庄，这里的上层农民虽然常年在外经商、办企业，但是他们仍会把豪华的房子建在村庄里，逢年过节还要回到村庄居住，同时他们也参与村庄的人情往来、在乎村庄的舆论和评价，但是他们不参与分配和竞争村庄的物质性资源。这样，一方面，他们不会通过自己经济上的优势总体性地占有村庄的优质资源，他们不是村民物质上的竞争对象，因而其他村民还能够在村庄中获得某些资源；另一方面由于他们常年不在村，因此即便他们有较多财富和高消费水平，他们也不会成为农民眼皮子底下的比较对象，人们的主要竞争对象是在村的中等收入群体；但是，由于他们高大、宽敞的别墅整天矗立在村庄中，在一定意义上也会催生底层农民的心理压力，给底层农民造成一定的伤害。

第三种是上层农民在村的情况，即他们既在村庄中竞争资源，又在村庄中获得社会性承认。上层农民在获得经济上的成功之后，利用自己的这些资源在村庄中竞争包括经济市场、政治权力、社会关系、文化价值等资源，有的还通过贿选担任村干部，瓜分村庄公共利益，从而将底层农民排除在这些资源的分配之外。上层农民在村使得他们成为其他村民尤其是底层农民面对面的比较对象，上层农民的成功和永远无法企及的高消费，映衬和暴露的是底层农民的无能和虚弱，使他们在村庄中永无获得成功、翻身的可能。质言之，上层农民在村是底层农民挥之不去的阴影，他们因比较而产生对上层农民的怨恨情绪，这种情绪的累积进而滋生对上层农民的报复心理，并可能伺机而动。

3. 上层农民的规模。上层农民在村并构成对底层农民的压力的前提是上层农民具有较大的规模。如果上层农民的规模不大，只是零星地在村庄里出现，是无法在村庄中产生规模效应的，从而不能够为村庄竞争制定规则和标准，他们的生活方式和消费理念不会被其他村民所效仿。因此，即便他们的收入水平较其他村民高出一大截，但是其他村民面对他们也不会有足够大的心理压力，其他村民大可把他们的成功当作幸运降临的个别行为，而不会产生自己无能或懒惰的反思。但是上层农民一旦达到一定规模，如达到总户数的10%左右，情况就会发生改变。首先，人们不再将上层农民的致富当作是“走狗屎运”，而当作是他们努力的结果，它展示的是上层农民超群的个人能力、智商和努力的程度。映衬的则是底层农民的无能、愚蠢与懒惰。其次，一旦上了规模就会有规模效应，一方面表现为上层农民可以在其内部构建圈子，他们在其中获得面子、荣耀和满足交往的需求，并可以我行我素，不在乎其他村民的评价；另一方面是他们可以联合起来盘剥村庄的公共利益，对村庄资源进行总体性占有；再一方面是他们的行为具有溢出效应而为其他村民所效仿，上层农民为村庄竞争和成功标准“立法”，村庄之前以中等收入水平为标准的竞争，被以上层农民的消费水平为标准的竞争所取代，其结果是将底层农民置于永远无法达到成功的境地。底层农民在上规模的上层农民面前，不仅将自身的无能和虚弱暴露无遗，还丧失了面子和尊严，甚至一辈子无法获得成就感和价值感。

以上三个要素的排列组合不同，会造成不同村庄的阶层关系。如果一个村庄是呈高度分化状态，而它的上层农民不仅在村庄中竞争资源，还参与村庄社会性竞争和价值生产，同时还具有一定规模，那么在这样的村庄，上层农民与底层农民之间的关系往往是对抗型的关系。底层农民上访是这种阶层对抗的集中体现。

二、东部农村的“阶层社会”

在东部农村，农民分化明显，农民的阶层意识和地位认同也开始出现,各阶层在生产、生活和社会交往方面的差异越来越突出,阶层关系在村庄政治社会生活中发挥着日趋重要影响。

首先,阶层内部关系和阶层关系超越血缘地缘关系。这不仅仅是指阶层内部关系和阶层关系较血缘地缘关系广泛,人们的交往范围与交往层次有了变化,更重要的是指阶层分化后的交往规则超越血缘地缘规范下的交往规则,成为农村社会关系的主导性规则。在这个背景下,阶层内部关系不再是以血缘地缘关系为纽带连接起来的,它更多的是在身份地位、志趣爱好、资源禀赋等共同和共享的前提下凝结起来的。阶层内部关系可能要较血缘地缘关系紧密,人们可能不是因为拥有血缘地缘而关系较好,而是因为处于同一阶层而有良好关系。甚至,血缘地缘关系也需要阶层内部关系去重新建构,即兄弟等若非在同一阶层则不会有好的关系。同时,阶层间关系的处理也不再主要援引血缘地缘关系规则,而是有了新的处理法则,比如法律。血缘地缘关系成了被选择的关系,不再是理所当然的关系。

其次,阶层关系成为村庄的主要社会关系。农村中的社会关系多种多样,从主体来讲,有个人关系、群体关系和个人与群体的关系;从关系凝结方式来讲,有宗亲关系、姻亲关系、朋友关系和邻里关系;从关系的维度来讲,有家庭与家庭之间的关系、家庭与村组的关系和家庭与村外的关系;等等。但是众多的关系中,却总有一对是主要的关系,它有两个方面的重要影响:一是对个人而言,这对关系是其在村庄生活中必须尽力去处理好的关系;二是对于村庄治理而言,处理好了这对关系,其他的关系问题和事务就迎刃而解了。

在传统农村,血缘地缘关系是村庄社会的主要关系。对于个人而言,其周遭的不是血缘关系就是地缘关系,从其懂事开始,就开始学习如何处理血缘地缘关系,乃至其一生都在与血缘地缘打交道,会为人处世的,这个交道就打得好,生活就会很顺当,不会处理人际关系的,其生活就会遭受诸多的烦扰。人们除了要处理好血缘地缘内部关系,还要处理好血缘地缘关系与其他关系的关系问题，即以哪个为重的问题。只有将血缘地缘关系放在首位，其他的关系才能平衡得好。

在村庄治理层面，由于血缘地缘关系涉及治理的各个方面，而且决定着事情的发展方向。诸如道路修建、房屋拆迁、水利灌溉、村民纠纷等，都会牵涉血缘地缘关系，如果处理不好，就会使问题复杂化。一般处理的办法是变村庄公共事务为血缘地缘关系内部的私事。此外，村庄治理最重要的是要协调好不同血缘地缘的人之间的关系，村庄政治也就是不同血缘地缘关系之间的博弈。所以，对于村庄治理而言，处理好不同血缘地缘的人之间的关系是焦点也是难点。

但是在东部农村，随着血缘地缘关系的衰弱、阶层的分化，阶层之间的关系在人们的日常生活和村庄政治社会事务中的重要性日益凸显。血缘地缘的关系对于村民来讲已经不是最重要的了，人们不再刻意去维系这样一个关系，因此人们的社会交往不再拘泥于血缘地缘范围内，保持良好的阶层内部关系是人们建构社会关系的要旨。由于血缘地缘关系被肢解，阶层内部关系成了人们在村庄生活中所能依托的最主要的关系。

同样，阶层之间的关系对人们的日常生活影响甚巨。在以血缘地缘关系为重的时候，底层农民可以凭借血缘地缘关系与上层农民打交道，从而获得某些资源。在阶层高度分化时，血缘地缘关系的作用不再那么大，如何保持与上层农民的关系是其要思考和处理的问题。保持与上层农民的关系有两个好处：一是在村庄资源再分配的过程中能够分到一杯羹，或者能得到上层农民的某些帮助；二是上层农民至少不会给自己穿小鞋。而上层农民对底层农民的依赖程度相对较低，他们在村庄中的社会关系较为独立，不需要刻意去建立与下层农户的关系。

在村庄治理层面，阶层关系取代血缘地缘之间的关系成为村庄主要的政治关系。阶层之间在村庄利益、村庄权力、村庄资源、村庄社会关系等方面的分配上都有交集，相互争夺，上层农民希望利用其资源、地位优势攫取更多资源，形成对底层农民在政治、经济和社会方面的排斥，而底层农民则希望在分配中秉持公平公正的原则，并希望在村庄生活中获得有尊严的生活（而非被上层农民看不起），由此在阶层间产生了巨大的张力。无论阶层关系如何处理，都会形塑新的政治社会面貌，如富人治村与底层抗争共存，精英联盟攫取利益与底层政治无力共存，等等。这说明，随着农村利益主体的多元化，利益关系的复杂化，已经形成了崭新的利益格局和利益矛盾。在此情形下，如何处理好农村阶层之间的关系，是村庄治理面临的最大问题。

最后，血缘地缘关系在阶层关系中发挥一定作用。血缘地缘关系虽然不再像之前那样作为社会结构而发挥作用，但它作为碎片化的、次级的社会规范却仍能够被援引而发挥作用，主要表现在润滑阶层关系上。

无论是马克思的阶级理论还是韦伯的多元分层理论，其暗含的都是将阶级阶层当作孤立的社会集团，相互之间若不是对立，就是不发生关系，阶级阶层之间的界限明确、隔阂较深。据说因为中产阶层规模庞大、性格保守中庸，因而能够预留社会政策调整空间，以缓解上下两层的矛盾冲突，但这种关系的调整机制仍然是外在的，不是阶级阶层关系中本身蕴含的。因此，西方意义上的阶层像地层结构，且层级之间有空格、有缝隙，上下各层级之间不相互接触。

但是中国农村的阶层关系却不是如此，它也呈层级性，但层级之间是相互接触的。相互接触的阶层之间肯定会产生实质性的关系，包括合作、摩擦、矛盾和斗争。但是阶层关系并不是想象中的处于水深火热之中，矛盾冲突相对缓和。为什么？一个很重要的原因是，血缘地缘关系对阶层关系有调整的作用，包括缓和阶层矛盾、调整阶层间的利益再分配和整合阶层利益。

血缘地缘关系在阶层之间起到的是“润滑剂”的作用。血缘地缘关系渗透到阶层关系内部，当阶层之间发生关系、发生摩擦时，它就充当缓冲器和润滑剂，使关系的发生较为柔和，不那么“尖酸刺耳”。其发挥作用的机制很简单：不管关系有多生疏，只要还是在传统血缘地缘关系之内，在某种程度上就还要讲究血亲情谊和人情面子，讲话、做事就要留有余地。也就是说，只要血缘地缘关系在农村还有一丝残留，如果对它视而不见，就会增加阶层交往的社会成本，对于地位越低的阶层，这个成本也就越大。发挥作用的方式，既可以是在阶层交互关系中双方互讲血亲情谊、互给面子和卖人情，也可以是由与各阶层都有血缘地缘关系的中间阶层从中周旋。

质言之，随着农村社会阶层分化的加剧，阶层内部关系和阶层关系在农民的日常生活和村庄政治社会事务中越来越重要，农村社会已经从差序格局下的伦理社会走向了阶级阶层社会。

三、东部农村的"富人治村"

"富人治村"虽然备受学者批评，认为它带来了贿选的顽疾和对底层农民的政治排斥，使村庄政治失去公共性，也造成了村庄公共资源被上层农民垄断的局面，从而产生了严重的不公平，影响基层政权的合法性。但是在阶层高度分化、农村城镇化和资源下乡的背景下，上层农民当选村干部和富人治村具有必然性。

担任村干部有诸多益处，上层农民有动力参与竞选。上层农民都是企业主、生意人，他们在商言商，无利不起早。他们竞选村干部不是为了方便服务村民，而是出于获得较多益处的考虑。首先是担任村组干部能够提高他们在村庄社会和上层农民中的社会地位。面子与荣耀是其中最表面的益处，上层农民一旦担任村干部，在其亲朋中就有了"权势"，其亲朋也可以"鸡犬升天"，一并沾光。在东部地区，由于内生利益密集，村庄富人较多，一个普通的上层农民在上层圈子中的地位并不凸显。如果他们想在上层农民中鹤立鸡群，就得掌握村庄政治权力，从而提高他们在上层圈子中的政治地位。有了政治地位，其他上层农民就会趋之若鹜，希望与之结交，那么上层农民编织高质量的关系网络的成本就要低很多。其次是担任村组干部意味着进入了党政体制，便于与基层政府及其官员沟通关系，包括建立公共关系和私人关系。一个村支书跟调查者说，在他们镇上仅仅是一个亿万富翁没有什么了不起（太多了），但是如果你还是村支书、村主任，那么你就可以直接去敲镇委书记、县委书记的大门，因为你们是上下级关系（可以随时去汇报工作）。对于上层农民来说，跟政府有着亲密的关系，可以更好地发展和保护自己的企业。在东部地区，越是办企业的人，越要与政府打交道。一方面上层农民可以从政府那里获得工程、税收优惠、升级改造政策、贷款、建设用地、宅基地等，通过这些益处以更好地发展自己的企业。另一方面，与政府部门搞好关系，还可以更好地保护自己的企业。上层农民的企业为了节省成本在报税、环保、质检、安检、消防等方面可能都无法达到国家标准，平时当地政府为了“放水养鱼”，对当地企业也睁只眼闭只眼。但这终究是违规的，上层农民心里不安稳，因为说不定哪天谁告状了，或一不小心得罪了政府或其官员，后者就可能动真格的，那么其企业就存活不了多久。所以为了保护企业，他们就要与政府部门联络感情，出了事情就可以通过疏通关系摆平理顺。最后是上层农民期冀担任村组干部掌握村庄利益再分配权力，从而垄断、攫取和瓜分村庄的公共资源。

基层政府需要通过上层农民与农村社会对接，支持和鼓励上层农民竞选担任村干部。基层政府要渗透进农村，在农村展开工作，就要与农户对接，但它不可能与千家万户的农户直接对接，因为这样成本太高，基层政府难以承受。那么它就得在村里找中间代理层，通过它去跟农户打交道。在不同的时期，因为工作任务和性质的不同，基层政府找的人就不同。比如在税费时代，部分基层政府要将税费收上来，又不出事情，或者出了事情责任不在自己身上，他们就找乡村“混混”当村干部，利用他们的暴力和对村民的威慑收取税费，同时默许他们在收税费时中饱私囊。但是在农村城镇化、资源下乡的背景下，基层政府的任务从资源吸取转变为资源输入，很多任务乡村“混混”已经承接不了，因此部分基层政府就得找其他适合的人来担任村干部，以顺利完成任务。而村庄的上层农民正好符合政府这一时期的任务需求。首先，像村庄改造、集体土地经营增值、农房拆建、在景观上融入城市小区及大量村内市政工程建设等任务，不仅需要单纯的人力投入，还需要大量的运转资金、管理经验、技术技能等投入，在农村拥有这些资源的只有农民企业家。其次，在国家向农村输入大量公共资源的情况下（如农田改造、征地拆迁、企业转型升级、家庭农产、产业园、农家乐等），基层政府要使这些资源“安全”地落地，就得让有正规的商业形式、有合乎财务管理程序的制度、有相应资质、有预决算能力的公司来承接。这样的公司只有上层农民有。最后就是在推进城镇化、开展各项工作过程中会出现大量的钉子户，如果不能顺利地拔掉钉子，就可能加大治理成本或使政策失败。涉及土地征迁工作时钉子户最多。在村庄中，只有上层农民有足够的动员能力来治理钉子户，手段包括收买“混混”暴力威胁、通过企业开除工作威胁、直接给钱等。所以，基层政府支持和乐见上层农民担任村干部。

上层农民资源雄厚，有强大的动员能力。在竞选机制下，能够胜选担任村干部的前提就是有足够的动员能力。谁的动员能力强，谁就能够拉到足够多的选票，谁就能够当选。上文提到由于阶层高度分化，上层农民与底层农民的隔阂和区隔较深，底层农民内部血缘地缘关系也因阶层高度分化而肢解，农民原子化、离散化程度较高。那么，如果上层农民利用传统的血缘地缘关系来动员，底层农民不会为之所动。即便是宗亲关系，也难以被动员起来，有时候碍于面子答应投某候选人的票，但是他们可以在投票时改投其他候选人的票，这么做也不会有愧疚感。因为在血缘地缘关系淡化之后，农民之间谁对谁都没有权利义务关系。在传统动员方式失效的情况下，候选人就得寻找其他的动员方式，包括成立上百人的竞选团队（包括指挥部、参谋部、宣传部、拉票部、后期保障部、情报部等）、加强技术投入（如监控设备、录音设备、通信设备等）、改进竞选手段（运用间谍技术、收买人告对方的状）、通过企业关联动员（选民在某家企业上班，就让该企业主去做工作，做不通就开除）等。当然较为普遍及有效的动员方式是贿选。贿选包括给烟、请吃饭、请旅游、承诺好处（如宅基地）和直接给钱等方式。贿选的金额与村级选举的激烈程度成正比，而村级选举的激烈程度又与上层农民的数量和村级资源总量呈正相关。也就是说，如果一个村上层农民越多，村干部职务就会显得很稀缺，他们内部的竞争就越激烈；村里的资源越丰厚，村干部职位对上层农民就越有吸引力，竞争也就越激烈。要想竞选成功，就得加强动员，也就必须在贿选金额上不断加码。一般镇郊村和那些预期要征地拆迁的村选举最激烈，贿选金额也相对较高。

底层农民之所以接受贿选，与他们在村庄中的政治效能感低有关系。一方面，底层农民内部离散，没有一致的行动能力，也就不能推出自己的候选人参与选举；另一方面他们自身经济条件也无法支撑选举动员，因而无法参与村级选举。还有就是，他们与上层农民隔阂较深，选举上台的上层农民不会是他们的民意和利益的代表，他们无法通过上层农民参政而获得政治效能感。因此，对他们来说，谁担任村干部都一样，与己无关。既然选谁都一样（都是上层农民当选）、投票与不投票一样，那么就把票投给那些给钱多的人吧。他们从最开始就对贿选半推半就，到最后欣然接受甚至期待之（平白无故地得钱）。有学者称应该通过技术手段和制度设计来杜绝贿选，如设置秘密投票点，让农民能够不受报复地投票、自由地表达选举意志。但其实贿选不是问题的关键，贿选不过是上层农民的一种动员手段罢了，即便没有贿选，上层农民也有足够的动员能力采用其他的动员手段，最终胜选的还是他们。关键问题在于底层农民的无政治效能感，而之所以如此又与阶层的高度分化有关。

四、东部地区的“阶层固化”

跟许多中西部农村或城郊农村“当了村干部就变富”不同，东部农村竞选上台的村干部本就是富人企业家。他们将经济上的优势转化为政治上的优势，垄断村庄利益的再分配权力，利用权力和农村“三资”（资金、资源和资产）管理的漏洞来掠夺和瓜分村庄公共资源，从而将政治上的优势再转化为经济上的优势。譬如村干部将宅基地指标、集体建设用地等资源分配给上层农民，上层农民利用这些资源就可以突破企业发展的土地要素瓶颈，实现企业的转型升级。而其他没有分到更多宅基地的底层农民，就只能维持家庭作坊的低端经营模式，无法实现突破。而在产业链条的低端，利润已经非常稀薄。上层农民亦可以利用政治上的优势实现资金、技术、管理等生产要素的突破。其结果是上层农民掌握并垄断了当地优质的经济资源。

不仅如此，上层农民还利用其经济基础垄断了镇域范围内优质的社会关系资源和文化价值资源。在社会关系上，上层农民通过人情往来和共同消费在上层农民内部构建了庞大的关系网络。只要能够拉扯得上关系，他们就去赶人情，或者邀请人家吃酒席，使双方从没关系变成有“弱关系”。上层农民十分注重弱关系的构建和经营。他们甚至加入各种社团、兴趣爱好组织，并定期组织活动，以形成相对紧密的联系。弱关系看起来没有什么用，还要花费时间和精力去维持，成本并不低。但是上层农民认为“说不定哪天就用得上”。他们主要通过共同消费来经营“强关系”，方式包括一同狩猎、垂钓、喝咖啡、逛街、旅游、运动等。强关系主要有生意伙伴关系、政治盟友关系、政府部门内的私人关系等。上层农民还通过联姻的方式实现强强联合。他们的关系既是生活性的，又是生产性的，能够给上层农民带来生产效益，推动企业的发展。由于底层农民没有经济承受能力，便逐渐退出了与上层农民的社会交往，上层农民的关系资源也就不能为其所用。

掌握文化价值资源说的是上层农民在生活和消费上起引领作用，主导村庄的价值评价体系。村庄里什么是对的、何为成功的、怎么做才能得到承认等，以上层农民的标准为标准。消费价值观取代其他任何评价体系和标准，形成只有在经济上、消费上达到上层农民的标准才算得上成功的观念。这样，上层农民就成了村庄成功的标杆，他们获得了村庄极大的承认，其价值得到了充分的实现。上层农民成为农村最有面子、最具荣耀感和成就感的人。这样的人当然是其他人结交和趋附的对象。

总之，上层农民垄断了农村的经济资源之后，进而通过经济上的优势总体性地占有了农村的优质资源。这些资源具有相互转化性，即一种类型的资源可以转化为另一种类型的资源。经济资源可以转化为政治资源和社会资源，后两者又可以转化为经济资源。政治资源也可以转化为社会资源，因为上层农民会主动结交村组干部。文化价值资源可以转化为社会关系资源，进而转化为经济和政治资源。而这些转化又不是物理性转化，而是一种再生产性转化。即是说总体性资源具有再生产性特征。上层农民可以利用其总体性资源扩大企业生产，占有更多资源，以保持和提升其社会阶层位置。上层农民利用其资源培养子女，以实现精英的自我复制和再生产。

上层农民的资源垄断和总体性占有对底层农民而言是排斥和剥夺，即将底层农民排除在任何资源的占有之外，使底层农民无资源可用而不能改变其状况，只能在底层苦苦挣扎。他们亦不能给自己的子女提供良好的教育和成长的高起点，他们的子女一般只接受了初高中教育，较强的读了专科、本科，不是在当地企业打工，就是在当地企业做中低管理者，皆属于工薪阶层，工资不高，上升空间不大，因而难以实现阶层的代际流动。总体来说，东部农村阶层的流动性降低，阶层固化迹象明显，底层自我循环的格局开始显现。

第四节　执政党在农村的阶层基础与制度设置问题

农村阶层分化的政治社会效应，不仅使社会结构日趋复杂化、利益主体更加多元化、社会利益出现了重新分割、各利益主体之间的矛盾和摩擦增加，而且由于这些社会因素的变化，必将带来不同阶层农民的政治社会态度的差异，进而给党在农村的阶层基础、群众基础与制度设置等带来诸多新的挑战。

一、执政党在农村的阶层基础如何定位的问题

“谁是我们的敌人？谁是我们的朋友？这个问题是革命的首要问题（毛泽东，1991）。”以毛泽东为代表的中国共产党革命家和理论家创造性地运用马克思主义阶级理论分析农村的社会结构，正确地认定了中国革命的领导阶级、主力军和同盟军，成功地解决了中国革命的道路问题。即便在中国共产党取得政权的年代，也需要探寻和认识执政的基础。执政基础是一个政党在执政过程中掌握政权、巩固政权、保证事业成功所必备的根本条件，是执政党发展的基本立足点。执政基础的一个很重要的方面是阶级基础或阶层基础。执政党的阶层基础是指党组织和党的政权主要依靠哪个（些）阶层，主要集中哪个（些）阶层的品质，主要代表哪个（些）阶层的利益，从而决定其阶层属性。

四十多年以来，中国社会阶层分化程度较改革开放前要明显、剧烈得多，那么“谁”是执政党的坚定支持力量、“谁”是政权的群众基础的问题应该提上议事日程了。在农村，如果说改革开放后的前十五年，执政党在农村的群众基础是所有均分土地的农民的话，而随着农民被分割成不同阶层，那么，哪个（些）阶层的农民会是执政党在农村的基础？即在农民阶层分化的条件下，执政党在农村如何定位自己的阶层基础、阶层属性，主要代表哪个（些）阶层的利益的问题，这是农民阶层分化给农村基层民主政治带来的必须要明晰的问题。执政党的领导和执政的基础地位不动摇，是农村基层民主政治实施的核心。

作为执政党在农村（尤其是中西部农村）的阶层基础的农民阶层，必须满足以下几个条件。

1. 主要的利益关系在土地上。农民阶层的分化，使农村社会的利益主体和利益来源多元化、利益关系复杂化，不同阶层的农民对执政党组织和国家政权的诉求也呈现多样化。主要利益在土地上的农民阶层，最关注和关心执政党的农村政策以及土地制度的安排；最支持执政党对农田

水利的基础投资与组织建设;最希望与村干部建立良好关系,以获得更多优惠政策和国家政策信息;最关心土地本身和保护耕地,在农业耕种上讲求精耕细作以获得最大收成;其主要社会关系必然在农村里。

2. 主要的社会关系在农村里。农民的社会关系分两种,一种社区内部关系,一种是超社区关系。如果一个阶层的社区内部关系质量较低,超社区关系网络较广,说明其利益关系在农村之外,它必然不关心农村社区内部的利害得失、稳定与否、关系好坏;而主要社会关系在社区里的农民阶层,则必然希望有一个人际和谐、社会安定、充满人情味的农村社区,在这里不仅能够安稳生活,而且能够获得人生的意义与价值体验,能够安身立命。这样的阶层必定会关注农村社区的基础设施建设,也会主动经营人文氛围,即搭建农户之间、各阶层之间的良性关系,排除社区内部的矛盾与摩擦等。因此,它(们)是农村最基本的稳定力量,可以作为执政党在农村社区的最得力帮手。

3. 具有较强的政治社会影响力。农民被分化为零散的阶层,每个阶层都不占农村的绝大部分,因而党在农村执政的阶层基础不可能是大部分农民,而应该是在农村社区内具有政治社会影响力的阶层。除去作为政治体制内的政治精英,在农村社区内要拥有政治社会影响力,一方面要跟大部分阶层的农民有较深的交情,且在交往关系中占据主动,另一方面要有高尚的道德情操、较大的政治魅力和一定的社会势力,这样才能得到多数阶层农民的拥护和追随。若执政党将其作为阶层基础,那么就可以通过这个阶层团结或牵制其他阶层,从而得到农村多数农民的支持。

4. 支持执政党的农村政策。当农民的利益关系都在土地上,且受惠于农村政策时,几乎所有的农民都关注和支持执政党的政策,进而支持农村基层组织。而当农民利益分化尤其是大部分利益关系不在土地上之后,有的阶层对农村政策漠不关心,有的阶层希望改变当前的农村政策,有的阶层反对当前的农村政策,希望有更为激进的农村变革,等等,这些阶层要么对基层组织有不满情绪,要么满不在乎。主要利益关系在土地上、主要社会关系在农村里的农民阶层，是现行农村政策和土地制度的受益者，因此他们支持当前稳健、持续的农村政策和土地制度，且但凡对农村稳定和发展有利的政策、措施，他们都会极力支持和拥护。

二、农村基层组织的构成如何定位的问题

农村基层组织包括执政党的组织和政府的组织，其构成问题主要是指村党支部成员、党员和村委会成员的来源问题。农村基层组织的成员构成将决定组织的基本属性、品格及其代表的利益群体。在农民阶层分化之前，农村基层组织的成员来自清一色的均分土地、利益关系在土地上的农民，他们是农村的先进分子、积极分子和精英分子，但并未脱离多数农民群体、成为一个独立的阶层。因此，他们既是农村的“当家人”，也是执政党在农村的“代理人”(徐勇，1996)，在很大程度上他们能够将这两种角色融合得较好，使农村基层组织成为农民自己的组织。

当农民阶层分化之后，不同农民阶层在农村社会结构中处于不同的位置，逐渐形成了自己的阶层属性，拥有不同的社会禀赋和政治社会功能。那么，农村基层组织的成员更多由哪个阶层构成，它就会带上这个阶层的属性和品格，代表这个阶层的利益。因此，在农民阶层分化的客观条件下，农村基层组织构成如何定位的问题也就成了党和国家面临的新挑战。

根据对农村不同阶层的分析，笔者认为对农村基层组织构成的定义应遵循如下原则。

1. 保守性原则。农村基层组织及其成员的保守性，就是它的先进性，意味着它要代表农村当前和未来的发展方向，代表农村社区共同的利益，代表维护执政党的农村稳定政策的大方向。诚如前文所言，未来的几十年农村依然是大部分农民的人生归属，是进城经商、务工人员的“大后方”，也是国家现代化建设的“蓄水池”和“稳定器”，因此农村应该保持基本的稳定，农村政策和制度安排必须稳健、持续乃至保守，切忌冒失激进。

为此，农村基层组织的成员就应该是农村中的保守阶层。这个阶层应该有两个方面的特性，一方面，他们应该是近四十年农村政策和制度安排的主要受益者，对执政党富于政治情感和合法性认同，希望执政党政策的持续稳健。另一方面，这部分农民的主要利益关系、社会关系应该在土地上和农村里，他们是农村社区规范和地方性共识的有力维护者和集大成者，他们有意愿、有威望、有能力维持农村社会的稳定和道德秩序，最希望遏制农村的动荡因素和道德失序。倘若农村基层组织主要由这个阶层的农民构成，它就会附带该阶层的属性和禀赋，成为保守性农村政策的拥护者、维护农村社区秩序的坚强组织。

2. 主导性原则。主导性有两个层面的意思，其一是农村基层组织主要由某个(些)阶层构成，但不排除其他阶层的积极分子加入，这样就使它既有主要构成阶层的阶层属性，又能够一定程度上顾及其他阶层的利益关系。其二是作为构成农村基层组织的主要阶层理应是农民阶层结构中的主导阶层，也就是说这个(些)阶层在与其他阶层的交往和交互作用中处于主导地位，能够支配、调动、协调、联合、游说、牵制、配合其他阶层。这就可能使农村基层组织也携有这些的属性，就可以利用这个阶层及其属性对其他阶层“做工作”。

三、农村基层民主政治的制度安排如何定位的问题

农村基层民主政治制度包括两个方面，一个是党内民主制度，一个是村民民主自治制度。党内民主包括党支部委员会议、党员会议、党小组会议、党支部选举、县乡党代表选举等制度设置；村民民主自治包括村委会选举、村委会会议、村民代表会议、村民小组长会议、村民大会、监督委员会、县乡人大代表选举、县乡政协委员选举等制度设置。两套制度的安排为农村基层民主政治的正常运行提供了制度保障，但是在制度设计之初，设计者考虑的是所有适龄农民作为平等公民参与民主政治的权利，而没有考虑农民阶层分化的因素。

随着农民阶层分化加剧，不同阶层农民的政治态度、政治热情、政治诉求、参政议政知识、参政议政目的、参政议政渠道等都发生了巨大的分化。比较突出的有：长年外出务工经商农民的政治诉求难以表达；下层弱势农民的利益和政治主张无法顺利表达和实现；来自上层农民的代表难以真正代表多数农民的利益；上层农民进入农村政治具有当然的“政治正确性”，极易形成对其他阶层的政治排斥；政治精英越来越悬浮于农村，不受其他阶层约束；灰色势力凭借其暴力深入农村政治、攫取巨额利益；等等。那么，农村基层民主政治的制度安排如何趋利避害、重新定位，是当前执政党面临的又一个新挑战。这个问题解决不好，将影响大部分农民的政治热情，以及对执政党政权的合法性认同。

农村基层民主政治的制度安排应坚持以下两个原则。

1. 制度正义的原则。正如罗尔斯(2001)所言，正义是社会制度的首要价值，正如真理是思想体系的首要价值一样，某些法律和制度，不管它们如何有效和有条理，只要它们不正义，就必须改造和废除。制度正义之所以如此重要，就在于它是捍卫权利与自由被平等享受，以及维护弱者权益的根本基础(张恒山，2007)。制度正义原则要求，农村基层民主政治制度安排能够满足大多数农民民主参政议政的诉求，尤其是保障下层农民能够自由、平等、充分和畅通地表达自己的利益和政治主张。表达的制度设置可以多样化、多渠道化，既可以直接表达，亦可以通过代表表达。

2. 立足农村的原则。有一种观点认为，随着中国城市化的发展，农民将很快转变为市民，农村即将消失。但是，中国目前的城市化率仅为45%，农村人口还有8亿左右，即便以当前最快5%的速度城市化，将所有农民都转移到城市也是50年以后的事情(贺雪峰，2007)。在这段时间内，农民还主要生活在农村，进城的农民工还要像候鸟似的往返于城乡之间，农村还是他们的精神家园。在此国情下，如何定位针对农村的民主政治制度？显然，要以建设新农村、维护农村稳定的大方向为前提，从建设现代化的“稳定器”和“蓄水池”的大战略着眼。

那么，农村基层民主政治制度设置就要更多地倾向于主要的利益关系在土地上、主要的社会关系在农村里的农民阶层，只有这些阶层才真正关切农村的稳定和发展，他们才能真正发挥稳定器、蓄水池的作用。政治制度的设置就是要使这些阶层的主张和诉求得到最好的表达、最好的实现。

四、执政党在农村的政策设计如何定位的问题

当前，执政党的农村政策既有直接涉及农村基层民主政治的政策，也有关乎农村经济社会发展的政策。后者虽然不与农村基层民主政治直接挂钩，但也影响农民的民主政治参与热情以及对执政党的合法性认同。

农民阶层分化之后，农民的利益关系、政治兴奋点差异拉大，执政党的农村政策越来越不可能满足所有农民的要求，不可能使所有乃至大部分农民满意，获得他们100%的支持。诸如新农村建设的政策导向，难以触及上层农民、举家外出经商阶层的神经，更无法让他们出钱出力；农业田亩补贴只对中下层农民有吸引力，而无法调动上层农民、外出农户的种田积极性；农机补贴、“下乡”系列(如家电下乡、汽车下乡)只对富裕、有购买力的家庭有吸引力，购买不起的阶层反生厌恶；对于当前土地制度和政策的安排，上层农民、举家外出经商阶层因无须土地上的利益，而希望土地能够自由买卖，希望政策更有利于他们创业和进城，而主要利益关系在土地上的中间阶层、贫弱阶层乃至半工半耕阶层，则希望获得更多土地、希望国家更多投入农村基础设施建设；政治精英与灰色势力也希望国家尽量投资农村、输入更多资源，这样他们方可从中攫取利益、中饱私囊；等等。

因此，面对多元分化、利益诉求千差万别、政策主张各异的农民群体，当前一刀切的农村政策必须有所改变、有所倾斜。一方面，不同的政策应该针对不同的阶层，原则是所有政策取向应有利于大多数农民、有利于农村的政治社会稳定和发展。

另一方面，应该尽快取消只利于某个阶层，却破坏整个农村阶层融合、危害大多数农民利益的政策。譬如鼓励“富人治村”的政策取向在许多农村地区成为实践的主流，使得富人有了进入基层政治的“直通车”，形成“只有有钱人才能当村干部”的意识形态，排斥了其他阶层参政议政的可能性；通过“条条”（职能部门）项目的方式向农村输入资源，将农民排除在建设农村的主体之外，很容易因为暗箱操作而孳生农村政治精英的腐败；地方政府强行推进的农村大规模土地流转，迫使原来主要利益关系、社会关系在农村的农民离开土地，离开农村，加剧了农村的破败；当前执政党将粮食安全寄希望于耕种数百数千亩土地的“种粮大户”，因此各地频频出台政策予以鼓励和扶持，乃至凭空制造“种粮大户”，但是这些政策、措施很可能南辕北辙、适得其反；等等。不变更上述存在巨大差池、未考虑农民阶层分化的政策，它们的持续实践可能将大多数农民排除在农村政策的受惠范围之外，引发他们的不满。

参考文献

[1] 鲍德里亚.消费社会[M].刘成富,全志钢,译.南京:南京大学出版社,2014.

[2] 布劳.不平等和异质性[M].王春光,谢圣赞,译.北京:中国社会科学出版社,1991.

[3] 布迪厄,华康德.实践与反思——反思社会学导引[M].李猛,李康,译.北京:中央编译出版社,1998.

[4] 布劳.社会生活中的交换与权力[M].李国武,译.北京:商务印书馆,2012.

[5] 陈柏峰,郭俊霞.也论"面子"——村庄生活的视角[J].华中科技大学学报(社会科学版),2007a,21(1):99-105.

[6] 陈柏峰."气"与村庄生活的互动——皖北李圩村调查[J].开放时代,2007b(6):121-134.

[7] 陈柏峰.代际关系变动与老年人自杀——对湖北京山农村的实证研究[J].社会学研究,2009a,24(4):157-176,245.

[8] 陈柏峰.土地流转对农民阶层分化的影响——基于湖北省京山县调研的分析[J].中国农村观察,2009b(4):57-64,97.

[9] 陈柏峰.乡村江湖:两湖平原"混混"研究[M].北京:中国政法大学出版社,2011a.

[10] 陈柏峰.仪式性人情与村庄经济分层的社会确认——基于宁波农村调研的分析[J].广东社会科学,2011b(2):206-213.

[11] 陈柏峰.中国农村的市场化发展与中间阶层——赣南车头镇调查[J].开放时代,2012(3):31-46.

[12] 陈锋."祖业权":嵌入乡土社会的地权表达与实践——基于对赣西

北宗族性村落的田野考察[J]. 南京农业大学学报(社会科学版),2012,12(2):68-76.

[13] 陈锋."气"与阶层的"生活政治"——基于浙东平镇西村的调查[J]. 南京农业大学学报(社会科学版),2017,17(6):1-13,162.

[14] 陈文玲,等. 关于农村消费的现状及政策建议[J]. 财贸经济,2007(2):68-73,129.

[15] 成伯清. 怨恨与承认——一种社会学的探索[J]江苏行政学院学报,2009(5):59-65.

[16] 边燕杰,等. 跨体制社会资本及其收入回报[J]. 中国社会科学,2012(2):110-126,207.

[17] 曹正汉,史晋川. 中国民间社会的理:对地方政府的非正式约束——一个法与理冲突的案例及其一般意义[J]. 社会学研究,2008a(3):92-121,244.

[18] 曹正汉. 产权的社会建构逻辑——从博弈论的观点评中国社会学家的产权研究[J]. 社会学研究,2008b(1):200-216,246.

[19] 戴孟勇. 先买权的若干理论问题[J]. 清华大学学报(哲学社会科学版),2001(1):53-59,88.

[20] 董海军."作为武器的弱者身份":农民维权抗争的底层政治[J]. 社会,2008,28(4):34-58,223.

[21] 董磊明,等. 结构混乱与迎法下乡——河南宋村法律实践的解读[J]. 中国社会科学,2008(5):87-100,206.

[22] 董国礼,李里,任纪萍. 产权代理分析下的土地流转模式及经济绩效[J]. 社会学研究,2009,24(1):25-63,243.

[23] 杜尔凯姆. 自杀论[M]. 钟旭辉,马磊,林庆新,译. 杭州:浙江人民出版社,1988.

[24] 杜赞奇. 文化、权力与国家——1900—1942 年的华北农村[M]. 王福明,译. 南京:江苏人民出版社,2003.

[25] 杜姣. 农民上访的阶层对抗解释[J]. 华南农业大学学报(社会科学

版),2015,14(4):81-89.

[26] 费孝通.家庭结构变动中的老年赡养问题——再论中国家庭结构的变动[J].北京大学学报(哲学社会科学版),1983(3):6-15.

[27] 费孝通.乡土中国 生育制度[M].北京:北京大学出版社,1998.

[28] 费孝通.乡土中国[M].北京:北京出版社,2005.

[29] 冯珊珊,肖水源.我国农村自杀问题的研究状况[J].实用预防医学,2005(4):974-977.

[30] 冯仕政.重返阶级分析?——论中国社会不平等研究的范式转换[J].社会学研究,2008(5):203-228,246.

[31] 冯仕政.国家政权建设与新中国信访制度的形成及演变[J].社会学研究,2012,27(4):25-47,242.

[32] 郭亮.地根政治:江镇地权纠纷研究(1998—2010)[M].北京:社会科学文献出版社,2013.

[33] 郭亮.资本下乡与山林流转——来自湖北S镇的经验[J].社会,2011,31(3):114-137.

[34] 郭亮.土地“新产权”的实践逻辑——对湖北S镇土地承包纠纷的学理阐释[J].社会,2012,32(2):144-170.

[35] 郭于华.作为历史见证的“受苦人”的讲述[J].社会学研究,2008(1):53-67,243-244.

[36] 郭于华.倾听底层:我们如何讲述苦难[M].桂林:广西师范大学出版社,2011.

[37] 贺雪峰.乡村的前途——新农村建设与中国道路[M].济南:山东人民出版社,2007.

[38] 贺雪峰.被“规定”为无用的京山农村老人[J].中国老区建设,2009a(11):10-11.

[39] 贺雪峰.农村代际关系论:兼论代际关系的价值基础[J].社会科学研究,2009b(5):84-92.

[40] 贺雪峰,董磊明.农民外出务工的逻辑与中国的城市化道路[J].中

国农村观察,2009(2):12-18,95.

[41] 贺雪峰.论乡村治理内卷化——以河南省K镇调查为例[J].开放时代,2011a(2):86-101.

[42] 贺雪峰.取消农业税后农村的阶层及其分析[J].社会科学,2011b(3):70-79.

[43] 贺雪峰.国家与农民关系的三层分析——以农民上访为问题意识之来源[J].天津社会科学,2011c(4):68-72.

[44] 贺雪峰.中国农村的代际间"剥削"——基于河南洋河镇的调查[N].中国社会科学报,2011d-08-02(12).

[45] 贺雪峰,刘岳.基层治理中的"不出事逻辑"[J].学术研究,2010(6):32-37,159.

[46] 贺雪峰.论中国农村的区域差异——村庄社会结构的视角[J].开放时代,2012(10):108-129.

[47] 贺雪峰.关于"中国式小农经济"的几点认识[J].南京农业大学学报(社会科学版),2013,13(6):1-6.

[48] 贺雪峰,谭林丽.内生性利益密集型农村地区的治理——以东南H镇调查为例[J].政治学研究,2015(3):67-79.

[49] 贺雪峰.熟人社会中的阶层分化[J].决策探索,2016(1):86.

[50] 贺寨平.社会经济地位、社会支持网与农村老年人身心状况[J].中国社会科学,2002(3):135-148,207.

[51] 黄宗智.华北的小农经济与社会变迁[M].北京:中华书局,2000.

[52] 黄宗智.集权的简约治理——中国以准官员和纠纷解决为主的半正式基层行政[J].开放时代,2008(2):10-29.

[53] 黄宗智.中国的现代家庭:来自经济史和法律史的视角[J].开放时代,2011(5):82-105.

[54] 景军,吴学雅,张杰.农村女性的迁移与中国自杀率的下降[J].中国农业大学学报(社会科学版),2010,27(4):20-31.

[55] 李连江,欧博文.当代中国农民的依法抗争[M]//吴国光.九七效

应. 香港:太平洋世纪研究所,1997.

[56] 李强."丁字型"社会结构与"结构紧张"[J]. 社会学研究, 2005 (2): 55-73,243-244.

[57] 李培林. 人民内部矛盾有什么新变化 李培林总结出 6 个关键点[J]. 领导决策信息, 2004 (3):19.

[58] 李培林,张翼. 消费分层:启动经济的一个重要视点[J]. 中国社会科学, 2000 (1):52-61,205.

[59] 李春玲,吕鹏. 社会分层理论[M]. 北京:中国社会科学出版社,2008.

[60] 李里峰. 土改中的诉苦:一种民众动员技术的微观分析[J]. 南京大学学报(哲学・人文科学・社会科学版), 2007 (5):97-109.

[61] 李友梅,孙立平,沈原. 当代中国社会分层:理论与实证[M]. 北京:社会科学文献出版社,2006.

[62] 李亚妤. 怨恨、互联网与社会抗争——互联网冲突性议题中的怨恨研究[D]. 南京:南京大学,2012.

[63] 梁漱溟. 中国文化要义[M]. 上海:学林出版社,1987.

[64] 林辉煌. 江汉平原的农民流动与阶层分化(1981—2010)——以湖北曙光村为考察对象[J]. 开放时代,2012(3):47-70.

[65] 林炳玉. 农村社会阶层分化与村党组织建设[J]. 马克思主义与现实,2005(3):84-90.

[66] 林后春. 当代中国农民阶级阶层分化研究综述[J]. 社会主义研究, 1991(1):59-64.

[67] 刘锐. 中农治村的发生机理[J]. 西南石油大学学报(社会科学版), 2012,14(3):21-27.

[68] 刘世定. 占有制度的三个维度及占有认定机制——以乡镇企业为例[M]//潘乃谷,马戎. 社区研究与社会发展(下). 天津:天津人民出版社,1996.

[69] 刘世定. 嵌入性与关系合同[J]. 社会学研究, 1999 (4):75-88.

[70] 刘世定.占有、认知与人际关系——对中国乡村制度变迁的经济社会学分析[M].北京:华夏出版社,2003.

[71] 刘世定.产权保护与社会认可:对产权结构进一步完善的探讨[J].社会, 2008,28(3):41-45.

[72] 刘燕舞.自杀秩序及其社会基础——基于湖北省京山县鄂村老年人自杀的个案研究[J].现代中国研究(日本),2009(9):21-39.

[73] 刘燕舞.中国农村的自杀问题(1980—2009)——兼与景军先生等商榷[J].青年研究,2011a(6):72-82,93-94.

[74] 刘燕舞.农村老年人自杀现象的伦理学分析[J].江西师范大学学报(哲学社会科学版), 2011b,44(3):39-45.

[75] 刘正强.信访的"容量"分析——理解中国信访治理及其限度的一种思路[J].开放时代, 2014 (1):130-143,6-7.

[76] 陆学艺.当代中国社会阶层研究报告[M].北京:社会科学文献出版社,2002.

[77] 陆学艺,张厚义.农民的分化、问题及其对策[J].农业经济问题,1990 (1):16-21.

[78] 陆学艺.当代中国农村与当代中国农民[M].北京:知识出版社,1991.

[79] 陆益龙.中国农村社会阶级阶层结构六十年的变迁:回眸与展望[J].马克思主义与现实, 2009(6):145-150.

[80] 罗兴佐.阶层分化、社会压力与农民上访——基于浙江D镇的调查[J].思想战线, 2015,41(4):93-99.

[81] 卢福营.中国特色的非农化与农村社会成员分化[J].天津社会科学, 2007 (5):56-61.

[82] 罗尔斯.正义论[M].何怀宏,何包钢,廖申白,译.北京:中国社会科学出版社,2001.

[83] 毛泽东.毛泽东选集:第一卷[M].北京:人民出版社,1991.

[84] 毛丹,任强.中国农村社会分层研究的几个问题[J].浙江社会科学,

2003 (3):90-98.

[85] 穆光宗. 丧失和超越:寻求老龄政策的理论支点[J]. 市场与人口分析, 2002 (4):45-53.

[86] 欧阳静. 运作于压力型科层制与乡土社会之间的乡镇政权——以桔镇为研究对象[J]. 社会, 2009,29(5):39-63,224.

[87] 帕累托. 普通社会学纲要[M]. 田时纲,等,译. 北京:生活·读书·新知三联书店,2001.

[88] 裴宜理,阎小骏. 底层社会与抗争性政治[J]. 东南学术, 2008 (3):4-8.

[89] 鲍曼. 工作、消费、新穷人[M]. 仇子明,李兰,译. 长春:吉林出版集团有限责任公司,2010.

[90] 仇立平,顾辉. 社会结构与阶级的生产:结构紧张与阶层研究的阶级转向[J]. 社会, 2007,27(2):26-51.

[91] 仇立平. 回到马克思:对中国社会分层研究的反思[J]. 社会, 2006 (4):23-42,206.

[92] 秦晖,金雁. 田园诗与狂想曲:关中模式与前近代社会的再认识[M]. 北京:语文出版社,2010.

[93] 渠敬东,周飞舟,应星. 从总体支配到技术治理——基于中国 30 年改革开放的社会学分析[J]. 中国社会科学, 2009 (6):104-127,207.

[94] 渠桂萍. 华北乡村民众视野中的社会分层及其变动(1901—1949)[M]. 北京:人民出版社,2010.

[95] 特纳. 社会学理论的结构(上)[M]. 邱泽奇,等,译. 6 版. 北京:华夏出版社,2001.

[96] 饶静,叶敬忠,谭思. "要挟型上访"——底层政治逻辑下的农民上访分析框架[J]. 中国农村观察, 2011(3):24-31,39.

[97] 舍勒. 价值的颠覆[M]. 罗悌伦,等,译. 北京:生活·读书·新知三联书店,1997.

[98] 申静,王汉生. 集体产权在中国乡村生活中的实践逻辑——社会学

视角下的产权建构过程[J]. 社会学研究，2005 (1):113-148,247.

[99] 申端锋. 中国农村出现伦理性危机[J]. 中国老区建设，2007 (7):19-20.

[100] 申端锋. 乡村治权与分类治理:农民上访研究的范式转换[J]. 开放时代，2010 (6):5-23.

[101] 霍尔姆斯,桑斯坦. 权利的成本:为什么自由依赖于税[M]. 毕竞悦,译. 2 版. 北京:北京大学出版社,2011.

[102] 宋丽娜,田先红. 论圈层结构——当代中国农村社会结构变迁的再认识[J]. 中国农业大学学报(社会科学版)，2011,28(1):109-121.

[103] 孙新华. 什么是农民,什么是土地——农民分化视野下的土地问题[J]. 古今农业，2011 (1):29-35.

[104] 斯科特. 弱者的武器[M]. 郑广怀,张敏,何江穗,译. 2 版. 南京:译林出版社,2011.

[105] 孙立平. 资源重新积聚背景下的底层社会形成[J]. 战略与管理，2002a(1):18-26.

[106] 孙立平. 我们在开始面对一个断裂的社会? [J]. 战略与管理，2002b(2):9-15.

[107] 孙立平. 断裂:20 世纪 90 年代以来的中国社会[M]. 北京:社会科学文献出版社,2003.

[108] 孙立平. 生存生态恶化背景下的底层沦陷[N]. 经济观察报,2007-07-08(45).

[109] 孙立平. 黑窑奴工与底层的生存生态[N]. 南方都市报,2008-03-25.

[110] 孙文凯,路江涌,白重恩. 中国农村收入流动分析[J]. 经济研究，2007(8):43-57.

[111] 谭术魁. 中国土地冲突的概念、特征与触发因素研究[J]. 中国土地科学,2008(4):4-11.

[112] 谭同学. 亲缘、地缘与市场的互嵌——社会经济视角下的新化数码快印业研究[J]. 开放时代,2012(6):69-81.

[113] 谭林丽.派性政治——城镇化中农村基层民主机制研究(1999—2014)[D].武汉:华中科技大学,2015.

[114] 田先红.乡村治理转型与基层信访治理困境[J].古今农业,2011(3):11-20.

[115] 田先红.从维权到谋利——农民上访行为逻辑变迁的一个解释框架[J].开放时代,2010a(6):24-38.

[116] 田先红.当前农村谋利型上访凸显的原因及对策分析——基于湖北省江华市桥镇的调查研究[J].华中科技大学学报(社会科学版),2010b,24(6):100-105.

[117] 田先红.基层信访治理中的“包保责任制”:实践逻辑与现实困境以鄂中桥镇为例[J].社会,2012a,32(4):164-193.

[118] 田先红.农民行动单位与上访行为逻辑的区域差异——一个解释模型[J].人文杂志,2012b(4):163-171.

[119] 田先红.阶层政治与农民上访的逻辑——基于浙北C镇的案例研究[J].政治学研究,2015(6):98-109.

[120] 唐松波,耿葆贞.孝经二十四孝注释[M].北京:金盾出版社,2008.

[121] 王长江.政党现代化论[M].南京:江苏人民出版社,2004.

[122] 王德福.政策激励型表达:当前农村群体性事件发生机制的一个分析框架[J].探索,2011(5):147-153.

[123] 王洪伟.当代中国底层社会“以身抗争”的效度和限度分析:一个“艾滋村民”抗争维权的启示[J].社会,2010,30(2):215-234.

[124] 王跃生.当代中国家庭结构变动分析[J].中国社会科学,2006(1):96-108,207.

[125] 王跃生.农村家庭代际关系理论和经验分析——以北方农村为基础[J].社会科学研究,2010(4):116-123.

[126] 魏程琳.边缘人上访与信访体制改革——基于个案的实证分析[J].南京农业大学学报(社会科学版),2015,15(2):35-43,125.

[127] 威尔逊.真正的穷人——内城区、底层阶级和公共政策[M].成伯

清，鲍磊，张戍凡，译. 上海：上海人民出版社，2007.

[128] 温乐群，黄冬娅. 二三十年代中国社会性质和社会史论战[M]. 南昌：百花洲文艺出版社. 2004.

[129] 沃特斯. 现代社会学理论[M]. 杨善华，等，译. 2 版. 北京：华夏出版社，2000.

[130] 吴飞. 论“过日子”[J]. 社会学研究，2007 (6)：66-85，243.

[131] 吴毅，等. 村治研究的路径与主体——兼答应星先生的批评[J]. 开放时代，2005(4)：82-96.

[132] 吴毅. “权力—利益的结构之网”与农民群体性利益的表达困境——对一起石场纠纷案例的分析[J]. 社会学研究，2007 (5)：21-45，243.

[133] 熊万胜. 小农地权的不稳定性：从地权规则确定性的视角——关于1867—2008 年间栗村的地权纠纷史的素描[J]. 社会学研究，2009，24(1)：1-24，243.

[134] 许荣. 中国中间阶层文化品位与地位恐慌[M]. 北京：中国大百科全书出版社，2007.

[135] 徐勇. 由能人到法治：中国农村基层治理模式转换——以若干个案为例兼析能人政治现象[J]. 华中师范大学学报(哲学社会科学版)，1996(4)：1-8.

[136] 徐嘉鸿. 农村土地流转中的中农现象——基于赣北 Z 村实地调查[J]. 贵州社会科学，2012(4)：84-90.

[137] 肖锋. 中国人压力报告[N]. 新周刊，2006-08-07.

[138] 邢朝国. 怨恨：暴力纠纷的情感解释[J]. 学海，2013 (5)：88-95.

[139] 颜廷健. 社会转型期老年人自杀现象研究[J]. 人口研究，2003 (5)：73-78.

[140] 阎云翔. 私人生活的变革：一个中国村庄里的爱情、家庭与亲密关系(1949—1999)[M]. 龚小夏，译. 上海：上海书店出版社，2006.

[141] 杨华，范芳旭. 自杀秩序与湖北京山农村老年人自杀[J]. 开放时

代，2009 (5):104-125.

[142] 杨华.税费改革后农村信访困局的治理根源——以农民上访的主要类型为分析基础[J].云南大学学报(法学版)，2011,24(4):123-130.

[143] 杨华."结构—价值"变动的错位互构:理解南方农村自杀潮的一个框架[J].开放时代,2013(6):47-66.

[144] 尹利民."表演型上访":作为弱者的上访人的"武器"[J].南昌大学学报(人文社会科学版)，2012,43(1):18-24.

[145] 印子.浙北农村社会阶层区隔化及对村庄治理的影响[J].西北农林科技大学学报(社会科学版)，2015,15(2):97-106.

[146] 应星."气"与中国乡村集体行动的再生产[J].开放时代，2007(6):106-120.

[147] 于建嵘.当前农民维权活动的一个解释框架[J].社会学研究，2004(2):49-55.

[148] 于建嵘.土地问题已成为农民维权抗争的焦点——关于当前我国农村社会形势的一项专题调研[J].调研世界，2005 (3):22-23.

[149] 于德清.富士康员工频自杀 底层社会现危机[N].侨报,2010-05-21.

[150] 余成普.单位团体献血运作的过程与机制 以北京市 T 大学为个案[J].社会，2010,30(2):116-143.

[151] 袁松.消费文化、面子竞争与农村的孝道衰落——以打工经济中的顾村为例[J].西北人口，2009,30(4):38-42.

[152] 袁松.富人治村——浙中吴镇的权力实践(1996—2011)[D].武汉:华中科技大学,2012.

[153] 翟学伟.中国人的脸面观——形式主义的心理动因与社会表征[M].北京:北京大学出版社,2011.

[154] 张恒山.略论制度正义——执政党的至上价值目标[J].中共中央党校学报,2007(4):51-59.

[155] 张佩国. 乡村房产纠纷中的成员权及其实践逻辑[J]. 社会,2006(4):128-144,209.

[156] 张小军. 象征地权与文化经济——福建阳村的历史地权个案研究[J]. 中国社会科学, 2004 (3):121-135,208.

[157] 张小军. 复合产权:一个实质论和资本体系的视角——山西介休洪山泉的历史水权个案研究[J]. 社会学研究, 2007 (4):23-50,243.

[158] 张静. 土地使用规则的不确定:一个解释框架[J]. 中国社会科学, 2003 (1):113-124,207.

[159] 张杰,等. 中国自杀率下降趋势的社会学分析[J]. 中国社会科学, 2011 (5):97-113,221.

[160] 张建雷. 阶层分化、富人治村与基层治理的重构——村庄社会关联的视角[J]. 长白学刊, 2014 (5):68-75.

[161] 臧得顺. 臧村“关系地权”的实践逻辑——一个地权研究分析框架的构建[J]. 社会学研究, 2012,27(1):78-105,244.

[162] 折晓叶. 村庄边界的多元化——经济边界开放与社会边界封闭的冲突与共生[J]. 中国社会科学, 1996 (3):66-78.

[163] 折晓叶,陈婴婴. 资本怎样运作——对“改制”中资本能动性的社会学分析[J]. 中国社会科学, 2004 (4):147-160,208-209.

[164] 折晓叶,陈婴婴. 产权怎样界定——一份集体产权私化的社会文本[J]. 社会学研究, 2005 (4):1-43,243.

[165] 郑杭生. 社会学概论新修[M]. 3 版. 北京:中国人民大学出版社,2003.

[166] 中华人民共和国卫生部. 2004 中国卫生统计年鉴[M]. 北京:中国协和医科大学出版社,2004.

[167] 钟琴. 社会变迁视角下的农民自杀现象研究——基于鄂东南安镇三个村的个案分析(1970—2009)[D]. 武汉:华中科技大学,2010.

[168] 周雪光. 组织社会学十讲[M]. 北京:社会科学文献出版社,2003.

[169] 周雪光. “关系产权”:产权制度的一个社会学解释[J]. 社会学研

究，2005 (2)：1-31，243.

[170] 周晨虹. 近年来关于阶层关系问题的研究述评[J]. 唯实，2007 (2)：11-16.

[171] 朱晓阳. 罪过与惩罚：小村故事(1931—1997)[M]. 北京：法律出版社，2011.

[172] 朱志玲，朱力. 从"不公"到"怨恨"：社会怨恨情绪的形成逻辑[J]. 社会科学战线，2014 (2)：172-177.

[173] BOURDIEU P. Distinction: A Social Critique of the Judgement of Taste[M]. Cambridge: Harvard University Press, 1984.

[174] BOURDIEU P, WACQUANT L. An Invitation to Reflexive Sociology[M]. Chicago: The University of Chicago Press, 1992.

[175] SCOTT J C. Domination and the Arts of Resistance: Hidden Transcripts[M]. New Haven and London: Yale University Press, 1990.

后　记

社会分层是社会学研究的经典主题。中国社会学对社会分层的研究主要集中在对城市居民分层的研究上，对农民分化关注较少，且缺乏村庄调查。有学者甚至称，农村阶层分化的研究还没有开始。它就像一块处女地，等待着学者去开垦，这里面蕴含的理论富矿令人憧憬。但由于缺少可借鉴的前期成果，研究者要从零开始，摸着石头过河，这条道路是艰辛的。笔者及所在团队一不小心就踏上了这条道路。

社会分层不是华中村治研究的传统话题。华中村治学人素来崇尚“田野的灵感”和“野性的思维”，主张“村庄内部提问题，现象之间找关联”（郭亮语），问题意识源于村庄调查，对问题的解释也不直接套用既有理论，而是用村庄里的现象或现象组合去解释其他的现象。所以华中村治研究自成一体，与社会学主流的研究主题交集较少，也缺少实质对话。对农民分化与社会分层的观察和研究，恰是华中村治学人集中切入社会学主流话题的开端。

华中村治学人从2009年浙江省宁波市奉化区调查关注“富人治村”开始涉及农村阶层分化，到2010年在安徽省芜湖市调查发现“中坚农民”，随后便有了大规模、长时段的对农村阶层分化的调查和思考，对农村“阶层关系”的探究也逐渐展开，积累了一定的研究成果，提出了一些有创见的概念、观点和判断。在坚持自身特色的基础上，华中村治学人的阶层研究又接续主流阶层研究，吸取营养，保持对话。

“阶层分化”既是研究对象，又是研究视角。华中村治学人在将农村阶层分化作为研究对象上做了深度开拓，提出了包括“中坚阶层”“村庄里的分化”“熟人社会与农民分化”“血缘地缘关系与农民分化”“去阶层分化机制”“分化程度与阶层关系的区域差异”等分析性概念和理论。同时，通过阶层分化的视角进入，也拓展了对其他农村政治社会现象的分析，使研究视域进一步开阔。

然而，华中村治学人的阶层研究尚处在学习、积累和去伪存真的初级阶段。本书的出版是这个阶段不甚成熟的成果，不过书中任何差错和疏漏概出于笔者本人的愚钝与学力不逮，还望学界同仁批评。亦希望学界有更多的人参与到农民分化的研究中来。

本书的完成得益于团队协作。华中村治学人贺雪峰教授、罗兴佐教授、陈柏峰教授、田先红教授、吕德文副教授、郭亮副教授、欧阳静副教授、张世勇副教授、刘燕舞副教授、桂华副教授、王德福博士和夏柱智博士及其他同仁一直是我研究和生活的坚强后盾，我在学术成长和归属上继续受惠于他们。贺雪峰教授开创了华中村治学派对农民分化的研究，书中的许多观点源于他的思考。罗兴佐教授从不吝啬将他的想法置于平等的讨论中，我从中受益。袁松师弟在浙江省农村调查“富人治村”数年，对阶层关系有独到见解，他欣然作序，为拙著增色不少。

上海大学仇立平教授在百忙中阅读了本书第二章，并给予了真挚的批评和指导，他评论说：“阶层与血缘、地缘之间的关系，实际上在于挑战现有的阶层理论——来自西方的以个人主义为导向的社会阶层理论，其中也包括马克思的理论。”清华大学景军教授点拨后学不吝笔墨，他对农村老年人自杀一章有近两千字的点评，为我完善文稿及后续研究提供了新的思路。

湖南师范大学的张润泽教授一直对我关爱有加，时常打电话询问我的科研和生活情况。齐海滨教授是我的博士后合作导师，博士后期间他给予了我充分的信任和自由。我任职单位的洪明、蔡孝恒、文红玉、杨成林、闫帅、熊文娴、邹旭怡等老师，给了我轻松的交流氛围。调查当地干部群众的经历和故事是我学术灵感的最大源泉，诸暨市的沈奇伟和宁海县的葛知宙为我的调查提供了极大的便利和支持。

本书部分章节在《管理世界》《开放时代》《人文杂志》《中州学刊》《农业经济问题》《中国农业大学学报:社会科学版》《南京农业大学学报:社会科学版》《南通大学学报:社会科学版》等刊物上发表,这些刊物的编辑做出了很大努力。本书得以最终出版,得益于华中科技大学出版社易彩萍女士的辛勤工作。

衷心感谢上面提到名字和未提到名字的师友和老乡,若不嫌本书粗鄙,就以之献给你们!

杨　华

2016年10月12日于喻家湖畔